U0865067

23

years

轻松过关是起点，也是支点
是事业，更是使命！

1998-2020
轻松过关成长史

2020 再跃…

2020年“天猫双11”，东奥登顶教育行业榜首
成为淘宝教育行业历史
首个销量破亿的品牌

2016-2019 驰名

连续4年荣获“天猫双11”图书考试行业销售冠军
职业资格考试领域成交额冠军

2001-2007 成名

2001年《轻一》发行过千万册，考生几乎人手一本
2007年东奥网校上线，书、课受百万学员热追

1998 诞生

东奥诞生
“轻松过关”品牌图书面世

这本书是如何诞生的?

因为严苛，所以出色

150天

围绕真题，初稿编撰

从上考季结束之日起，名师围绕真题，重新梳理考点，开启为期150余天的初稿撰写。

300人

校对、探讨、修订

每份初稿，都会由300多人的教研团队帮助著书名师反复校对、探讨、修订。

6小时/题

夜以继日，融入变化

新考纲与教材下发后，教研团队逐字对比变化；名师夜以继日将新变化融入书稿；编写一道紧扣新大纲的优质题目，甚至会花费名师6小时以上的时间。

3+3流程

严格3审3校

融入最新考纲内容的书稿，将由教务团队经历严格的三审三校流程，终成定稿、印制出版。

来自编者的阅读指南

这本《轻三》如何助您制胜冲关？

1 历年试题，是最具价值的备考素材

初级考试采用全客观题机考模式，这使得近年试题有一定的**复考率**。掌握历年试题，就能掌握出题人的思路。

2 新政策、新改编

会计准则及法规政策变化频繁，这本书中的试题，均已根据21年**最新政策**进行修订与**改编**，确保准确，可安心演练。

3 四维度试题解析 行业首创

一道好题的价值，只有在被吃透、解透之后，方得彰显。东奥首创**4维度试题解析**法，让您对每一道有价值的历年试题及其相关知识点产生立体化的认知，从而以试题为轴，构建学习闭环。

轻松过关®3

23年,因为懂得备考艰辛,

我们从未停止创新。

尽情读她吧!

立即开启您的“轻松过关”之旅……

2021年会计专业技术资格考试

历年试题多维度精析

初级会计实务

东奥会计在线　编著

北京科学技术出版社

本书正版具有以下标识，请认真识别

1. 本书附有防伪标签一枚，上有二维码，激活即可获赠正版图书超值专享服务。
2. 本书防伪标签为正版标识，若无此标识即盗版，请广大读者拒绝购买。
3. 盗版举报电话：400-627-5566

轻松过关小程序

扫描右侧二维码进入轻松过关小程序，10套试题，轻松刷。

图书在版编目（CIP）数据

2021年会计专业技术资格考试历年试题多维度精析. 初级会计实务／东奥会计在线编著. —北京：北京科学技术出版社，2020. 11

（轻松过关. 3）

ISBN 978-7-5714-1083-4

Ⅰ. ①2… Ⅱ. ①东… Ⅲ. ①会计实务-资格考试-习题集 Ⅳ. ①F23-44

中国版本图书馆CIP数据核字（2020）第144160号

责任编辑：韩　晖
责任校对：贾　荣
装帧设计：韩文静
责任印制：张　良
出 版 人：曾庆宇
出版发行：北京科学技术出版社
社　　址：北京西直门南大街16号
邮政编码：100035

电　　话：0431-87635566（编辑部）
　　　　　010-66135495（总编室）
网　　址：www. bkydw. cn
印　　刷：保定市中画美凯印刷有限公司
开　　本：787mm×1092mm　1/16
字　　数：480千字
印　　张：25
版　　次：2020年11月第1版
印　　次：2020年11月第1次印刷

ISBN 978-7-5714-1083-4

定　价：64.00元

编 委 会

（按姓氏笔画排序）

·目 录·

第一部分　近 3 年命题概况及规律分析

第二部分　历年试题机考试卷

第三部分　历年试题逐题精析

第一部分

近 3 年命题概况及规律分析

防伪标签使用说明：

第 1 步：刮开封面防伪码涂层

第 2 步：使用微信或【会计云课堂 App】扫描防伪码

第 3 步：注册/登录东奥个人账号，激活您的专属服务

第 4 步：打开【会计云课堂 App】，点击【学习】开始学习

要点提示：

本书在每套题配有一个二维码，您只需用会计云课堂 App 扫一扫或者进入东奥轻松过关小程序，就能轻松刷 10 套试题，方便快捷。

温馨提示：以上超值服务有效截止日期为 2021 年 11 月 30 日。

近 3 年命题概况及规律分析

一、近 3 年命题情况概览

章节	考点列示	考查题型、年份	考频
第一章　会计概述（2018 新增）	会计职能	2020（3）多选题、2019（1）单选题、2018（2）多选题	3
	会计基础	2018（2）单选题、2018（3）单选题	2
	会计信息质量要求	2020（4）单选题、2020（4）判断题	2
	会计要素及其确认条件（2020 年调整）	2019（1）多选题、2019（3）多选题、2018（1）单选题、2018（3）判断题	4
	会计要素计量属性及其应用原则	2018（1）判断题、2018（2）单选题、2018（3）单选题	3
	交易或事项对会计等式的影响	2020（1）单选题、2020（2）单选题、2020（3）单选题、2019（1）单选题、2018（3）多选题、2018（3）不定项	6
	会计科目和账户（2020 年调整）	2019（2）单选题、2018（3）单选题、2018（3）不定项	4
	借贷记账法下的试算平衡	2019（1）判断题、2018（2）判断题	2
	原始凭证	2020（1）单选题、2020（4）多选题、2019（1）判断题、2019（3）单选题、2018（1）多选题	6
	记账凭证	2020（2）单选题、2020（3）判断题、2019（2）判断题、2019（3）多选题	4
	会计账簿	2020（3）单选题、2018（1）单选题	2
	对账与结账	2020（1）多选题	1
	错账更正的方法	2020（1）判断题、2020（4）判断题、2019（1）单选题、2018（1）单选题	4
	财产清查的方法与处理	2020（2）单选题、2020（2）多选题、2019（1）判断题、2018（1）多选题、2018（1）判断题、2018（3）多选题、2018（3）判断题	7
	财务报告	2020（3）单选题	1

续表

章节	考点列示	考查题型、年份	考频
第二章　资产	现金管理制度（2020 年调整）	2020（3）判断题、2019（2）单选题	2
	现金的账务处理	2018（2）判断题	1
	现金的清查	2019（1）单选题、2018（1）多选题、2018（2）单选题	3
	其他货币资金	2020（4）单选题、2019（1）多选题、2019（1）判断题、2019（2）单选题	5
	应收票据	2019（1）单选题、2018（3）不定项	2
	应收账款的入账价值	2020（2）单选题、2018（2）单选题	2
	预付账款	2020（1）判断题、2018（2）判断题	2
	其他应收款	2020（2）判断题、2020（4）多选题、2019（3）多选题、2018（1）单选题、2018（3）单选题	6
	应收款项减值（2019 年调整）	2020（1）判断题、2020（2）单选题、2020（3）单选题、2019（1）不定项、2018（1）单选题、2018（2）多选题	7
	取得交易性金融资产	2020（1）单选题、2020（2）单选题、2020（3）不定项、2019（1）单选题、2018（1）不定项、2018（2）不定项、2018（3）单选题	8
	持有交易性金融资产	2020（3）不定项、2020（4）多选题、2019（1）单选题、2019（2）单选题、2019（2）判断题、2019（3）单选题、2019（3）判断题、2018（1）不定项、2018（2）不定项、2018（3）单选题	12
	出售交易性金融资产（2019 年调整）	2020（2）判断题、2020（3）不定项、2018（1）不定项、2018（2）不定项	4
	存货成本的确定	2020（3）多选题、2019（3）多选题、2018（1）单选题、2018（3）单选题、2018（3）判断题	5
	先进先出法	2019（3）单选题	1
	月末一次加权平均法	2018（1）单选题	1
	采用实际成本核算	2020（1）不定项、2020（3）判断题、2019（1）不定项、2019（2）不定项、2018（1）不定项	6
	采用计划成本核算	2020（1）多选题、2020（2）单选题、2020（2）判断题、2019（1）判断题、2019（2）单选题、2019（3）单选题、2019（3）判断题、2018（2）单选题、2018（3）单选题	9
	周转材料概述	2020（4）多选题	1

续表

章节	考点列示	考查题型、年份	考频
第二章　资产	包装物的账务处理（2020年调整）	2020（1）单选题、2020（2）多选题、2020（4）不定项、2019（3）判断题	4
	委托加工物资	2020（2）单选题、2020（2）不定项、2020（4）单选题、2020（4）多选题、2019（2）多选题、2018（1）单选题、2018（3）判断题	8
	库存商品的内容	2020（4）多选题	1
	库存商品——毛利率法	2019（2）单选题、2018（2）单选题	2
	存货清查	2020（1）判断题、2020（2）单选题、2019（2）单选题、2018（3）不定项	4
	存货减值	2020（1）单选题、2019（2）多选题、2019（3）单选题	4
	固定资产的核算内容	2020（1）单选题	1
	外购固定资产	2020（3）不定项、2019（2）不定项、2019（3）单选题、2019（3）不定项、2018（3）不定项	6
	自建固定资产	2020（3）不定项、2018（1）单选题、2018（3）不定项	3
	固定资产折旧概述	2020（2）多选题、2020（3）不定项、2020（4）判断题、2019（1）多选题、2018（3）多选题、2018（3）不定项	6
	年限平均法	2019（3）不定项	1
	双倍余额递减法	2019（2）单选题、2018（2）多选题	2
	年数总和法	2020（2）单选题、2020（4）单选题、2018（1）单选题、2018（2）单选题	4
	固定资产折旧的账务处理	2020（4）单选题	1
	出租固定资产的账务处理	2020（4）不定项	1
	固定资产发生的后续支出	2020（4）判断题	1
	处置固定资产（2019年调整）	2020（2）判断题、2020（3）不定项、2020（4）不定项、2019（2）判断题、2019（3）判断题、2019（3）不定项、2018（1）多选题、2018（3）不定项	9
	固定资产的清查（2020年调整）	2020（1）多选题、2020（2）判断题、2020（3）判断题、2020（4）判断题、2019（1）多选题	5
	固定资产减值	2019（1）多选题	1
	自行研发无形资产	2020（1）不定项、2020（2）多选题、2019（1）单选题、2019（2）不定项、2019（3）单选题、2019（3）判断题、2018（1）判断题	9
	出租无形资产	2020（1）不定项、2019（2）单选题	2

续表

章节	考点列示	考查题型、年份	考频
第二章 资产	无形资产摊销	2020（1）不定项、2020（2）单选题、2019（1）多选题、2019（2）不定项、2019（3）多选题、2018（1）多选题、2018（2）单选题、2018（2）多选题	8
	无形资产的账务处理（2020年调整）	2020（3）单选题、2020（4）不定项、2018（1）单选题	3
	长期待摊费用（2020年调整）	2020（3）判断题、2019（1）单选题、2018（3）单选题	3
第三章 负债	短期借款	2019（1）多选题、2018（2）单选题	2
	应付票据	2020（2）判断题、2020（3）单选题、2020（4）单选题、2019（2）判断题、2019（3）单选题、2018（2）不定项、2018（3）单选题	7
	应付账款	2019（1）判断题、2018（1）判断题、2018（3）单选题	3
	应付股利	2020（1）不定项、2020（3）判断题、2019（1）判断题、2019（3）判断题	4
	其他应付款	2020（3）单选题、2019（1）单选题、2019（2）多选题、2019（3）单选题、2018（2）多选题、2018（3）单选题	6
	应付职工薪酬的内容（2021年调整）	2020（1）多选题、2020（2）多选题、2019（1）单选题、2019（2）单选题、2018（2）多选题、2018（2）判断题、2018（3）多选题	7
	货币性职工薪酬	2020（1）判断题、2020（4）单选题、2020（4）不定项、2019（2）不定项、2019（3）不定项	9
	非货币性职工薪酬	2020（1）不定项、2020（2）单选题、2020（3）判断题、2020（4）不定项、2019（1）单选题、2019（2）不定项、2019（3）不定项、2018（1）单选题、2018（3）不定项	10
	短期带薪缺勤	2020（4）不定项、2019（2）判断题、2019（2）不定项、2018（1）判断题	4
	设定提存计划的核算	2019（2）不定项	1
	一般纳税人的账务处理（2020年调整）	2020（1）不定项、2019（1）单选题、2019（3）多选题	3
	小规模纳税人的账务处理	2019（1）单选题、2018（2）判断题	2

续表

章节	考点列示	考查题型、年份	考频
第三章　负债	增值税税控系统专用设备和技术维护费用抵减增值税额的账务处理	2019（3）判断题	1
	应交消费税	2020（2）判断题	1
	其他应交税费（2021年调整）	2020（1）判断题、2020（3）单选题、2019（1）单选题、2019（2）多选题、2018（1）单选题	5
	个人所得税	2020（1）单选题、2018（2）单选题	2
第四章　所有者权益	接受现金资产投资	2020（1）不定项、2020（4）单选题、2018（2）多选题	3
	接受非现金资产投资	2020（3）单选题、2020（4）不定项、2019（3）不定项、2018（2）判断题	4
	实收资本（或股本）的减少	2020（1）判断题、2020（2）不定项、2020（3）多选题、2020（4）单选题、2019（1）单选题、2019（3）单选题、2018（1）多选题、2018（3）判断题	8
	资本公积概述（2021年调整）	2019（3）单选题、2018（3）判断题	2
	资本公积的账务处理	2020（2）不定项、2019（2）单选题、2018（1）单选题、2018（1）判断题、2018（3）不定项	6
	留存收益概述	2019（2）多选题、2019（3）判断题	2
	盈余公积	2020（1）单选题、2018（3）单选题、2018（3）不定项	3
	未分配利润	2020（1）不定项、2019（1）单选题	2
	留存收益的账务处理	2020（4）单选题、2019（1）多选题	2
	留存收益总额的增减变动	2020（2）不定项、2019（2）单选题、2018（2）多选题、2018（3）多选题	4
	所有者权益总额的增减变动	2020（2）不定项、2019（3）单选题、2018（1）单选题	3
	所有者权益总额的计算	2020（1）单选题、2020（1）不定项、2020（2）不定项、2020（3）单选题、2019（2）单选题	5
第五章　收入、费用和利润	收入的确认和计量（2020年新增）	2020（2）单选题、2018（3）判断题	2
	收入核算应设置的会计科目（2020年调整）	2020（3）单选题、2019（2）多选题、2019（3）单选题、2018（2）单选题、2018（2）不定项	7

续表

章节	考点列示	考查题型、年份	考频
第五章　收入、费用和利润	一般销售商品业务收入的账务处理 （2020 年调整）	2020（2）不定项、2019（1）不定项、2018（1）不定项、2018（2）不定项	5
	已经发出商品但不能确认收入的账务处理 （2020 年调整）	2020（1）单选题、2020（4）单选题、2019（1）判断题、2019（1）不定项、2019（2）判断题、2019（3）单选题、2018（2）不定项、2018（3）单选题	9
	商业折扣、现金折扣和销售退回的账务处理 （2020 年调整）	2020（1）单选题、2020（3）单选题、2020（4）不定项、2019（1）不定项、2018（1）不定项、2018（2）多选题	8
	销售材料等存货的账务处理	2020（1）不定项、2020（4）不定项、2018（1）不定项	3
	在某一时段内履行履约义务确认收入 （2020 年新增）	2020（1）多选题、2020（2）多选题、2020（2）判断题、2020（3）判断题、2018（2）单选题、2018（3）单选题	6
	合同成本 （2020 年新增）	2020（3）判断题	1
	营业成本	2020（2）多选题、2020（3）多选题、2019（3）单选题、2018（1）单选题、2018（2）不定项、2018（3）多选题	6
	税金及附加 （2021 年调整）	2020（2）判断题、2020（3）单选题、2020（3）多选题、2020（4）单选题、2019（2）多选题	5
	销售费用	2020（2）不定项、2020（3）多选题、2019（1）多选题、2019（2）单选题、2019（2）不定项、2019（3）单选题	6
	管理费用 （2020 年调整）	2020（2）多选题、2020（3）单选题、2018（2）单选题、2018（3）单选题	4
	财务费用	2020（2）单选题、2020（3）多选题、2019（1）单选题、2018（1）单选题、2018（3）多选题	5
	营业利润 （2020 年调整）	2020（1）单选题、2020（1）不定项、2019（1）单选题、2019（2）单选题、2019（2）多选题、2018（1）不定项、2018（2）不定项、2018（3）单选题	9
	利润总额	2019（1）单选题	1
	净利润	2020（1）单选题、2019（3）单选题	2
	营业外收入 （2021 年调整）	2020（1）判断题、2020（3）多选题、2020（4）多选题、2019（3）单选题、2018（3）多选题	5

续表

章节	考点列示	考查题型、年份	考频
第五章　收入、费用和利润	营业外支出 （2021 年调整）	2020（2）单选题、2020（3）单选题、2020（4）单选题、2019（2）判断题、2018（2）单选题、2018（3）多选题	6
	所得税费用	2020（1）不定项、2020（3）单选题、2019（1）单选题、2019（2）单选题、2018（2）单选题	5
	结转本年利润的方法	2020（1）多选题、2018（2）判断题	2
	结转本年利润的账务处理	2020（1）判断题、2020（4）判断题、2019（1）多选题、2019（3）多选题	5
第六章　财务报表	资产负债表的结构	2020（4）多选题、2018（3）单选题	2
	资产负债表项目的填列方法	2018（1）单选题	1
	“应收账款”项目的填列	2019（1）不定项	1
	“存货”项目的填列	2020（1）不定项、2020（2）单选题、2020（4）单选题、2019（1）单选题、2019（2）不定项、2019（3）多选题、2018（1）多选题、2018（3）单选题	8
	“固定资产”项目的填列 （2019 年调整）	2020（3）不定项、2019（1）单选题、2019（2）单选题、2019（2）不定项、2019（3）不定项、2018（1）单选题	6
	“在建工程”项目的填列 （2019 年调整）	2020（2）单选题	1
	“无形资产”项目的填列	2020（2）多选题、2019（2）不定项、2018（2）单选题	3
	“短期借款”项目的填列	2020（4）判断题	1
	“应付账款”项目的填列	2020（3）单选题、2018（3）单选题	2
	“应付职工薪酬”项目的填列	2019（3）不定项	1
	“应交税费”项目的填列	2020（3）多选题、2018（1）多选题	2
	“一年内到期的非流动负债”项目的填列	2020（3）单选题、2018（1）判断题	2
	所有者权益项目的填列说明	2018（3）不定项	1
	“营业收入”项目的填列	2019（1）不定项、2019（2）单选题、2018（1）不定项、2018（2）单选题	4
	“营业成本”项目的填列	2020（2）单选题、2020（4）不定项、2018（1）多选题	3
	“税金及附加”项目的填列	2020（2）不定项、2018（2）多选题	2

续表

章节	考点列示	考查题型、年份	考频
第六章　财务报表	“管理费用”项目的填列（2019 年调整）	2020（4）不定项	1
	“资产处置收益”项目的填列（2019 年新增）	2019（1）多选题、2019（3）多选题	2
	“营业利润”项目的填列	2020（3）不定项、2020（4）单选题、2018（2）多选题	3
	“综合收益总额”项目的填列	2019（2）判断题	1
	所有者权益变动表的结构（2019 年调整）	2019（1）多选题、2018（2）单选题	2
	所有者权益变动表的编制（2019 年调整）	2020（1）多选题、2020（4）单选题	2
	附注的主要内容	2020（1）判断题、2019（3）多选题、2018（2）判断题	3
第七章　管理会计基础	管理会计概念和目标（2019 年调整）	2020（4）单选题	1
	管理会计体系	2020（4）判断题、2018（1）判断题	2
	管理会计要素及具体内容	2020（1）多选题、2020（4）多选题、2019（1）多选题、2019（1）判断题、2019（2）单选题、2019（2）多选题、2018（1）多选题、2018（2）多选题、2018（2）判断题	9
	管理会计应用原则和应用主体	2019（3）判断题、2018（3）多选题	2
	产品成本核算	2020（1）单选题、2019（1）不定项、2019（3）不定项	3
	产品成本核算的要求	2019（3）多选题	1
	产品成本项目	2018（1）多选题	1
	材料、燃料、动力费用的归集和分配	2020（2）不定项、2020（3）不定项、2019（1）不定项、2018（2）不定项、2018（3）单选题	11
	职工薪酬的归集和分配	2020（2）不定项、2020（3）不定项、2019（1）不定项、2018（1）不定项	5
	辅助生产费用的归集和分配	2019（3）单选题、2018（1）判断题	2
	制造费用的归集和分配	2020（1）单选题、2020（2）不定项、2020（3）不定项、2020（4）单选题、2019（1）不定项、2019（2）多选题、2019（2）不定项、2019（3）不定项、2018（3）多选题	11

续表

章节	考点列示	考查题型、年份	考频
第七章 管理会计基础	废品损失	2019（1）不定项、2018（1）单选题、2018（3）判断题	3
	停工损失的核算	2020（4）判断题	1
	生产费用在完工产品和在产品之间的分配（2018 年调整）	2020（1）多选题、2018（3）多选题	2
	约当产量比例法	2019（1）不定项、2019（2）单选题、2019（2）不定项、2019（3）单选题、2019（3）不定项、2018（1）不定项、2018（3）不定项	10
	在产品按定额成本计价法	2020（2）不定项	1
	品种法	2019（2）多选题、2018（2）单选题	2
	分批法	2019（3）单选题、2018（1）单选题	2
第八章 政府会计基础	政府预算会计要素	2020（4）多选题	1
	政府财务会计要素	2020（1）单选题、2020（2）单选题、2020（2）多选题、2020（4）单选题、2018（2）判断题、2018（3）判断题	6
	政府财务报告和决算报告	2020（1）单选题、2020（4）单选题、2019（1）多选题、2018（1）单选题	4
	政府会计核算模式	2018（2）单选题	1
	单位会计核算概述（2021 年调整）	2020（2）判断题、2020（3）判断题	2
	国库集中支付业务	2020（3）单选题、2019（2）单选题、2018（3）判断题	3
	预算结转结余及分配业务（2019 年调整）	2019（1）单选题、2019（2）判断题、2018（1）单选题	3
	净资产业务（2019 年调整）	2020（1）多选题、2019（3）单选题、2019（3）判断题、2018（2）多选题	5
	政府会计资产业务（2019 年调整）	2020（2）单选题、2020（3）多选题、2020（4）判断题、2019（1）判断题、2019（2）多选题	5
	政府会计负债业务（2019 年调整）	2020（3）单选题	1

二、近 3 年命题规律分析

基于初级教材知识点范围固定，且在多批次的考试中涉及大量题目的考试特点，我们对近三年的真题进行了分析，并发现如下规律：

1. 重者恒重

通过对近3年真题考频的分析，重要的考点考频很高，例如持有交易性金融资产、非货币性职工薪酬、材料、燃料、动力费用的归集和分配、制造费用的归集和分配、约当产量比例法等，在10套试卷中考查频率均≥10次，可以说“年年必考、场场不落”。

上表已经为您分析出各个考点的考查频次，建议大家按照考查频次判断考点的重要程度进行高效复习。

2. 逢“新、变”必考

初级考生多从事实务工作，这要求考生必须掌握最新政策，所以考试考查的方向也紧跟政策变化，“新、变”必考。

根据上表标注，对于新增、变动的考点，考生务必全面掌握。

3. 多维度命题

全书200多个考点，很多考点可以从多角度考查，也可以考查各种题型。

例如持有交易性金融资产，既可以考查文字表述，也可以考查分录、计算等；既可以考查选择题和判断题，也可以出现在不定项选择题中，考查形式较为多样。

因此，本书对大部分题目进行了多维度分析，力求帮助大家在完成每道题目后都能举一反三，将相关考点一并掌握，能够达到事半功倍的效果，顺利通过考试。

第二部分

历年试题机考试卷

2020 年会计专业技术资格考试
《初级会计实务》试题（1）

扫一扫　“码”上做题

本部分试题均配备二维码，使用“微信”或“会计云课堂”App 扫一扫上方二维码，即可在线做题，快捷方便，助您轻松过关。

【“会计云课堂”App 安装二维码详见封底页】

一、单项选择题（本类题共 20 小题，每小题 2 分，共 40 分。每小题备选答案中，只有一个符合题意的正确答案。错选、不选均不得分。）

1. 下列各项中，引起企业资产和所有者权益同时增加的是(　　)。

A. 经股东大会批准向股东宣告分配现金股利

B. 收到投资者投入一台设备

C. 取得一笔短期借款并存入银行

D. 经股东大会批准以现金回购本企业股票方式减资

2. 2019 年 12 月 31 日，某企业 E 商品账面余额为 3000000 元，由于市场价格下跌，该商品预计可变现净值为 2500000 元，“存货跌价准备”科目期初余额为零。下列各项中，不考虑其他因素，该商品期末计提存货跌价准备的会计处理正确的是(　　)。

A. 借：营业外支出　2500000
　　贷：存货跌价准备　2500000

B. 借：资产减值损失　500000
　　贷：存货跌价准备　500000

C. 借：管理费用　500000
　　贷：存货跌价准备　500000

D. 借：信用减值损失　500000
　　贷：存货跌价准备　500000

【提示】2020 年《初级会计实务》考题的题量及得分规则较 2018、2019 年有明显变化。题量共减少了 6 道小题，其中单选题从 24 道减少至 20 道，多选题从 12 道减少至 10 道。

3. 下列各项中，属于事业单位资产类科目的是(　　)。

A. 财政应返还额度　　B. 无偿调拨净资产

C. 应缴财政款　　D. 专用基金

4. 下列各项中，属于汇总原始凭证的是(　　)。

A. 科目汇总表　　B. 限额领料单

C. 发料凭证汇总表　　D. 制造费用分配表

5. 某企业2019年发生经济业务如下：确认销售费用1000万元，公允价值变动损失60万元，确认信用减值损失4万元，支付税收滞纳金26万元。不考虑其他因素，上述业务导致该企业2019年营业利润减少的金额为(　　)万元。

A. 1090　　B. 1064　　C. 1086　　D. 1060

6. 某制造业企业生产M、N两种产品，采用机器工时比例法分配制造费用。2019年12月，共发生制造费用100万元，M产品实际耗用机器工时200小时，N产品实际耗用机器工时300小时。不考虑其他因素，该企业M产品当月应分配的制造费用为(　　)万元。

A. 40　　B. 60　　C. 100　　D. 50

7. 某公司为增值税一般纳税人，销售商品适用的增值税税率为13%。2019年9月2日该公司销售商品10000件，每件商品不含税标价为50元。由于成批销售，该公司给予客户20%的商业折扣，并开具增值税专用发票。不考虑其他因素，下列各项中，该公司确认的营业收入金额为(　　)元。

A. 500000　　B. 400000　　C. 452000　　D. 565000

8. 下列各项中，企业按税法规定代扣个人所得税，应借记的会计科目是(　　)。

A. 财务费用　　B. 税金及附加

C. 管理费用　　D. 应付职工薪酬

9. 经股东大会批准，某公司以法定盈余公积弥补当年亏损80000元。不考虑其他因素，下列各项中，该公司弥补亏损的会计处理正确的是(　　)。

A. 借：盈余公积——法定盈余公积　　80000
　　贷：本年利润　　80000

B. 借：盈余公积——法定盈余公积　　80000
　　贷：利润分配——盈余公积补亏　　80000

C. 借：利润分配——盈余公积补亏　　80000
　　贷：盈余公积——法定盈余公积　　80000

D. 借：利润分配——未分配利润　　80000
　　贷：盈余公积——法定盈余公积　　80000

10. 下列各项中，增值税一般纳税人取得交易性金融资产的相关支出应计入投资收益的是(　　)。

A. 不含增值税的交易费用

B. 价款中包含的已宣告但尚未发放的现金股利

C. 增值税专用发票上注明的增值税税额

D. 价款中包含的已到付息期但尚未领取的债券利息

11. 下列各项中，行政单位可以根据实际情况自行选择是否编制的财务报表是(　　)。

A. 净资产变动表　　B. 收入费用表

C. 现金流量表　　D. 资产负债表

12. 下列各项中，不应计入产品成本的是(　　)。

A. 直接材料成本　　B. 直接人工成本

C. 生产车间管理人员的工资　　D. 销售机构相关的固定资产修理费用

13. 下列各项中，制造业企业应作为固定资产核算的是(　　)。

A. 为建造厂房库存的工程物资　　B. 正在建设中的生产线

C. 行政管理部门使用的汽车　　D. 生产完工准备出售的产品

14. 下列各项中，企业发出随同商品出售不单独计价的包装物实际成本应借记(　　)。

A. 主营业务成本　　B. 其他业务成本

C. 销售费用　　D. 管理费用

15. 某公司 2019 年实现利润总额 120 万元，确认所得税费用 30 万元、其他综合收益税后净额 8 万元。不考虑其他因素，该公司 2019 年实现的净利润为(　　)万元。

A. 120　　B. 128　　C. 90　　D. 98

16. 某企业年初所有者权益总额为 500 万元，当年以资本公积转增资本 50 万元，实现净利润 300 万元，提取盈余公积 30 万元，向投资者分配现金股利 70 万元。不考虑其他因素，该企业年末所有者权益为(　　)万元。

A. 650　　B. 730　　C. 680　　D. 770

17. 下列各项中，关于存货期末计量会计处理表述正确的是(　　)。

A. 当存货可变现净值高于存货成本时应按其可变现净值计价

B. 当存货可变现净值高于存货成本时应将其差额计入当期损益

C. 已计提的存货跌价准备不得转回

D. 当存货账面价值高于其可变现净值时，应计提存货跌价准备

18. 下列各项中，属于外来原始凭证的是(　　)。

A. 支付运输费收到的增值税专用发票　　B. 限额领料单

C. 发料凭证汇总表　　D. 员工差旅费报销单

19. 下列各项中，企业已经发出但不符合收入确认条件的商品成本借记的会计科目是(　　)。

A. 主营业务成本　　B. 发出商品

C. 销售费用　　D. 其他业务成本

20. 下列各项中，影响营业利润的是(　　)。

A. 税收罚款支出　　B. 当期确认的所得税费用

C. 接受的现金捐赠　　D. 管理不善造成的库存现金短缺

二、多项选择题（本类题共10小题，每小题2分，共20分。每小题备选答案中，有两个或两个以上符合题意的正确答案。请至少选择两个答案，全部选对得满分，少选得相应分值，多选、错选、不选均不得分。）

1. 下列各项中，属于账账核对内容的有(　　)。

A. 总账期末余额与其所属明细账期末余额之和的核对

B. 债权债务明细账账面余额与对方单位债权债务账面记录的核对

C. 资产、负债、所有者权益各账户总账余额之间平衡关系的核对

D. 总账与序时账期末余额的核对

2. 下列各项中，属于生产费用在完工产品与在产品之间进行分配的方法有(　　)。

A. 在产品按定额成本计价法　　B. 交互分配法

C. 定额比例法　　D. 约当产量比例法

3. 下列各项中，导致事业单位净资产总额发生增减变动的有(　　)。

A. 按规定上缴财政拨款结转资金

B. 按规定缴回非财政拨款结转资金

C. 按规定从非财政拨款结余中提取专用基金

D. 从外单位无偿调入实验设备

4. 下列各项中，属于所有者权益变动表“本年增减变动金额”项目的有(　　)。

A. 盈余公积转增资本　　B. 提取盈余公积

C. 盈余公积弥补亏损　　D. 资本公积转增资本

5. 下列各项中，属于绩效管理领域应用的管理会计工具方法有(　　)。

A. 平衡计分卡　　B. 经济增加值法

C. 敏感性分析　　D. 关键绩效指标法

6. 下列各项中，属于确定合同履约进度的产出指标有(　　)。

A. 评估已实现的结果　　B. 已完工或者交付的产品

C. 实际测量的完工进度　　D. 时间进度

7. 下列各项中，关于采用表结法结转本年利润表述正确的有(　　)。

A. 每月均可通过“本年利润”科目提供当月利润额

B. 每月末将损益类科目的本月发生额合计数填入利润表的本月数栏

C. 年末将损益类科目全年累计余额结转入“本年利润”科目

D. 每月均可通过“本年利润”科目提供本年累计利润额

8. 下列各项中，应通过“应付职工薪酬”科目核算的有(　　)。

A. 因解除劳动关系而给予职工的现金补偿

B. 向职工提供的异地安家费

C. 按规定计提的职工教育经费

D. 支付给临时员工的工资

9. 某企业采用计划成本进行材料日常核算，下列各项中，应通过“材料成本差异”科目借方核算的有(　　)。

A. 发出材料应负担的超支差异　　B. 发出材料应负担的节约差异

C. 入库材料的超支差异　　D. 入库材料的节约差异

10. 某公司年末固定资产清查时发现上年购入的一台设备未入账，其重置成本为10000元，该公司按净利润的10%提取法定盈余公积。不考虑其他因素，下列各项中，该设备盘盈的会计处理正确的有(　　)。

A. 借：以前年度损益调整　　10000
　　贷：盈余公积——法定盈余公积　　1000
　　　　利润分配——未分配利润　　9000

B. 借：待处理财产损溢　　10000
　　贷：营业外收入　　10000

C. 借：固定资产　　10000
　　贷：以前年度损益调整　　10000

D. 借：固定资产　　10000
　　贷：待处理财产损溢　　10000

三、判断题（本类题共10小题，每小题1分，共10分。请判断每小题的表述是否正确。每小题答题正确的得1分，错答、不答均不得分，也不扣分。）

1. 企业采用的重要会计政策和会计估计属于财务报表附注披露的内容。　　(　　)

2. 备抵法下，转销无法收回的应收账款，应冲减坏账准备和应收账款。（　　）
3. 材料盘亏净损失属于一般经营损失的部分，应记入“营业外支出”科目。（　　）
4. 年度终了，企业应将“本年利润”科目的本年累计余额转入“利润分配——未分配利润”科目。（　　）
5. 企业结账前发现凭证无误而账簿记录出现金额错误，应当采用补充登记法更正。（　　）
6. 企业回购并注销股票支付的价款高于股票面值时，其差额应记入“财务费用”科目。（　　）
7. 企业生产车间生产人员福利费应根据实际发生额计入生产成本。（　　）
8. 企业接受固定资产捐赠产生的利得计入资本公积。（　　）
9. 不单独设置“预付账款”科目的企业，预付的款项可以通过“应收账款”科目核算。（　　）
10. 房地产开发经营企业销售房地产应缴纳的土地增值税记入“税金及附加”科目。（　　）

四、不定项选择题（本类题共 15 小题，每小题 2 分，共 30 分。每小题备选答案中，有一个或一个以上符合题意的正确答案。每小题全部选对得满分，少选得相应分值，多选、错选、不选均不得分。）

（一）

某股份有限公司为增值税一般纳税人，2019 年初，所有者权益总额为 54000 万元。其中未分配利润金额为 6000 万元。

2019 年该公司发生与所有者权益相关的经济业务如下：

（1）4 月 1 日，经股东大会批准，宣告发放现金股利 1600 万元。4 月 29 日，以银行存款实际支付现金股利。

（2）5 月 8 日，经批准以增发股票的方式募集资金，共增发普通股 500 万股，每股面值 1 元，每股发行价格 5 元。证券公司代理发行费用为 80 万元，取得的增值税专用发票注明的增值税税额为 4.8 万元，从发行收入中扣除。股票已全部发行完毕，收到的股款已存入银行。

（3）全年实现利润总额为 6035 万元，其中，当年实现国债利息收入 45 万元，支付税收滞纳金10 万元。除上述事项外，无其他纳税调整和递延所得税事项，该公司适用的所得税税率为 25%。

要求：根据上述资料，不考虑其他因素，分析回答下列小题。（答案中的金额单位用万元表示）

1. 根据资料（1），下列各项中，该公司宣告和支付现金股利相关会计处理表述正确的是(　　)。

A. 宣告时借记“利润分配——应付现金股利或利润”科目 1600 万元
B. 支付时贷记“银行存款”科目 1600 万元
C. 宣告时贷记“应付股利”科目 1600 万元
D. 支付时借记“利润分配——未分配利润”科目 1600 万元

2. 根据资料（2），下列各项中，该公司增发普通股相关会计处理表述正确的是(　　)。

A. 借记“财务费用”科目80万元

B. 贷记“股本”科目500万元

C. 借记“银行存款”科目2415.2万元

D. 贷记“资本公积——股本溢价”科目1920万元

3. 根据资料（3），该公司2019年度所得税费用的金额是(　　)万元。

A. 1517.5　　B. 1500　　C. 1508.75　　D. 1497.5

4. 根据期初资料、资料（1）至（3），该公司2019年12月31日未分配利润的金额是(　　)万元。

A. 4400　　B. 8935　　C. 10535　　D. 6000

5. 根据期初资料、资料（1）至（3），该公司2019年12月31日所有者权益总额是(　　)万元。

A. 60955　　B. 54000　　C. 59355　　D. 54820

（二）

甲企业为增值税一般纳税人，2019年发生与无形资产相关的经济业务如下：

（1）1月7日，自行研发一项管理用M非专利技术。截至4月30日，以银行存款共支付研究费用50000元，其中，相关业务取得增值税专用发票注明的增值税税额为2600元，研究阶段的相关活动已结束。

（2）5月3日，M非专利技术研发活动进入开发阶段。该阶段共发生研发人员薪酬500000元、其他研发费用100000元，所有支出均符合资本化条件，取得增值税专用发票注明的增值税税额为13000元。9月10日，M非专利技术研发活动结束，经测试达到预定技术标准并投入使用。M非专利技术预计使用年限为5年，无残值，采用直线法摊销。

（3）12月1日，将M非专利技术经营出租给乙企业，双方约定的租赁期限为3年。月末，甲企业收取当月租金20000元，增值税税额为1200元，并开具增值税专用发票，款项已存入银行。

要求：根据上述资料，不考虑其他因素，分析回答下列小题。

1. 根据资料（1），下列各项中，甲企业支付和结转研究费用的相关会计处理表述正确的是(　　)。

A. 支付时记入“研发支出——资本化支出”科目

B. 支付时记入“研发支出——费用化支出”科目

C. 支付时记入“管理费用”科目

D. 期末将“研发支出——费用化支出”科目的余额转入“管理费用”科目

2. 根据资料（1）和（2），甲企业自行研发M非专利技术的入账金额是(　　)元。

A. 650000　　B. 665600　　C. 613000　　D. 600000

3. 根据资料（1）至（3），下列各项中，2019年12月甲企业出租M非专利技术会计处理正确的是(　　)。

A. 收取租金时：

借：银行存款　　21200

　贷：其他业务收入　　20000

　　　应交税费——应交增值税（销项税额）　　1200

B. 计提摊销时：

借：管理费用　　10000

　贷：累计摊销　　10000

C. 计提摊销时：

借：其他业务成本　　10000

　贷：累计摊销　　10000

D. 收取租金时：

借：银行存款　　21200

　贷：营业外收入　　20000

　　　应交税费——应交增值税（销项税额）　　1200

4. 根据资料（1）至（3），2019年度甲企业M非专利技术累计摊销的金额是(　　)元。

A. 32500　　B. 43333　　C. 40000　　D. 30650

5. 根据资料（1）至（3），下列各项中，M非专利技术业务影响2019年利润表有关项目表述正确的是(　　)。

A. 营业收入增加20000元　　B. 营业成本增加10000元

C. 营业利润增加70000元　　D. 研发费用增加80000元

（三）

甲企业为增值税一般纳税人，销售产品适用的增值税税率为13%，“应交税费”科目期初余额为零。采用实际成本进行存货日常核算。2019年12月该企业发生与存货相关的经济业务如下：

（1）6日，从乙企业采购一批原材料，取得增值税专用发票注明的价款为100万元，增值税税额为13万元，原材料验收入库。甲企业开具一张面值为113万元的银行承兑汇票，同时支付承兑手续费0.0533万元，取得的增值税专用发票注明的增值税税额为0.0032万元。

（2）10日，甲企业向丙企业销售一批不需用的原材料，开具的增值税专用发票注明的价款为500万元，增值税税额为65万元，收到一张面值为565万元、期限为2个月的商业承兑汇票。该批原材料的实际成本为400万元。

（3）27 日，领用一批自产产品作为福利发给 300 名职工，其中专设销售机构人员 100 名，总部管理人员 200 名。该批产品不含增值税的售价为 30 万元，实际成本为 21 万元。

要求：根据上述资料，不考虑其他因素，分析回答下列小题。（答案中的金额单位用万元表示）

1. 根据资料（1），下列各项中，甲企业采购原材料会计处理正确的是(　　)。

A. 借：财务费用　0.0533
　　应交税费——应交增值税（进项税额）　0.0032
　贷：银行存款　0.0565

B. 借：材料采购　100
　　应交税费——应交增值税（进项税额）　13
　贷：其他货币资金　113

C. 借：原材料　100
　　应交税费——应交增值税（进项税额）　13
　贷：应付票据　113

D. 借：原材料　113
　贷：应付票据　113

2. 根据资料（2），下列各项中，甲企业销售原材料会计处理表述正确的是(　　)。

A. 贷记“其他业务收入”科目 500 万元
B. 贷记“应交税费——应交增值税（销项税额）”科目 65 万元
C. 借记“其他业务成本”科目 400 万元
D. 借记“其他货币资金”科目 565 万元

3. 根据资料（3），下列各项中，甲企业发放福利会计处理表述正确的是(　　)。

A. 贷记“应交税费——应交增值税（销项税额）”科目 3.9 万元
B. 贷记“主营业务收入”科目 30 万元
C. 借记“管理费用”科目 22.6 万元
D. 借记“销售费用”科目 7 万元

4. 根据资料（1）至（3），甲企业 12 月应交纳增值税的金额是(　　)万元。

A. 68.9　B. 65　C. 55.8968　D. 55.9

5. 根据资料（1）至（3），上述业务导致甲企业 12 月 31 日资产负债表“存货”项目变动金额是(　　)万元。

A. 321　B. 300　C. 400　D. 421

2020 年会计专业技术资格考试
《初级会计实务》试题（2）

一、单项选择题（本类题共 20 小题，每小题 2 分，共 40 分。每小题备选答案中，只有一个符合题意的正确答案。错选、不选均不得分。）

1. 下列各项中，属于事业单位非流动负债的是(　　)。

A. 应缴款项　　B. 长期应付款
C. 预收款项　　D. 短期借款

2. 下列各项中，导致银行存款日记账余额大于银行对账单余额的未达账项是(　　)。

A. 银行根据协议支付当月电话费并已入账，企业尚未收到付款通知
B. 银行已代收货款并入账，企业尚未收到收款通知
C. 企业签发现金支票并入账，收款方尚未提现
D. 企业签发转账支票并入账，收款方未办理转账

3. 企业采用计划成本法核算原材料，对于货款已付但尚未验收入库的在途材料，应计入的会计科目是(　　)。

A. 在途物资　　B. 原材料
C. 周转材料　　D. 材料采购

4. 下列各项中，关于企业无形资产摊销的表述不正确的是(　　)。

A. 行政管理用无形资产的摊销额计入管理费用
B. 使用寿命不确定的无形资产不进行摊销
C. 无形资产摊销方法应反映其经济利益的预期实现方式
D. 使用寿命有限的无形资产处置当月应进行摊销

5. 下列各项中，引起企业资产和负债同时增加的经济业务是(　　)。

A. 收回其他应收款存入银行　　B. 接受投资者投入设备
C. 银行存款偿还短期借款　　D. 赊购原材料

6. 下列各项中，属于企业利润表中“营业成本”项目列报内容的是(　　)。

A. 其他业务成本　　B. 税金及附加
C. 研发费用　　D. 管理费用

7. 2019 年 12 月 31 日，某公司有关科目余额如下，“在建工程”科目借方余额 80 万元，“在建工程减值准备”科目贷方余额 8 万元，“工程物资”科目借方余额 30 万元，“工程物资减值准备”科目贷方余额 3 万元。不考虑其他因素，2019 年 12 月 31 日，该公司资产负债表“在建工程”项目期末余额应填列的金额为(　　)万元。

A. 72　　B. 80　　C. 99　　D. 110

8. 2019 年 12 月 31 日，某公司有关科目借方余额如下，原材料 80 万元，周转材料 10 万元，生产成本 30 万元，库存商品 60 万元。不考虑其他因素，2019 年 12 月 31 日，该公司资产负债表“存货”项目期末余额应填列的金额为(　　)万元。

A. 150　　B. 170　　C. 180　　D. 140

9. 甲公司为增值税一般纳税人，向乙公司销售商品一批，商品价款 20 万元、增值税税额 2.6 万元；以银行存款支付代垫运费1 万元、增值税税额0.09 万元，上述业务均已开具增值税专用发票，全部款项尚未收到。不考虑其他因素，甲公司应收账款的入账金额为(　　)万元。

A. 21　　B. 22.6　　C. 23.69　　D. 20

10. 2019 年 5 月 7 日，甲公司购入乙上市公司股票确认为交易性金融资产，支付价款 106 万元，其中包含已宣告但尚未发放的现金股利 3 万元；另支付相关交易费用0.1 万元，取得的增值税专用发票注明的增值税税额 0.006 万元。不考虑其他因素，甲公司应借记“投资收益”科目的金额为(　　)万元。

A. 2.9　　B. 3　　C. 0.1　　D. 0.106

11. 下列各项中，企业为管理人员提供免费使用汽车的折旧费，应借记的会计科目是(　　)。

A. 制造费用　　B. 应付职工薪酬

C. 生产成本　　D. 营业外支出

12. 下列各项中，关于记账凭证填制基本要求的表述不正确的是(　　)。

A. 登记账簿前，记账凭证填制错误的应重新填制

B. 可以将不同内容和类别的原始凭证合并填制一张记账凭证

C. 除结账和更正错账可以不附原始凭证，其他记账凭证必须附原始凭证

D. 记账凭证应连续编号

13. 下列各项中，事业单位应当计提折旧的固定资产是(　　)。

A. 单独计价入账的土地　　B. 文物和陈列品

C. 图书、档案　　D. 已交付使用的办公大楼

14. 下列各项中，企业计入营业外支出的是(　　)。

A. 出售闲置设备净损失

B. 确认房屋减值损失

C. 原材料因管理不善发生的盘亏净损失

D. 对外捐赠设备支出

15. 甲公司与乙公司签订合同，向乙公司销售 E、F 两种产品，不含增值税的合同总价款为 3 万元。E、F 产品不含增值税的单独售价分别为 2.2 万元和 1.1 万元。该合同包含两项可明确区分的履约义务。不考虑其他因素，按照交易价格分摊原则，E 产品应分摊的交易价格为(　　)万元。

A. 2　　B. 1　　C. 2.2　　D. 1.1

16. 下列各项中，企业收回后用于连续生产应税消费品的委托加工物资，由受托方代收代缴并准予抵扣的消费税应记入的会计科目是(　　)。

A. 委托加工物资　　B. 材料成本差异

C. 税金及附加　　D. 应交税费

17. 下列各项中，企业计提应收款项坏账准备应借记的会计科目是(　　)。

A. 营业外支出　　B. 信用减值损失

C. 公允价值变动损益　　D. 资产减值损失

18. 某公司因暴雨毁损原材料一批，该批材料实际成本为 1 万元。残料变现价值为 0.05 万元，保险公司按合同约定赔偿 0.3 万元。不考虑其他因素，该批材料的毁损净损失为(　　)万元。

A. 1　　B. 0.65　　C. 0.05　　D. 0.7

19. 2019 年，某公司共发生经营活动短期借款利息费用 90 万元，收到流动资金存款利息收入1 万元，支付银行承兑汇票手续费 15 万元。不考虑其他因素，2019 年度该公司财务费用的金额为(　　)万元。

A. 90　　B. 106　　C. 104　　D. 105

20. 2019 年 11 月21 日，某公司购入一项固定资产直接交付使用。该固定资产原值 500 万元。预计使用年限 5 年，预计净残值 5 万元。按年数总和法计提折旧。不考虑其他因素，2019 年该项固定资产应计提的折旧额为(　　)万元。

A. 8.25　　B. 13.75　　C. 27.5　　D. 16.5

二、多项选择题（本类题共 10 小题，每小题 2 分，共 20 分。每小题备选答案中，有两个或两个以上符合题意的正确答案。请至少选择两个答案，全部选对得满分，少选得相应分值，多选、错选、不选均不得分。）

1. 下列各项中，应计入制造业企业其他业务成本的有(　　)。

A. 经营租出固定资产的折旧额

B. 经营租出无形资产的摊销额

C. 销售原材料的实际成本

D. 出租包装物的摊销额

2. 某公司经营一家健身俱乐部，适用增值税税率为 6%。2019 年 1 月 1 日，与客户签订合同，并收取客户会员费 6000 元（不含税）。客户可在未来12 个月内享受健身服务，且没有次数限制。不考虑其他因素，下列各项中，该公司相关会计处理表述正确的有(　　)。

A. 1 月 1 日收到会费确认合同负债 6000 元

B. 1 月 1 日收到会费确认预计负债 6000 元

C. 1 月 31 日确认主营业务收入的金额为 530 元

D. 1 月 31 日确认主营业务收入的金额为 500 元

3. 下列各项中，应通过“应付职工薪酬”科目核算的有(　　)。

A. 职工教育经费　　B. 工会经费

C. 职工住房公积金　　D. 职工医疗保险费

4. 下列各项中，属于政府负债计量属性的有(　　)。

A. 历史成本　　B. 现值

C. 公允价值　　D. 名义金额

5. 下列各项中，关于财产清查的表述正确的有(　　)。

A. 银行存款清查应采用与开户银行核对账目的方法

B. 库存现金清查应采用实地盘点法

C. 露天堆放煤炭清查应采用技术推算法

D. 应收账款清查应采用发函询证的方法

6. 下列会计科目中，其余额应在资产负债表“无形资产”项目填列的有(　　)。

A. 研发支出　　B. 累计摊销

C. 无形资产　　D. 无形资产减值准备

7. 下列各项中，自行研发无形资产业务的会计处理表述正确的有(　　)。

A. 满足资本化条件的研发支出达到预定用途，应转入“无形资产”科目的借方

B. 不满足资本化条件的研发支出，期末应转入“管理费用”科目的借方

C. 满足资本化条件的研发支出，应记入“研发支出——费用化支出”科目的借方

D. 不满足资本化条件的研发支出，应记入“研发支出——资本化支出”科目的借方

8. 下列各项中，应计入企业管理费用的有(　　)。

A. 董事会成员的公务差旅费

B. 聘请会计师事务所咨询费

C. 行政管理部门的办公费

D. 计提销售商品预计产品质量保证损失

9. 下列各项中，企业应计提折旧的有(　　)。

A. 日常维修期间停工的生产设备

B. 上月已达到预定可使用状态尚未办理竣工决算的办公大楼

C. 非生产经营用的中央空调设施

D. 已提足折旧继续使用的生产线

10. 下列各项中，关于包装物的会计处理表述正确的有(　　)。

A. 随同商品出售不单独计价的包装物，按实际成本计入其他业务成本

B. 随同商品出售单独计价的包装物，按实际成本计入销售费用

C. 生产产品领用的包装物，按实际成本计入生产成本

D. 出租的包装物发生的修理费用，按实际支出计入其他业务成本

三、判断题（本类题共10小题，每小题1分，共10分。请判断每小题的表述是否正确。每小题答题正确的得1分，错答、不答均不得分，也不扣分。）

1. 企业报废的固定资产清理完毕，应将“固定资产清理”科目的余额转入“资产处置损益”科目。(　　)
2. 企业因申请签发银行承兑汇票支付的手续费，计入当期财务费用。(　　)
3. 企业签订加工承揽合同支付的印花税，应计入加工承揽项目成本中。(　　)
4. 企业采用计划成本进行材料日常核算时，月末发出材料分摊的超支成本差异，应记入“材料成本差异”科目的借方。(　　)
5. 企业在财产清查中盘盈的固定资产，在按管理权限报经批准处理前，应通过“以前年度损益调整”科目核算。(　　)
6. 企业将自产的应税消费品用于在建工程，按规定应交纳的消费税计入税金及附加。(　　)
7. 行政事业单位应当在预算会计中设置“资金结存”科目，核算纳入年度部门预算管理的资金流入、流出、调整和滚存等情况。(　　)
8. 企业金融商品转让收益应交的增值税，冲减投资收益。(　　)
9. 企业提供建筑安装劳务，当履约进度不能合理确定、且已经发生的成本预期能够得到补偿

的，应当按照已经发生的成本确认收入，直到履约进度能够合理确定为止。（　　）

10. 企业应向保险公司收取的财产损失赔款，应通过“应收账款”科目核算。（　　）

四、不定项选择题（本类题共 15 小题，每小题 2 分，共 30 分。每小题备选答案中，有一个或一个以上符合题意的正确答案。每小题全部选对得满分，少选得相应分值，多选、错选、不选均不得分。）

（一）

某制造业企业只生产甲产品，制造费用单独核算，生产费用在完工产品与在产品之间分配采用在产品按定额成本计价法。2019 年 12 月初无在产品，12 月份该企业基本生产车间发生经济业务如下：

（1）本月耗用材料 315 万元，其中甲产品耗用 300 万元，车间机物料消耗 5 万元，厂房日常维修耗用 10 万元。

（2）月末分配本月基本生产车间工资共计 125 万元，其中车间生产工人 100 万元、车间管理人员 25 万元。计提职工社会保险费 20 万元，其中车间生产工人 16 万元、车间管理人员 4 万元。

（3）本月基本生产车间计提折旧费共计 30 万元，其中生产设备 18 万元，车间一般管理用设备 12 万元。

（4）本月末完工甲产品 100 件，在产品 50 件；在产品直接材料定额成本为 80 万元、直接人工定额成本为 20 万元、定额制造费用为 15 万元。

要求：根据上述资料，不考虑其他因素，分析回答下列小题。（答案中的金额单位用万元表示）

1. 根据资料（1），下列各项中，耗用材料相关会计处理表述正确的是（　　）。

A. “生产成本”科目借方登记 305 万元

B. “管理费用”科目借方登记 5 万元

C. “生产成本”科目借方登记 300 万元

D. “制造费用”科目借方登记 15 万元

2. 根据资料（2），下列各项中，本月应付职工薪酬业务会计处理表述正确的是（　　）。

A. 计入生产成本的职工薪酬总额为 116 万元

B. 计入应付职工薪酬的总额为 145 万元

C. 计入管理费用的职工薪酬总额为 29 万元

D. 计入制造费用的职工薪酬总额为 29 万元

3. 根据资料（3），下列各项中，本月车间设备计提折旧会计处理正确的是（　　）。

A. 生产设备计提折旧：

借：生产成本	18	
贷：累计折旧		18

B. 管理设备计提折旧：

借：生产成本　12

　贷：累计折旧　12

C. 生产设备计提折旧：

借：制造费用　18

　贷：累计折旧　18

D. 管理设备计提折旧：

借：制造费用　12

　贷：累计折旧　12

4. 根据资料（1）至（3），下列各项中，本月发生的制造费用总额是(　　)万元。

A. 64　　B. 490　　C. 56　　D. 434

5. 根据期初资料和资料（1）至（4），下列各项中，本月完工甲产品成本和月末在产品成本计算结果正确的是(　　)。

A. 月末在产品单位成本为2.3万元

B. 完工产品单位成本为3.65万元

C. 完工产品总成本为365万元

D. 月末在产品总成本为115万元

（二）

甲公司为增值税一般纳税人，主要生产和销售M和N产品。2019年8月份发生有关经济业务如下：

（1）本月完工入库M产品一批。为推销该产品共发生支出568000元，其中电视广告费500000元、参加推介会的展览费60000元、专设销售机构人员薪酬8000元。全部款项以银行存款支付，取得增值税专用发票上注明的增值税税额33600元。

（2）本月发出M产品委托乙公司进一步加工为N产品，发出M产品实际成本为400000元，支付加工费50000元，增值税专用发票上注明的增值税税额为6500元，由受托方代收代缴消费税110000元。收回加工完成的N产品直接对外销售。相关款项以银行存款支付。

（3）销售M产品一批，开具增值税专用发票上注明的价款500000元、增值税税额65000元，收到客户出具一张面值为565000元、期限3个月的商业承兑汇票结算全部款项；该批产品生产成本为360000元。

（4）月末，经计算本期应交城市维护建设税1743元、教育费附加747元。

要求：根据上述资料，不考虑其他因素，分析回答下列小题。

1. 根据资料（1），下列各项中，甲公司推销产品有关支出的会计处理表述正确的是(　　)。

A. 支付展览费60000元，记入“销售费用”科目借方

B. 支付广告费500000元，记入“管理费用”科目借方

C. 支付增值税进项税额 33600 元，记入“应交税费”科目借方

D. 支付专设销售机构人员薪酬 8000 元，记入“销售费用”科目借方

2. 根据资料（2），下列各项中，甲公司委托加工物资代收代缴消费税的会计处理表述正确的是(　　)。

A. 记入“税金及附加”科目的借方

B. 记入“应交税费——应交消费税”科目的贷方

C. 记入“委托加工物资”科目的借方

D. 记入“应交税费——应交消费税”科目的借方

3. 根据资料（2），甲公司委托加工完成的 N 产品实际成本是(　　)元。

A. 560000　　B. 450000　　C. 566500　　D. 400000

4. 根据资料（3），下列各项中，甲公司销售 M 产品的会计处理表述正确的是(　　)。

A. 结转销售成本，记入“主营业务成本”科目借方

B. 确认销售收入，记入“主营业务收入”科目贷方

C. 确认增值税销项税额，记入“应交税费”科目贷方

D. 按商业汇票的面值，记入“其他货币资金”科目借方

5. 根据资料（1）至（4），甲公司利润表中“税金及附加”项目本期金额是(　　)元。

A. 2490　　B. 110000　　C. 112490　　D. 137390

（三）

2019 年年初某股份有限公司股东权益共计 8600 万元，其中，股本 5000 万元，资本公积 1000 万元，盈余公积 2000 万元，未分配利润 600 万元，2019 年度该公司发生有关股东权益业务如下：

（1）2 月 1 日，经批准增发普通股股票 500 万股，每股面值 1 元，每股发行价格为 4 元，按照发行收入的 3%支付手续费和佣金。股票已全部发行完毕，所收股款存入该公司开户银行。

（2）10 月 8 日，经股东大会批准，该公司以每股 3 元价格回购本公司股票 600 万股（每股面值 1 元），并在规定时间内注销回购的股票。

（3）2019 年度实现净利润 1000 万元。年末，按净利润的 10%提取法定盈余公积；经股东大会批准，按净利润的 5%提取任意盈余公积，并宣告发放现金股利 100 万元。

要求：根据上述资料，不考虑其他因素，分析回答下列小题。（答案中的金额单位用万元表示）

1. 根据资料（1），该公司发行股票记入“资本公积——股本溢价”科目的金额是(　　)万元。

A. 1500　　B. 2000　　C. 1940　　D. 1440

2. 根据期初资料、资料（1）和（2），下列各项中，该公司注销股票的会计处理结果正确的是(　　)。

A. 冲减资本公积1800万元　　B. 冲减股本600万元

C. 冲减盈余公积1200万元　　D. 冲减资本公积1200万元

3. 根据期初资料和资料（3），下列各项中，该公司利润分配业务会计处理表述正确的是(　　)。

A. “应付股利”科目贷方增加100万元

B. “资本公积”科目贷方增加750万元

C. “盈余公积”科目贷方增加150万元

D. “利润分配——未分配利润”科目贷方增加750万元

4. 根据期初资料、资料（1）至（3），下列各项中，不影响股东权益总额的业务是(　　)。

A. 注销回购股票600万股

B. 按净利润的5%计提任意盈余公积

C. 向投资者宣告发放现金股利100万元

D. 按净利润的10%计提法定盈余公积

5. 根据期初资料、资料（1）至（3），2019年12月31日该公司资产负债表中股东权益总额是(　　)万元。

A. 9640　　B. 9740　　C. 9700　　D. 11440

2020年会计专业技术资格考试《初级会计实务》试题（3）

一、单项选择题（本类题共20小题，每小题2分，共40分。每小题备选答案中，只有一个符合题意的正确答案。错选、不选均不得分。）

1. 2019年12月份，某企业发生经济业务如下：计提行政办公大楼折旧40万元，支付会计师事务所审计费50万元，发生业务招待费60万元，不考虑其他因素，该企业2019年12月份确认的管理费用金额为（　　）万元。

A. 90　　B. 100　　C. 50　　D. 150

2. 下列各项中，应通过“营业外支出”科目核算的是（　　）。

A. 确认的专利权减值损失
B. 原材料因管理不善盘亏净损失
C. 闲置设备出售净损失
D. 仓库因自然灾害毁损净损失

3. 某企业将应交资源税的自产矿产品用于其产品生产，不考虑其他因素，该企业确认应交资源税应借记的会计科目是（　　）。

A. 管理费用
B. 税金及附加
C. 生产成本
D. 销售费用

4. 下列各项中，在财政直接支付方式下，事业单位收到“财政直接支付入账通知书”时，财务会计核算应贷记的会计科目是（　　）。

A. 经营收入
B. 其他收入
C. 事业收入
D. 财政拨款收入

5. 下列各项中，企业应通过“税金及附加”科目核算的是（　　）。

A. 代扣代缴的个人所得税
B. 应交的房产税
C. 应交的企业所得税
D. 应交的增值税

6. 甲公司为增值税一般纳税人，现将一项专利权转让给乙公司，开具的增值税专用发票上注明的价款为40万元，增值税税额为2.4万元。该专利权成本为30万元，已累计摊销15万元。不考虑其他因素，转让该项专利权应确认的处置净损益为（　　）万元。

A. 12.4　　B. 27.4　　C. 10　　D. 25

7. 2019年年初某企业所有者权益总额为1150万元，当年实现净利润350万元，提取盈余公积35万元，向投资者分配现金股利40万元，不考虑其他因素，该企业2019年末所有者权益总额为(　　)万元。

A. 1465　　B. 1460　　C. 1425　　D. 1150

8. 下列各项中，引起资产与负债同时增加的是(　　)。

A. 从银行提取现金备用

B. 向银行借入期限为5个月的款项

C. 签发期限为3个月的商业承兑汇票抵付前欠货款

D. 收到投资者投入资本存入银行

9. 甲公司为增值税一般纳税人，收到乙公司作为资本投入的原材料一批，合同约定该批材料不含增值税的价值为100万元，增值税税额13万元（由乙公司支付），甲公司已取得增值税专用发票。该批材料合同约定的价值与公允价值相符，乙公司享有甲公司注册资本的份额为80万元。不考虑其他因素，下列各项中，甲公司接受乙公司投资相关会计处理表述正确的是(　　)。

A. 借记“原材料”科目113万元

B. 贷记“实收资本”科目100万元

C. 贷记“应交税费——应交增值税（进项税额）”科目13万元

D. 贷记“资本公积——资本溢价”科目33万元

10. 下列各项中，对于“预付账款”科目所属明细科目的期末贷方余额，应列入的资产负债表项目是(　　)。

A. 应付账款　　B. 预收款项　　C. 预付款项　　D. 应收账款

11. 下列各项中，适合采用数量金额式账簿的是(　　)。

A. 管理费用明细账　　B. 库存商品明细账

C. 应收账款明细账　　D. 主营业务收入明细账

12. 某企业2019年全年利润总额为6035万元，当年实现国债利息收入45万元，缴纳的税收滞纳金10万元，所得税税率为25%。不考虑其他因素，该企业2019年度所得税费用为(　　)万元。

A. 1500　　B. 1517.5　　C. 1508.75　　D. 1495

13. 下列各项中，对于到期无力支付票款的银行承兑汇票，企业转销时应贷记的会计科目是(　　)。

A. 短期借款　　B. 预收账款

C. 其他应付款　　D. 应付账款

14. 甲公司为增值税一般纳税人，2019 年 10 月 2 日销售 M 商品 1000 件并开具增值税专用发票，每件商品的标价为 200 元（不含增值税），M 商品适用的增值税税率为 13%。每件商品的实际成本为 120 元，由于成批销售，甲公司给予客户 10%的商业折扣。M 商品于 10 月 2 日发出，客户于 10 月 9 日付款。该销售业务属于在某一时点履行的履约义务。不考虑其他因素，下列各项中，有关甲公司销售商品会计处理表述正确的是(　　)。

A. 确认主营业务收入 180000 元

B. 确认财务费用 20000 元

C. 确认主营业务成本 108000 元

D. 确认应交增值税销项税额 26000 元

15. 下列各项中，资产负债表日起一年内到期且企业不能自主将清偿义务展期的长期借款，应列入的资产负债表项目是(　　)。

A. 其他非流动负债　　B. 长期借款

C. 一年内到期的非流动负债　　D. 短期借款

16. 下列各项中，属于制造业企业主营业务收入的是(　　)。

A. 销售原材料收入　　B. 出租包装物租金收入

C. 出售生产设备净收益　　D. 销售产品收入

17. 下列各项中，事业单位采用财政授权支付方式上缴代扣的个人所得税时，财务会计核算应贷记的会计科目是(　　)。

A. 零余额账户用款额度　　B. 银行存款

C. 财政应返还额度　　D. 财政拨款收入

18. 2019 年初，某企业“坏账准备”科目贷方余额为 10 万元，当期实际发生坏账损失 5 万元。经减值测试，2019 年年末“坏账准备”科目应保持的贷方余额为 16 万元。不考虑其他因素，年末该企业应计提坏账准备的金额为(　　)万元。

A. 11　　B. 6　　C. 16　　D. 1

19. 下列各项中，应通过“其他应付款”科目核算的是(　　)。

A. 应付存入保证金　　B. 应付供货单位货款

C. 应付职工防暑降温费　　D. 应付股东现金股利

20. 下列各项中，反映企业在一定会计期间经营成果的财务报表是(　　)。

A. 现金流量表　　B. 所有者权益变动表

C. 资产负债表　　D. 利润表

二、多项选择题（本类题共 10 小题，每小题 2 分，共 20 分。每小题备选答案中，有两个或两个以上符合题意的正确答案。请至少选择两个答案，全部选对得满分，少选得相应分值，多选、错选、不选均不得分。）

1. 下列各项中，属于制造业企业其他业务成本核算内容的有(　　)。

A. 随同商品出售不单独计价的包装物成本

B. 出借包装物的摊销额

C. 随同商品出售单独计价的包装物成本

D. 出租包装物的摊销额

2. 下列各项中，应计入营业外收入的有(　　)。

A. 转销无法支付的应付账款

B. 收发计量差错造成的原材料盘盈利得

C. 出租包装物租金收入

D. 无法查明原因的现金溢余

3. 下列各项中，关于企业确认相关税费会计处理表述正确的有(　　)。

A. 确认应交城镇土地使用税，借记“管理费用”科目

B. 确认应交城市维护建设税，借记“税金及附加”科目

C. 确认应交教育费附加，借记“税金及附加”科目

D. 确认应交车船税，借记“管理费用”科目

4. 下列各项中，属于“财务费用”科目核算内容的有(　　)。

A. 支付公开发行普通股的佣金

B. 支付的银行承兑汇票手续费

C. 确认的财务部门人员薪酬

D. 确认的生产经营用短期借款利息费用

5. 下列各项中，属于会计基本职能的有(　　)。

A. 参与经济决策

B. 进行会计核算

C. 实施会计监督

D. 预测经济前景

6. 下列各项中，事业单位当月应计提折旧的有(　　)。

A. 已提足折旧仍继续使用的固定资产

B. 当月无偿调入未提足折旧的专用设备

C. 以名义金额计量的固定资产

D. 当月达到预定可使用状态的办公大楼

7. 下列各项中，应计入存货成本的有(　　)。

A. 委托加工物资收回后用于连续生产应税消费品应交的消费税

B. 委托加工物资收回后直接对外销售由受托方代收代缴的消费税

C. 一般纳税人购进原材料可抵扣的增值税进项税额

D. 进口原材料交纳的关税

8. 某公司经股东大会批准，按照每股 4 元的价格回购并注销本公司普通股股票 1000 万股，每股股票面值为 1 元。注销前，该公司资本公积（股本溢价）为 2000 万元，盈余公积为 3000 万元。不考虑其他因素，下列各项中，该公司注销已回购股票相关会计处理表述正确的有(　　)。

A. 借记“盈余公积”科目 2000 万元

B. 借记“资本公积”科目 1000 万元

C. 借记“股本”科目 1000 万元

D. 贷记“库存股”科目 4000 万元

9. 下列各项中，应列入企业资产负债表“应交税费”项目的有(　　)。

A. “应交税费——应交消费税”科目期末贷方余额

B. “应交税费——应交资源税”科目期末贷方余额

C. “应交税费——应交车船税”科目期末贷方余额

D. “应交税费——应交个人所得税”科目期末借方余额

10. 下列各项中，制造业企业销售商品时发生的支出，应通过“销售费用”科目核算的有(　　)。

A. 装卸费　　B. 保险费　　C. 包装费　　D. 代垫运费

三、判断题（本类题共 10 小题，每小题 1 分，共 10 分。请判断每小题的表述是否正确。每小题答题正确的得 1 分，错答、不答均不得分，也不扣分。）

1. 企业为取得合同发生的增量成本预期能够收回的，应作为合同履约成本确认为一项资产。(　　)

2. 企业发生经济业务需要支付现金时，可以从本单位的现金收入中直接安排支付。(　　)

3. 企业固定资产盘盈利得应计入营业外收入。(　　)

4. 企业确认非货币性福利时，对于难以认定受益对象的非货币性福利，直接计入当期损益和应付职工薪酬。(　　)

5. 长期待摊费用是指企业已经发生但应由本期和以后各期负担的分摊期限在一年以上的各项费用。(　　)

6. 对于在某一时段内履行的履约义务，当履约进度不能合理确定时，即使企业已经发生的成本预计能够得到补偿，也不应确认收入。(　　)

7. 政府单位对于纳入年度部门预算管理的现金收支业务，在采用财务会计核算的同时应当进行预算会计核算。（　）

8. 已验收入库但至月末尚未收到增值税扣税凭证的赊购货物，应按合同协议价格计算增值税进项税额暂估入账。（　）

9. 除结账和更正错账业务外，其他记账凭证必须附原始凭证。（　）

10. 企业董事会通过的利润分配方案中拟分配的现金股利，不需要进行账务处理。（　）

四、不定项选择题（本类题共15小题，每小题2分，共30分。每小题备选答案中，有一个或一个以上符合题意的正确答案。每小题全部选对得满分，少选得相应分值，多选、错选、不选均不得分。）

（一）

甲公司为增值税一般纳税人，2019年发生交易性金融资产相关经济业务如下：

（1）4月15日，从上海证券交易所购入乙公司股票100万股，支付价款2500万元，其中包含已宣告但尚未发放的现金股利50万元，另支付相关交易费用0.5万元，取得增值税专用发票上注明的增值税税额为0.03万元，甲公司将该股票投资确认为交易性金融资产，4月25日，收到乙公司发放的现金股利并存入投资款专户。

（2）6月30日，持有上述乙公司股票的公允价值为2550万元。

（3）7月31日，将持有的乙公司股票全部转让，取得价款2700万元，存入投资款专户，确认转让该金融商品应交增值税为11.32万元。

要求：根据上述资料，不考虑其他因素，分析回答下列小题。（答案中的金额单位用万元表示）

1. 根据资料（1），甲公司购入乙公司股票记入“交易性金融资产——成本”科目的金额是（　）万元。

A. 2450.5　　B. 2500　　C. 2500.5　　D. 2450

2. 根据资料（1），下列各项中，甲公司收到现金股利相关会计处理正确的是（　）。

A. 借：其他货币资金——存出投资款　50
　　贷：投资收益　50

B. 借：其他货币资金——存出投资款　50
　　贷：应收股利　50

C. 借：其他货币资金——存出投资款　50
　　贷：交易性金融资产——成本　50

D. 借：银行存款　50
　　贷：交易性金融资产——成本　50

3. 根据资料（1）和（2），下列各项中，甲公司6月30日相关会计处理表述正确的是（　）。

A. 贷记“投资收益”科目50万元

B. 借记“交易性金融资产——成本”科目 50 万元

C. 借记“交易性金融资产——公允价值变动”科目 100 万元

D. 贷记“公允价值变动损益”科目 100 万元

4. 根据资料（1）至（3），下列各项中，甲公司出售乙公司股票相关会计处理结果表述正确的是(　　)。

A. 其他货币资金增加 2700 万元

B. 投资净收益增加 250 万元

C. 交易性金融资产（成本）减少 2500 万元

D. 转让金融商品应交增值税税额增加 11.32 万元

5. 根据资料（1）至（3），该股票投资业务导致甲公司 2019 年度利润表“营业利润”项目本期金额增加的金额是(　　)万元。

A. 238.68　　B. 150　　C. 238.18　　D. 250

（二）

某企业生产 E、F 两种产品，2019 年 8 月份该企业产品生产资料如下：

（1）E、F 产品月初、月末均无在产品。本月生产车间共投产 E 产品 2000 件、F 产品 1000 件，两种产品共同耗用 M 材料 4800 千克，每千克 80 元。该企业按照材料定额消耗量比例分配材料费用，E 产品的材料消耗定额为 15 千克，F 产品的材料消耗定额为 10 千克。

（2）本月生产 E、F 两种产品共发生生产工人薪酬 270000 元，按生产工时比例分配，E 产品的生产工时为 500 小时，F 产品的生产工时为 400 小时。

（3）本月生产车间一般耗用材料 16000 元，车间管理人员薪酬 100000 元，车间固定资产折旧费 24000 元，车间发生其他费用 40000 元，制造费用按生产工时比例分配。

要求：根据上述资料，不考虑其他因素，分析回答下列小题。

1. 根据资料（1），E、F 产品耗用材料计算的材料消耗量分配率是(　　)。

A. 128　　B. 0.12　　C. 192　　D. 1.6

2. 根据资料（1），下列各项中，关于 E、F 产品耗用材料计算结果正确的是(　　)。

A. 生产 F 产品负担的直接材料为 1200 千克

B. 生产 E 产品负担的直接材料为 3600 千克

C. 生产 E 产品负担直接材料成本为 288000 元

D. 生产 F 产品负担直接材料成本为 96000 元

3. 根据资料（2），下列各项中，关于 E、F 产品应负担的人工成本计算结果正确的是(　　)。

A. 直接人工分配率为 300 元/小时

B. 直接人工分配率为 90 元/小时

C. F产品应负担的直接人工为120000元

D. E产品应负担的直接人工为150000元

4. 根据资料（2）和（3），下列各项中，关于E、F产品应负担的制造费用计算结果正确的是(　　)。

A. E产品应负担的制造费用为120000元

B. E产品应负担的制造费用为100000元

C. F产品应负担的制造费用为80000元

D. F产品应负担的制造费用为60000元

5. 根据资料（1）至（3），下列各项中，关于E、F产品生产成本计算结果正确的是(　　)。

A. E产品的单位生产成本为269元

B. F产品的生产成本总额为296000元

C. F产品的单位生产成本为296元

D. E产品的生产成本总额为538000元

（三）

某企业为增值税一般纳税人，2019年发生与固定资产有关的经济业务如下：

（1）6月28日，购入一台不需要安装的生产设备N并投入使用，增值税专用发票上注明的价款为120万元，增值税税额为15.6万元。购进设备发生保险费2万元，增值税税额为0.12万元，已取得增值税专用发票，全部款项以银行存款支付。该设备预计使用年限为10年，预计净残值为2万元，采用年限平均法计提折旧。

（2）9月30日，该企业自行建造厂房一幢达到预定可使用状态。建造该厂房领用本企业自产产品的实际成本为30万元，分配工程人员薪酬40万元，支付工程费用200万元、增值税税额18万元，已取得增值税专用发票。预计该厂房可使用50年，预计净残值为零，采用年限平均法计提折旧。

（3）12月20日，设备N因自然灾害毁损，清理设备N支付拆卸费1万元，增值税税额为0.09万元，全部款项以银行存款支付，已确认应收保险公司赔款50万元。

要求：根据上述资料，不考虑其他因素，分析回答下列小题。（答案中的金额单位用万元表示，计算结果保留两位小数）

1. 根据资料（1），设备N的入账价值是(　　)万元。

A. 120　　B. 137.72　　C. 122　　D. 135.6

2. 根据资料（1），下列各项中，设备N计提折旧的会计处理表述正确的是(　　)。

A. 2019年7月开始计提折旧　　B. 计提的折旧费计入制造费用

C. 2019年6月开始计提折旧　　D. 每月计提折旧额为1万元

3. 根据资料（2），下列各项中，该企业自行建造厂房的会计处理正确的是(　　)。

A. 领用企业自产产品：

借：在建工程　　30

　贷：库存商品　　30

B. 分配应负担工程人员薪酬：

借：在建工程　　40

　贷：应付职工薪酬　　40

C. 工程完工结转固定资产成本：

借：固定资产　　270

　贷：在建工程　　270

D. 支付工程费用：

借：在建工程　　218

　贷：银行存款　　218

4. 根据资料（1）和（3），下列各项中，设备N毁损相关会计处理表述正确的是(　　)。

A. 将设备账面价值转入固定资产清理，借记“固定资产清理”科目116万元

B. 应收保险公司赔款，借记“其他应收款”科目50万元

C. 支付清理费用，借记“固定资产清理”科目1万元

D. 结转设备毁损净损失，借记“营业外支出”科目65万元

5. 根据资料（1）至（3），上述业务导致年末资产负债表“固定资产”项目期末余额增加的金额是(　　)万元。

A. 270　　B. 384.65　　C. 268.65　　D. 392

2020 年会计专业技术资格考试
《初级会计实务》试题（4）

一、单项选择题（本类题共 20 小题，每小题 2 分，共 40 分。每小题备选答案中，只有一个符合题意的正确答案。错选、不选均不得分。）

1. 某股份有限公司对外公开发行普通股 2000 万股，每股面值为 1 元，每股发行价格为 3 元，发行手续费 600000 元从发行收入中扣除，发行所得款项存入银行。不考虑其他因素，下列各项中，该笔业务会计处理正确的是(　　)。

A. 借：银行存款　　59400000
　　财务费用　　600000
　贷：股本　　20000000
　　资本公积　　40000000

B. 借：银行存款　　60000000
　　财务费用　　600000
　贷：股本　　20000000
　　资本公积　　40600000

C. 借：银行存款　　60000000
　贷：股本　　60000000

D. 借：银行存款　　59400000
　贷：股本　　20000000
　　资本公积　　39400000

2. 某制造业企业采用机器工时比例分配制造费用，2019 年 11 月基本生产车间生产 M、N 两种产品。共发生制造费用 1000 万元，M 产品机器工时为 1000 小时，N 产品机器工时为 1500 小时，不考虑其他因素，M 产品应分配的制造费用金额为(　　)万元。

A. 500　　B. 1000　　C. 600　　D. 400

3. 下列各项中，影响利润表中“营业利润”项目的是(　　)。

A. 营业外收入　　B. 所得税费用
C. 营业外支出　　D. 资产减值损失

4. 下列各项中，企业发生的相关税费应通过“税金及附加”科目核算的是(　　)。

A. 应代扣代缴的个人所得税

B. 应交纳的企业所得税

C. 应交纳的增值税

D. 应交纳的城市维护建设税

5. 下列各项中，不属于政府举借债务的是(　　)。

A. 向国际经济组织借入的款项

B. 政府发行的债券

C. 对外国政府贷款担保形成的预计负债

D. 向上级政府借入的转贷款

6. 下列各项中，企业应通过“营业外支出”科目核算的是(　　)。

A. 计提的预计产品质量保证损失　　B. 支付外聘法律顾问费

C. 结转销售材料的成本　　D. 支付的税收滞纳金

7. 下列各项中，关于政府决算报告的表述正确的是(　　)。

A. 以权责发生制为编制基础

B. 以财务会计核算生成的数据为准

C. 反映政府年度预算收支执行情况

D. 反映政府整体的财务状况

8. 下列各项中，企业签发的银行承兑汇票到期无力支付时，应将未支付的票款记入的会计科目是(　　)。

A. 其他应付款　　B. 应付账款　　C. 短期借款　　D. 营业外支出

9. 采用支付手续费委托代销方式下，下列各项中，委托方在收到受托方开出的代销清单时应将支付的代销手续费记入的会计科目是(　　)。

A. 财务费用　　B. 其他业务成本

C. 管理费用　　D. 销售费用

10. 2019年1月初，某企业所有者权益总额为1120万元，当年该企业实现综合收益总额为300万元，用盈余公积转增资本200万元，向所有者分配现金股利15万元。不考虑其他因素，该企业2019年度所有者权益变动表中所有者权益合计“本年年末余额”的列报金额为(　　)万元。

A. 1250　　B. 1420　　C. 1220　　D. 1405

11. 下列各项中，企业根据本月“工资费用分配汇总表”分配所列财务部门人员薪酬时，应借记的会计科目是(　　)。

A. 主营业务成本　　B. 管理费用

C. 其他业务成本　　D. 财务费用

12. “在不同会计期间发生的相同的或相似的交易或事项，应当采用一致的会计政策，不得随意变更”。下列各项中，对这一会计信息质量要求表述正确的是(　　)。

A. 谨慎性　　B. 重要性　　C. 可比性　　D. 可理解性

13. 下列各项中，属于企业管理会计主要目标的是(　　)。

A. 提供现金流量信息　　B. 提供财务状况信息
C. 提供经营成果信息　　D. 推动企业实现战略规划

14. 2018年12月3日，某企业购入一台不需要安装的生产设备并投入使用，原价为60000元，预计净残值为3000元，预计使用年限为5年，按年数总和法计提折旧。不考虑其他因素，2019年12月31日该设备的账面价值为(　　)元。

A. 48600　　B. 48000　　C. 41000　　D. 40000

15. 企业向银行申领信用卡，交存相关款项，收到银行盖章退回的进账单。下列各项中，企业应借记的会计科目是(　　)。

A. 应收票据　　B. 其他应收款
C. 其他货币资金　　D. 银行存款

16. 下列各项中，股份有限公司回购股票支付的价款低于股票面值总额的差额，在注销股份时应计入的会计科目是(　　)。

A. 利润分配——未分配利润　　B. 盈余公积
C. 资本公积　　D. 营业外收入

17. 下列各项中，企业计提专设销售机构的固定资产折旧应借记的会计科目是(　　)。

A. 销售费用　　B. 管理费用
C. 其他业务成本　　D. 制造费用

18. A企业留存收益年初余额为100万元，本年利润总额为800万元，所得税税率为25%，按净利润的10%提取法定盈余公积，按净利润的5%提取任意盈余公积，将盈余公积20万元、30万元分别用于转增资本、发放现金股利。A企业留存收益年末余额为(　　)万元。

A. 650　　B. 740　　C. 700　　D. 790

19. 委托加工的应税消费品，收回后用于连续生产的，由受托方代收代缴的消费税计入(　　)。

A. 委托加工物资　　B. 税金及附加
C. 材料成本差异　　D. 应交税费

20. 2019年12月31日，某公司有关科目借方余额如下：原材料80万元，周转材料10万元，生产成本30万元，库存商品60万元。不考虑其他因素，2019年12月31日，该公司资产负债表存货期末余额为(　　)万元。

A. 140　　B. 150　　C. 180　　D. 170

二、多项选择题（本类题共 10 小题，每小题 2 分，共 20 分。每小题备选答案中，有两个或两个以上符合题意的正确答案。请至少选择两个答案，全部选对得满分，少选得相应分值，多选、错选、不选均不得分。）

1. 下列各项中，企业应通过“库存商品”科目核算的有(　　)。

A. 存放在门市部准备出售的商品

B. 已完成销售手续但采购方在月末尚未提取的产品

C. 发出展览的商品

D. 接受来料加工制造的代制品

2. 下列各项中，属于政府预算会计要素的有(　　)。

A. 预算结余　　B. 预算收入　　C. 预算支出　　D. 净资产

3. 甲企业为增值税一般纳税人，委托乙企业加工一批应交消费税的材料，该批材料加工收回后用于连续生产应税消费品。下列各项中，甲企业应计入该批委托加工材料成本的有(　　)。

A. 应负担的不含税运杂费　　B. 支付的加工费

C. 支付的可抵扣的增值税　　D. 支付的消费税

4. 下列各项中，属于管理会计要素的有(　　)。

A. 工具方法　　B. 管理会计活动

C. 信息与报告　　D. 应用环境

5. 下列各项中，属于企业资产负债表所有者权益项目的有(　　)。

A. 库存股　　B. 公允价值变动收益

C. 每股收益　　D. 其他综合收益

6. 下列各项中，企业应通过“营业外收入”科目核算的有(　　)。

A. 盘盈周转材料

B. 转销确实无法清偿的应付账款

C. 转让商品使用权的使用费收入

D. 无法查明原因的现金溢余

7. 下列各项中，关于交易性金融资产会计处理表述正确的有(　　)。

A. 资产负债表日公允价值与账面余额之间的差额计入当期损益

B. 出售时公允价值与其账面余额的差额计入投资收益
C. 持有期间取得的现金股利收入计入投资收益
D. 转让时按收益计算应纳的增值税计入投资收益

8. 下列各项中，属于原始凭证审核内容的有(　　)。
A. 原始凭证所记录经济业务是否符合国家法律法规
B. 原始凭证业务内容和数据是否真实
C. 原始凭证记载的各项内容是否正确
D. 原始凭证各项基本要素是否齐全

9. 下列各项中，企业应通过“其他应收款”科目核算的有(　　)。
A. 应向客户收取的租出包装物租金
B. 应向客户收取的赊销商品价款
C. 应向保险公司收取的财产意外损失赔款
D. 应向职工收取代垫的水电费

10. 下列各项中，企业应通过“周转材料”科目核算的有(　　)。
A. 购入用于出租、出借的包装物
B. 为维修设备采购的价值较低的专用工具
C. 为行政管理部门购买的低值易耗品
D. 在建工程购入的专项材料

三、判断题（本类题共 10 小题，每小题 1 分，共 10 分。请判断每小题的表述是否正确。每小题答题正确的得 1 分，错答、不答均不得分，也不扣分。）

1. 资产负债表中“短期借款”项目期末余额应根据“短期借款”总账科目的余额直接填列。(　　)
2. 企业年终结账后，“利润分配”科目所属明细科目除“未分配利润”外，其他明细科目均无余额。(　　)
3. 管理会计指引体系包括基本指引、应用指引和案例库，用以指导单位管理会计实践。(　　)
4. 企业财产清查中盘盈的固定资产，按管理权限报经批准处理前，应通过“待处理财产损溢”科目核算。(　　)
5. 在结账前发现账簿记录有文字或数字错误，但记账凭证没有错误，会计人员应采用红字更正法进行更正处理。(　　)
6. 企业应将已达到预定可使用状态但尚未办理竣工决算的固定资产，按照估计价值确定其成本并计提折旧。(　　)
7. 制造业企业发生的季节性停工费用应直接计入当期损益。(　　)

8. 实质重于形式要求企业应当按照交易或者事项的经济实质进行会计确认、计量和报告，而不仅仅以交易或者事项的法律形式为依据。（　　）

9. 事业单位占有使用的、单位价值虽未达到规定标准，但使用期限超过 1 年（不含 1 年）的大批同类办公桌椅，应当作为固定资产进行核算。（　　）

10. 企业生产车间发生的固定资产日常修理费，应通过“制造费用”科目核算。（　　）

四、不定项选择题（本类题共 15 小题，每小题 2 分，共 30 分。每小题备选答案中，有一个或一个以上符合题意的正确答案。每小题全部选对得满分，少选得相应分值，多选、错选、不选均不得分。）

（一）

某企业为增值税一般纳税人，2019 年 12 月初“应付职工薪酬”科目贷方余额为 210 万元。本月该企业发生的有关职工薪酬的经济业务如下：

（1）以银行存款发放上月应付职工薪酬，并按规定代扣职工个人所得税 18 万元，扣除已垫付职工房租 12 万元，实发薪酬 180 万元。

（2）分配本月货币性职工薪酬 240 万元（未包括累积带薪缺勤相关的职工薪酬），其中基本生产车间生产工人薪酬为 120 万元，车间管理人员薪酬为 50 万元，企业行政管理人员薪酬为 40 万元，专设销售机构人员薪酬为 30 万元。

（3）将自产的 200 台加湿器作为本月生产车间生产工人的职工福利发放，加湿器的成本为每台 400 元，市场不含税售价为每台 500 元，适用的增值税税率为 13%。

（4）该企业实行累积带薪缺勤制度，期末预计 10 名部门经理人员和 20 名销售人员将在下一年度休完本年未使用的带薪休假，预期支付的金额分别为 1.5 万元和 1.8 万元。

要求：根据上述资料，不考虑其他因素，分析回答下列小题。（答案中的金额单位用万元表示）

1. 根据期初资料和资料（1），下列各项中，该企业支付职工薪酬的相关会计处理表述正确的是(　　)。

A. 贷记“应交税费”科目 18 万元

B. 贷记“其他应收款”科目 30 万元

C. 贷记“银行存款”科目 180 万元

D. 借记“应付职工薪酬”科目 210 万元

2. 根据资料（2），下列各项中，关于该企业分配职工薪酬的会计处理表述正确的是(　　)。

A. 车间管理人员薪酬 50 万元计入管理费用

B. 企业行政管理人员薪酬 40 万元计入管理费用

C. 专设销售机构人员薪酬 30 万元计入销售费用

D. 基本生产车间生产工人薪酬 120 万元计入生产成本

3. 根据资料（3），下列各项中，该企业确认和发放非货币性福利的会计处理正确的是(　　)。

A. 结转发放非货币性福利的产品成本：

借：主营业务成本　8

　贷：库存商品　8

B. 发放非货币性福利：

借：应付职工薪酬　11.3

　贷：主营业务收入　10

　　　应交税费——应交增值税（销项税额）　1.3

C. 发放非货币性福利：

借：应付职工薪酬　9.3

　贷：库存商品　8

　　　应交税费——应交增值税（销项税额）　1.3

D. 确认非货币性福利：

借：生产成本　11.3

　贷：应付职工薪酬　11.3

4. 根据资料（4），下列各项中，关于该企业累积带薪缺勤会计处理正确的是(　　)。

A. 借：管理费用　1.5

　　　销售费用　1.8

　　贷：其他应付款　3.3

B. 借：生产成本　3.3

　　贷：应付职工薪酬　3.3

C. 借：管理费用　1.5

　　　销售费用　1.8

　　贷：应付职工薪酬　3.3

D. 借：管理费用　3.3

　　贷：应付职工薪酬　3.3

5. 根据资料（2）至（4），2019年12月该企业应计入产品成本的职工薪酬金额是(　　)万元。

A. 181.3　B. 254.6　C. 173.3　D. 170

（二）

甲公司为增值税一般纳税人，2019年9月，该公司发生有关经济业务资料如下：

（1）当月收到乙公司作为资本投入的不需安装的生产设备。投资合同约定设备价值为400万元（与公允价值相符），取得增值税专用发票注明增值税税额为52万元（已由乙公司支付）。按合同约定，乙公司在甲公司注册资本中享有的份额为300万元。

（2）当月报废生产设备一台，原价为80万元，截至9月末累计计提的折旧76万元，设备零部件作价 0.4 万元作为维修材料入库。

（3）当月以银行存款购入一项管理用非专利技术，取得增值税专用发票注明的价款为 90 万元，增值税税额为 5.4 万元；该项非专利技术预计使用年限为 5 年，预计残值为零，采用年限平均法摊销。

要求：根据上述资料，不考虑其他因素，分析回答下列小题。（答案中的金额单位用万元表示）

1. 根据资料（1），下列各项中，关于甲公司接受设备投资的会计处理正确的是(　　)。

A. 借：固定资产　400
　　　应交税费——应交增值税（进项税额）　52
　　贷：实收资本——乙公司　300
　　　　资本公积——资本溢价　152

B. 借：固定资产　452
　　贷：实收资本——乙公司　452

C. 借：固定资产　400
　　　应交税费——应交增值税（进项税额）　52
　　贷：实收资本——乙公司　452

D. 借：固定资产　452
　　贷：实收资本——乙公司　300
　　　　资本公积——资本溢价　152

2. 根据资料（2），甲公司报废固定资产发生的净损失是(　　)万元。

A. 4.4　　B. 4.8　　C. 4　　D. 3.6

3. 根据资料（3），下列各项中，关于甲公司非专利技术的会计处理结果正确的是(　　)。

A. 非专利技术当月摊销额为 1.59 万元
B. 非专利技术入账成本为 95.4 万元
C. 非专利技术入账成本为 90 万元
D. 非专利技术应当按月进行摊销

4. 根据资料（1）至（3），上述业务对甲公司 2019 年 9 月利润表中“管理费用”项目本期金额的影响是(　　)万元。

A. 19.08　　B. 1.5　　C. 18　　D. 1.59

5. 根据资料（1）至（3），下列各项中，甲公司相关会计处理结果表述正确的是(　　)。

A. 固定资产账面余额增加 400 万元
B. 无形资产账面价值增加 88.5 万元
C. 无形资产账面价值增加 90 万元
D. 固定资产账面余额增加 320 万元

（三）

甲公司为增值税一般纳税人。2019年10月，甲公司发生的有关经济业务如下：

（1）1日，将一台暂时闲置的生产设备出租给乙公司。双方合同约定租期为6个月，每月不含增值税的租金5万元，租金一次性收取且提供后续服务。甲公司开具的增值税专用发票上注明的价款为30万元，增值税税额为3.9万元。该设备每月应计提折旧费4万元。

（2）8日，销售M产品10000件，每件标价为1000元（不含增值税），每件生产成本为800元，由于是成批销售，给予购买方10%的商业折扣，开具的增值税专用发票上注明的价款为900万元，增值税税额为117万元；全部款项已收到并存入银行。

（3）8日，销售M产品时领用单独计价的包装物一批，随同M产品出售。甲公司开具的增值税专用发票上注明的包装物价款为2万元，增值税税额为0.26万元；全部款项已收到并存入银行，包装物的实际成本为1万元。

（4）16日，销售一批不需用的原材料，甲公司开具的增值税专用发票上注明的价款为4万元，增值税税额为0.52万元，款项已收到并存入银行。该批原材料的实际成本为3万元。

要求：根据上述资料，不考虑其他因素，分析回答下列小题。（答案中的金额单位用万元表示）

1. 根据资料（1），甲公司2019年10月出租生产设备相关会计处理表述正确的是(　　)。

A. 应确认其他业务收入5万元

B. 应确认其他业务收入30万元

C. 计提折旧费应计入管理费用4万元

D. 计提折旧费应计入其他业务成本4万元

2. 根据资料（2），下列各项中，关于甲公司确认销售商品收入并结转售出商品成本的会计处理正确的是(　　)。

A. 借：主营业务成本　720
　　贷：库存商品　720

B. 借：银行存款　1130
　　贷：主营业务收入　1000
　　　　应交税费——应交增值税（销项税额）　130

C. 借：银行存款　1017
　　贷：主营业务收入　900
　　　　应交税费——应交增值税（销项税额）　117

D. 借：主营业务成本　800
　　贷：库存商品　800

3. 根据资料（3），下列各项中，甲公司结转随同M产品销售的包装物成本时借记的会计科目是(　　)。

A. 其他业务成本　B. 管理费用　C. 主营业务成本　D. 销售费用

4. 根据资料（4），下列各项中，关于甲公司销售原材料和结转成本的会计处理结果正确的是(　　)。

A. “主营业务成本”科目借方增加3万元

B. “其他业务收入”科目贷方增加4万元

C. “其他业务成本”科目借方增加3万元

D. “主营业务收入”科目贷方增加4万元

5. 根据资料（1）至（4），甲公司2019年10月利润表“营业成本”项目的本期金额是(　　)万元。

A. 807　　B. 808　　C. 727　　D. 728

2019年会计专业技术资格考试
《初级会计实务》试题（1）

一、单项选择题（本类题共24小题，每小题1.5分，共36分。每小题备选答案中，只有一个符合题意的正确答案。多选、错选、不选均不得分。）

1. 某公司自行研发非专利技术共发生支出460万元，其中：研究阶段发生支出160万元；开发阶段发生支出300万元，符合资本化条件的支出为180万元。不考虑其他因素，该研发活动应计入当期损益的金额为(　　)万元。

A. 180　　B. 280　　C. 340　　D. 160

2. 下列各项中，企业确认当期销售部门使用车辆应交纳的车船税，应借记的会计科目是(　　)。

A. 其他业务成本　　B. 税金及附加
C. 管理费用　　D. 销售费用

3. 下列各项中，关于企业以银行存款偿还所欠货款业务对会计要素影响的表述正确的是(　　)。

A. 一项资产增加，另一项资产等额减少
B. 一项资产与一项负债等额增加
C. 一项负债增加，另一项负债等额减少
D. 一项资产与一项负债等额减少

4. 下列各项中，企业应记入“应付职工薪酬”科目贷方的是(　　)。

A. 支付职工的培训费
B. 发放职工工资
C. 确认因解除与职工劳动关系应给予的补偿
D. 缴存职工基本养老保险费

5. 下列各项中，导致企业当期营业利润减少的是(　　)。

A. 出租非专利技术的摊销额
B. 对外捐赠的商品成本
C. 支付的税收滞纳金
D. 自然灾害导致生产线报废净损失

6. 某上市公司经股东大会批准以现金回购并注销本公司股票 1000 万股，每股面值为 1 元，回购价为每股 1.5 元。该公司注销股份时“资本公积——股本溢价”科目余额为 2000 万元，“盈余公积”科目余额为 800 万元。不考虑其他因素，该公司注销股份的会计处理正确的是(　　)。

A. 借记“盈余公积”科目 500 万元

B. 借记“库存股”科目 1000 万元

C. 借记“股本”科目 1500 万元

D. 借记“资本公积——股本溢价”科目 500 万元

7. 甲公司购入乙公司股票并划分为交易性金融资产，共支付价款 3600000 元（其中包含已宣告但尚未发放的现金股利 100000 元），另支付相关交易费用 10000 元，取得并经税务机关认证的增值税专用发票上注明的增值税税额为 600 元。不考虑其他因素，甲公司取得乙公司股票时应借记“交易性金融资产”科目的金额为(　　)元。

A. 3600000　　B. 3610000　　C. 3510000　　D. 3500000

8. 下列各项中，应借记“应收票据”科目的是(　　)。

A. 提供服务收到商业承兑汇票

B. 销售材料收到银行汇票

C. 提供服务收到银行本票

D. 销售商品收到转账支票

9. 某企业 2018 年发生短期借款利息 120 万元，享受购货现金折扣 10 万元，取得银行存款利息收入 30 万元。2018 年该企业列入利润表“财务费用”项目的本期金额应为(　　)万元。

A. 80　　B. 100　　C. 150　　D. 90

10. 某公司 2018 年计算的当年应交所得税为 100 万元，递延所得税负债年初数为 30 万元、年末数为 35 万元，递延所得税资产年初数为 20 万元、年末数为 18 万元。不考虑其他因素，该公司 2018 年应确认的所得税费用为(　　)万元。

A. 103　　B. 97　　C. 127　　D. 107

11. 下列各项中，影响企业利润表“利润总额”项目的是(　　)。

A. 向投资者分配的现金股利

B. 向灾区捐款发生的支出

C. 收到投资者超过注册资本份额的出资额

D. 确认的所得税费用

12. 某企业 2019 年 1 月 1 日短期租入管理用办公设备一批，月租金为 2000 元，每季度末一次性支付本季度租金。不考虑其他因素，该企业 1 月 31 日计提租入设备租金时相关会计科目处理正确的是(　　)。

A. 贷记“应付账款”科目 2000 元

B. 贷记“预收账款”科目 2000 元

C. 贷记“预付账款”科目 2000 元

D. 贷记“其他应付款”科目 2000 元

13. 会计人员在结账前发现记账凭证填制无误，但登记入账时误将 600 元写成 6000 元。下列更正方法正确的是(　　)。

A. 红字更正法　　B. 划线更正法

C. 红线更正法　　D. 补充登记法

14. 下列各项中，年终结转后，“利润分配——未分配利润”科目借方余额反映的是(　　)。

A. 本年实现的净利润　　B. 本年发生的净亏损

C. 历年累积未分配的利润　　D. 历年累积未弥补的亏损

15. 2018 年 12 月 1 日，某企业“交易性金融资产——A 上市公司股票”借方余额为 1000000 元；12 月 31 日，A 上市公司股票的公允价值为 1050000 元。不考虑其他因素，下列各项中，该企业关于持有 A 上市公司股票相关会计科目处理正确的是(　　)。

A. 贷记“投资收益”科目 50000 元

B. 贷记“资本公积”科目 50000 元

C. 贷记“公允价值变动损益”科目 50000 元

D. 贷记“营业外收入”科目 50000 元

16. 2018 年 12 月初，某企业“长期待摊费用”科目余额为 4000 元，本月借方发生额为 3000 元，贷方发生额为 2000 元。不考虑其他因素，2018 年末该企业“长期待摊费用”科目的余额为(　　)元。

A. 借方 3000　　B. 贷方 3000

C. 贷方 5000　　D. 借方 5000

17. 下列各项中，对企业会计核算资料的真实性、合法性和合理性进行审查的会计职能是(　　)。

A. 监督职能　　B. 评价经营业绩职能

C. 参与经济决策职能　　D. 核算职能

18. 下列各项中，事业单位预算会计按规定提取专用结余应借记的会计科目是(　　)。

A. 非财政拨款结余分配　　B. 财政拨款结转

C. 非财政拨款结转　　D. 非财政拨款结余

19. 某企业现金盘点时发现库存现金短缺 351 元，经批准需由出纳员赔偿 200 元，其余短缺无法查明原因。关于现金短缺相关会计科目处理正确的是(　　)。

A. 借记“管理费用”科目 151 元

B. 借记“其他应付款”科目 200 元

C. 借记“营业外支出”科目 151 元

D. 借记“财务费用”科目 151 元

20. 2018 年 12 月 31 日，某公司下列会计科目余额为：“固定资产”科目借方余额 1000 万元，“累计折旧”科目贷方余额 400 万元，“固定资产减值准备”科目贷方余额 80 万元，“固定资产清理”科日借方余额 20 万元。2018 年 12 月 31 日，该公司资产负债表中“固定资产”项目期末余额应列报的金额为(　　)万元。

A. 540　　B. 600　　C. 520　　D. 620

21. 某家电生产企业，2020 年 1 月以其生产的每台成本为 800 元的微波炉作为非货币性福利发放给职工，发放数量为 100 台，该型号的微波炉不含增值税的市场售价为 1000 元，适用的增值税税率为 13%。不考虑其他因素，该企业确认职工薪酬的金额应为(　　)元。

A. 90400　　B. 80000　　C. 100000　　D. 113000

22. 下列各项中，增值税一般纳税人当期发生（增值税专用发票已经税务机关认证）准予以后期间抵扣的进项税额，应记入的会计科目是(　　)。

A. 应交税费——待转销项税额

B. 应交税费——未交增值税

C. 应交税费——待抵扣进项税额

D. 应交税费——应交增值税

23. 某企业为增值税小规模纳税人，2020 年 8 月购入原材料取得的增值税专用发票注明价款为 10000 元，增值税税额为 1300 元。当月销售产品开具的增值税普通发票注明含税价款为 123600 元，适用的征收率为 3%。不考虑其他因素，该企业 2020 年 8 月应交纳的增值税税额为(　　)元。

A. 3600　　B. 2108　　C. 3708　　D. 2300

24. 2018 年 12 月 31 日生产成本借方余额 500 万元，原材料借方余额 300 万元，材料成本差异贷方余额 20 万元，存货跌价准备贷方余额 10 万元，工程物资借方余额 200 万元。资产负债表中“存货”项目金额为(　　)万元。

A. 970　　B. 770　　C. 780　　D. 790

二、多项选择题（本类题共12小题，每小题2分，共24分。每小题备选答案中，有两个或两个以上符合题意的正确答案。多选、少选、错选、不选均不得分。）

1. 下列各项中，属于企业流动负债的有(　　)。

A. 赊购材料应支付的货款

B. 本期从银行借入的三年期借款

C. 销售应税消费品应交纳的消费税

D. 收取客户的购货订金

2. 下列各项中，企业摊销管理用的无形资产应记入的会计科目有(　　)。

A. 制造费用　　B. 管理费用

C. 其他业务成本　　D. 累计摊销

3. 下列各项中，关于政府综合财务报告的表述正确的有(　　)。

A. 年度预算收支执行情况是其反映的对象

B. 数据来源于预算会计核算生产的数据

C. 编制基础为权责发生制

D. 编制主体是各级政府财政部门、各部门、各单位

4. 下列各项中，企业应当在所有者权益变动表中单独列示反映的信息有(　　)。

A. 所有者投入资本　　B. 综合收益总额

C. 向所有者分配利润　　D. 提取的盈余公积

5. 下列各项中，应通过“利润分配”科目核算的有(　　)。

A. 提取法定盈余公积　　B. 用可供分配的利润分配现金股利

C. 用盈余公积转增资本　　D. 用盈余公积弥补亏损

6. 下列各项中，导致企业固定资产账面价值减少的事项有(　　)。

A. 计提固定资产折旧　　B. 提前报废固定资产

C. 盘亏固定资产　　D. 确认固定资产减值损失

7. 下列各项中，企业应通过“其他货币资金”科目核算的有(　　)。

A. 用银行本票采购办公用品的款项

B. 汇往异地银行开立采购专户的款项

C. 存入证券公司指定账户的款项

D. 存入银行信用证保证金专户的款项

8. 下列各项中，企业应计入销售费用的有(　　)。

A. 随同商品销售不单独计价的包装物成本
B. 销售过程中代客户垫付的运输费
C. 预计产品质量保证损失
D. 已售商品的成本

9. 下列各项中，关于制造业企业预提短期借款利息的会计科目处理正确的有(　　)。

A. 借记“财务费用”科目
B. 借记“制造费用”科目
C. 贷记“应付账款”科目
D. 贷记“应付利息”科目

10. 下列各项中，应列入利润表“资产处置收益”项目的有(　　)。

A. 出售原材料取得的收入
B. 出售专利权取得的净收益
C. 出售包装物取得的收入
D. 出售生产设备取得的净收益

11. 下列各项中，应用于企业绩效管理领域的管理会计工具方法有(　　)。

A. 平衡计分卡
B. 经济增加值法
C. 本量利分析
D. 关键绩效指标法

12. 某公司年初“利润分配——未分配利润”科目贷方余额为 700000 元，本年实现净利润 5000000 元，本年提取法定盈余公积 500000 元。宣告分配现金股利 2000000 元。不考虑其他因素，该公司当年结转本年利润及其分配的会计处理正确的有(　　)。

A. 结转本年实现的净利润时：

借：本年利润　　5000000
　贷：利润分配——未分配利润　　5000000

B. 结转本年实现的净利润时：

借：利润分配——未分配利润　　5000000
　贷：本年利润　　5000000

C. 结转“利润分配”科目所属明细科目余额时：

借：利润分配——提取法定盈余公积　　500000
　　　　　——应付现金股利或利润　　2000000
　贷：利润分配——未分配利润　　2500000

D. 结转“利润分配”科目所属明细科目余额时：

借：利润分配——未分配利润　　2500000
　贷：利润分配——提取法定盈余公积　　500000
　　　　　　——应付现金股利或利润　　2000000

三、判断题（本类题共 10 小题，每小题 1 分，共 10 分。每小题答题正确的得 1 分，答题错误的扣 0.5 分，不答题的不得分也不扣分。本类题最低得分零分。）

1. 企业根据股东大会或类似机构审议批准的利润分配方案中确认分配的股票股利，应通过“应付股利”科目核算。（　）
2. 某企业赊销商品时知晓客户财务困难，不能确定能否收回货款，为了维持客户的长期合作关系仍将商品发出并开具销售发票，对于该赊销，不需要进行相关的会计处理。（　）
3. 企业生产车间在一定时期内领用原材料多次使用同一张“限额领料单”，该领料单属于累计凭证。（　）
4. 企业原材料采用计划成本计价，购入原材料无论是否验收入库，其实际成本都应通过“材料采购”科目核算。（　）
5. 事业单位对以名义金额计量的固定资产不计提折旧。（　）
6. 变动成本法下的产品成本只包括生产过程中消耗的变动生产成本，不包括固定生产成本。（　）
7. 如果不存在未达账项，银行存款日记账账面余额与银行对账单余额之间有差额，说明企业与银行双方或其中一方存在记账错误。（　）
8. 借贷记账法的记账规则“有借必有贷，借贷必相等”是余额试算平衡的直接依据。（　）
9. 企业转销无法支付的应付账款时，应按其账面余额冲减管理费用。（　）
10. 企业收到退回的银行汇票多余款项，应记入“其他货币资金”科目的借方。（　）

四、不定项选择题（本类题共 15 小题，每小题 2 分，共 30 分。每小题备选答案中，有一个或一个以上符合题意的正确答案。每小题全部选对得满分，少选得相应分值，多选、错选、不选均不得分。）

（一）

甲公司为增值税一般纳税人，其主营业务为生产并销售 M 产品。M 产品的售价中不包含增值税，确认销售收入的同时结转销售成本。该公司 2019 年适用的增值税税率为 13%。第四季度发生经济业务如下：

（1）10 月 10 日，向乙公司销售 M 产品 200 件并开具增值税专用发票，每件产品的售价为 110 元、实际成本为 70 元。M 产品已发出并符合收入确认条件。此外，现金折扣条件为 2/10，1/20，N/30，计算现金折扣时不考虑增值税。10 月 24 日，乙公司付清了扣除现金折扣后的剩余款项。

（2）10 月 16 日，委托丙公司销售 M 产品 400 件，每件成本为 70 元。合同约定丙公司应按每件 110 元的价格对外销售，甲公司按售价的 10% 支付手续费。10 月 31 日，收到丙公司开具的代销清单和已经税务机关认证的增值税专用发票，丙公司实际对外销售 M 产品 200 件，应收代销手续费 2200 元、增值税税额为 132 元，全部款项尚未结算。

（3）11 月 29 日，向丁公司销售 M 产品 1000 件并开具增值税专用发票，每件产品的售价为 110 元、实际成本为 70 元，由于是成批销售，甲公司给予丁公司 10% 的商业折扣，M 产品于当日发出，符合销售收入确认条件，全部款项至月末尚未收到。

（4）（删除）12 月 3 日，因上月 29 日售出商品存在质量瑕疵，丁公司要求按实际售价总额给予 10%的销售折让。甲公司同意其折让要求并开出增值税专用发票（红字），全部折让款从应收丁公司款项中扣减。

要求：根据上述资料，不考虑其他因素，分析回答下列小题。（答案中的金额单位用元表示）

1. 根据资料（1），下列各项中，关于甲公司向乙公司销售 M 产品相关会计科目处理正确的是(　　)。

A. 10 月 24 日，借记“财务费用”科目 220 元

B. 10 月 24 日，借记“银行存款”科目 24860 元

C. 10 月 10 日，贷记“库存商品”科目 14000 元

D. 10 月 10 日，贷记“主营业务收入”科目 22000 元

2. 根据资料（2），下列各项中，甲公司委托丙公司代销 M 产品会计处理正确的是(　　)。

A. 10 月 16 日，向丙公司发出 M 产品时：

借：应收账款	49720	
贷：主营业务收入		44000
应交税费——应交增值税（销项税额）		5720

B. 10 月 16 日，向丙公司发出 M 产品时：

借：发出商品	44000	
贷：库存商品		44000

C. 10 月 31 日，收到丙公司代销清单时：

借：销售费用	2200	
应交税费——应交增值税（进项税额）	132	
贷：应收账款		2332

D. 10 月 31 日，收到丙公司代销清单时：

借：主营业务成本	14000	
贷：发出商品		14000

3. 根据资料（3），下列各项中，甲公司向丁公司销售 M 产品会计处理结果正确的是(　　)。

A. 结转主营业务成本 63000 元

B. 结转主营业务成本 70000 元

C. 确认主营业务收入 110000 元

D. 确认主营业务收入 99000 元

4. （删除）根据资料（3）和（4），下列各项中，甲公司给予丁公司 M 商品销售折让的会计处理结果正确的是(　　)。

A. 冲减应交税费 1287 元

B. 冲减主营业务成本 7000 元

C. 冲减主营业务收入 11000 元

D. 冲减主营业务收入 9900 元

5. 根据资料（1）至资料（4），下列各项中，销售 M 产品应列入甲公司 2019 年利润表“营业收入”项目本期金额的是(　　)元。

A. 155100　　B. 133100　　C. 130680　　D. 143000

（二）

某企业生产销售甲、乙两种产品，均采用品种法核算产品成本。2018 年 12 月初开始投产甲、乙产品，当月发生相关经济业务如下：

（1）本月投产甲产品 600 件、乙产品 500 件，共同耗用 M 材料 9000 千克，每千克 50 元，M 材料在生产开始时一次性投入，材料费用按材料定额消耗量比例分配，甲、乙产品材料消耗定额分别为 10 千克、6 千克。

（2）本月生产工人薪酬为 180000 元、厂部管理人员薪酬为 30000 元、车间管理人员薪酬为 60000 元。企业按生产工时比例在甲、乙产品之间分配职工薪酬和制造费用，甲产品耗用生产工时 9000 小时、乙产品耗用生产工时 6000 小时。

（3）本月甲产品完工 400 件，月末在产品 200 件，在产品完工程度为 50%，甲产品生产成本按约当产量比例法在完工产品和在产品之间分配。

（4）本月乙产品 500 件全部完工，验收时发现 5 件产品需要修复后才能入库，额外发生修复费用 1400 元，其中，直接材料 400 元，直接人工 800 元，制造费用 200 元。企业发生的返修费用通过“废品损失”科目核算。废品净损失全部由同种产品承担。

要求：根据上述资料，不考虑其他因素，分析回答下列小题。（答案中的金额单位用元表示，计算结果保留小数点后两位）

1. 根据资料（1），下列各项中，关于甲、乙产品材料费用分配的计算结果正确的是(　　)。

A. 甲产品材料定额消耗量为 6000 千克

B. 乙产品材料定额消耗量为 3000 千克

C. 乙产品应负担材料费用为 150000 元

D. 甲产品应负担材料费用为 300000 元

2. 根据资料（2），甲、乙产品应负担的职工薪酬和制造费用的计算结果正确的是(　　)。

A. 甲产品应负担的制造费用为 54000 元

B. 乙产品应负担的职工薪酬为 96000 元

C. 乙产品应负担的制造费用为 24000 元

D. 甲产品应负担的职工薪酬为 108000 元

3. 根据资料（1）至（3），下列各项中，关于甲产品完工入库会计处理结果表述正确的是(　　)。

A. 记入“库存商品——甲产品”科目借方315200元

B. “生产成本——甲产品”科目借方余额为88800元

C. 记入“库存商品——甲产品”科目借方355200元

D. “生产成本——甲产品”科目借方余额为128800元

4. 根据资料（4），下列各项中，关于乙产品修复费用的会计处理正确的是(　　)。

A. 借：废品损失——乙产品　　1400

　　贷：原材料　　400

　　　　应付职工薪酬　　800

　　　　制造费用　　200

B. 借：生产成本——乙产品　　1400

　　贷：废品损失——乙产品　　1400

C. 借：管理费用——乙产品　　1400

　　贷：废品损失——乙产品　　1400

D. 借：废品损失——乙产品　　1400

　　贷：生产成本——乙产品　　1400

5. 根据资料（1）至（4），下列各项中，关于乙产品成本计算结果表述正确的是(　　)。

A. 乙产品生产总成本为246000元

B. 乙产品单位成本为每件492元

C. 乙产品生产总成本为247400元

D. 乙产品单位成本为每件494.8元

（三）

甲公司为增值税一般纳税人，存货按实际成本进行日常核算，2019年12月初“应收账款”科目借方余额800000元（各明细科目无贷方余额），“应收票据”科目借方余额300000元，“坏账准备——应收账款”科目贷方余额80000元。

2019年12月甲公司发生如下经济业务：

（1）10日，采用委托收款方式向乙公司销售一批商品，发出的商品满足收入确认条件，开具的增值税专用发票上注明价款500000元，增值税税额为65000元；用银行存款为乙公司垫付运费40000元，增值税税额为3600元，上述全部款项至月末尚未收到。

（2）18日，购入一批原材料，取得并经税务机关认证的增值税专用发票上注明的价款为270000元，增值税税额为35100元，材料验收入库。甲公司背书转让面值300000元，不带息的银行承兑汇票结算购料款，不足部分以银行存款补付。

（3）25日，因丙公司破产，应收丙公司账款40000元不能收回，经批准确认为坏账并予以核销。

（4）31日，经评估计算，甲公司“坏账准备——应收账款”科目应保持的贷方余额为102400元。

要求：根据上述资料，不考虑其他因素，分析回答下列小题。（答案中金额单位用元表示）

1. 根据资料（1），下列各项中，甲公司销售商品确认的应收账款的金额是(　　)元。

A. 608600　　B. 605000　　C. 540000　　D. 565000

2. 根据资料（2），下列各项中，甲公司采购材料相关会计科目处理正确的是(　　)。

A. 贷记“银行存款”科目5100元

B. 贷记“应收票据”科目300000元

C. 贷记“应收票据”科目305100元

D. 借记“原材料”科目270000元

3. 根据资料（3），下列各项中，甲公司转销坏账的会计处理正确的是(　　)。

A. 借：信用减值损失——计提的坏账准备　　40000
　　贷：应收账款——丙公司　　40000

B. 借：坏账准备——应收账款　　40000
　　贷：信用减值损失——计提的坏账准备　　40000

C. 借：信用减值损失——计提的坏账准备　　40000
　　贷：坏账准备——应收账款　　40000

D. 借：坏账准备——应收账款　　40000
　　贷：应收账款——丙公司　　40000

4. 根据期初资料、资料（1）至（4），下列各项中，关于甲公司12月末坏账准备会计处理表述正确的是(　　)。

A. 计提坏账准备前，“坏账准备——应收账款”科目为贷方余额80000元

B. 本年末应计提坏账准备的金额为62400元

C. 计提坏账准备前，“坏账准备——应收账款”科目为贷方余额40000元

D. 本年末应计提坏账准备的金额为102400元

5. 根据期初资料、资料（1）至（4），12月31日甲公司资产负债表“应收账款”项目期末余额应列示的金额是(　　)元。

A. 1408600　　B. 1306200　　C. 1266200　　D. 1328600

2019 年会计专业技术资格考试《初级会计实务》试题（2）

一、单项选择题（本类题共 24 小题，每小题 1.5 分，共 36 分。每小题备选答案中，只有一个符合题意的正确答案。多选、错选、不选均不得分。）

1. 某企业 2018 年 12 月 31 日固定资产账户余额为 3000 万元，累计折旧账户余额为 800 万元，固定资产减值准备账户余额为 200 万元，固定资产清理借方余额为 50 万元，在建工程账户余额为 200 万元。该企业 2018 年 12 月 31 日，资产负债表中“固定资产”项目金额为(　　)万元。

A. 3000　　B. 1950　　C. 2050　　D. 3200

2. 某企业 2018 年发生的销售商品收入为 1000 万元，销售商品成本为 600 万元，销售过程中发生广告宣传费用为 20 万元，管理人员工资费用为 50 万元，短期借款利息费用为 10 万元，股票投资收益为 40 万元，资产减值损失为 70 万元，公允价值变动损益为 80 万元（收益），因自然灾害发生固定资产的净损失为 25 万元，因违约支付罚款 15 万元。该企业 2018 年的营业利润为(　　)万元。

A. 370　　B. 330　　C. 320　　D. 390

3. 下列各项中，会引起企业留存收益总额发生变动的是(　　)。

A. 股本溢价　　B. 提取任意盈余公积
C. 接受现金资产投资　　D. 盈余公积转增资本

4. 某企业 2018 年末本年利润及利润分配结转前的所有者权益总额为 5150 万元，该企业本年度实现净利润 200 万元，提取盈余公积 20 万元。不考虑其他因素，2018 年 12 月 31 日，该企业所有者权益总额为(　　)万元。

A. 5330　　B. 5130　　C. 5350　　D. 5150

5. 企业生产 M 商品的单位工时定额为 500 小时，经过两道工序，各工序单位定额工时如下：第一道工序 200 小时，第二道工序 300 小时，假定各工序内完工程度平均为 50%，第一道工序在产品 1000 件，其约当产量为(　　)件。

A. 400　　B. 700　　C. 200　　D. 500

6. 下列各项中，企业销售商品收到银行汇票存入银行应借记的会计科目是(　　)。

A. 应收账款　　B. 应收票据　　C. 其他货币资金　　D. 银行存款

7. 按照现金管理相关规定，下列各项中，企业不能使用库存现金进行结算的经济业务是(　　)。

A. 按规定颁发给科技人员的创新奖金

B. 发放给职工的劳保福利

C. 向外单位支付的机器设备款

D. 向个人收购农副产品的价款

8. 下列各项中，不属于企业职工薪酬组成内容的是(　　)。

A. 为职工代扣代缴的个人所得税

B. 根据设定提存计划计提应向单独主体缴存的提存金

C. 为鼓励职工自愿接受裁减而给予职工的补偿

D. 按国家规定标准提取的职工教育经费

9. 某企业一台生产设备原价为800万元，预计净残值为38.4万元，预计可使用5年，采用双倍余额递减法计提折旧。至2017年12月31日，该设备已使用3年，账面净值为172.8万元，未计提固定资产减值准备，不考虑其他因素，该设备2018年应计提的折旧额为(　　)万元。

A. 86.4　　B. 67.2　　C. 53.76　　D. 69.12

10. 某企业为增值税一般纳税人，2019年6月20日因管理不善造成一批库存材料毁损。该批材料账面余额为20000元，增值税进项税额为2600元，未计提存货跌价准备，收回残料价值1000元，应由责任人赔偿5000元。不考虑其他因素，该企业应确认的材料毁损净损失为(　　)元。

A. 14000　　B. 21600　　C. 17600　　D. 16600

11. 下列各项中，企业应计入销售费用的是(　　)。

A. 随同商品出售单独计价的包装物成本

B. 预计产品质量保证损失

C. 因产品质量原因给予客户的销售折让

D. 行政管理部门人员报销的差旅费

12. 下列各项中，不属于管理会计要素的是(　　)。

A. 管理会计活动　　B. 信息与报告

C. 工具方法　　D. 评价指引

13. 下列各项中，企业应通过“其他货币资金”科目核算的经济业务是(　　)。

A. 销售商品收到银行承兑汇票

B. 委托银行代为支付电话费

C. 开出转账支票支付购买办公设备款

D. 为购买股票将资金存入证券公司指定投资款专户

14. 下列各项中，政府会计主体采用财务会计核算的同时应当进行预算会计核算的是(　　)。

A. 支付应缴财政款　　　　B. 财政授权支付方式购买办公用品

C. 计提固定资产折旧　　　　D. 收到受托代理的现金

15. 下列各项中，关于股份有限公司溢价发行股票相关会计处理表述正确的是(　　)。

A. 发行股票发生的交易费用应单独计入当期损益

B. 溢价总额不足以抵扣发行股票发生的交易费用的差额应冲减股本

C. 溢价总额高于发行股票发生的交易费用的差额作为资本公积入账

D. 溢价总额不足以抵扣发行股票发生的交易费用的差额应计入当期损益

16. 下列各项中，关于交易性金融资产相关会计处理表述正确的是(　　)。

A. 取得时发生相关交易费用计入初始入账金额

B. 按取得时的公允价值作为初始入账金额

C. 出售时公允价值与账面余额的差额计入公允价值变动损益

D. 资产负债表日，其公允价值与账面余额之间的差额计入投资收益

17. 某企业适用的所得税税率为 25%。2018 年度利润总额为 3000 万元，应纳税所得额为 3200 万元，递延所得税资产增加 160 万元，递延所得税负债增加 80 万元。不考虑其他因素，该企业 2018 年度应确认的所得税费用为(　　)万元。

A. 720　　B. 670　　C. 830　　D. 880

18. 某企业采用毛利率法对库存商品进行核算。2018 年 4 月 1 日，“库存商品”科目期初余额为 150 万元，本月购进商品一批，采购成本为 250 万元，本月实现商品销售收入 300 万元。上季度该类商品的实际毛利率为 20%。不考虑其他因素，该企业本月末“库存商品”科目的期末余额为(　　)万元。

A. 160　　B. 100　　C. 80　　D. 110

19. 某企业采用计划成本法进行材料核算，2019 年 8 月 1 日，购入材料一批，取得经税务机关认证的增值税专用发票注明的价款为 300000 元，增值税税额为 39000 元，计划成本为 320000 元。8 月 3 日，材料运达并验收入库。不考虑其他因素，下列各项中，关于材料入库的会计处理正确的是(　　)。

A. 借：原材料　　320000

　贷：材料采购　　300000

　　材料成本差异　　20000

B. 借：原材料　　300000
　　材料成本差异　　20000
　贷：材料采购　　320000

C. 借：原材料　　300000
　　材料成本差异　　20000
　贷：在途物资　　320000

D. 借：原材料　　300000
　贷：在途物资　　300000

20. 下列各项中，关于制造业企业出租无形资产的相关会计处理表述正确的是(　　)。

A. 出租无形资产的收入计入营业外收入

B. 已出租的无形资产应停止计提摊销

C. 已出租的无形资产计提的摊销额计入管理费用

D. 出租无形资产的收入计入其他业务收入

21. 2018 年 10 月，某企业“主营业务收入”科目贷方发生额为 2000 万元，“其他业务收入”科目贷方发生额为 500 万元，“其他收益”科目贷方发生额为 300 万元，本月在结转本年利润前上述科目均没有借方发生额。不考虑其他因素。该企业 2018 年 10 月利润表中“营业收入”项目“本期金额”的列报金额为(　　)万元。

A. 800　　B. 2800　　C. 2500　　D. 2000

22. “实收资本”账户的期末余额等于(　　)。

A. 期初余额+本期借方发生额+本期贷方发生额

B. 期初余额+本期借方发生额-本期贷方发生额

C. 期初余额-本期借方发生额-本期贷方发生额

D. 期初余额+本期贷方发生额-本期借方发生额

23. （删除）下列各项中，关于权责发生制为基础的会计处理表述正确的是(　　)。

A. 预收货款销售商品，在收到货款时确认收入

B. 支付手续费方式委托代销商品，在收到受托方开出的代销清单时确认收入

C. 交款提货销售商品，在签订销售合同时确认收入

D. 托收承付方式销售商品，在商品交付时确认收入

24. （删除）下列各项中，事业单位开展管理活动内部领用库存物品的实际成本，应记入的会计科目是(　　)。

A. 事业支出　　B. 单位管理费用

C. 资产处置费用　　D. 业务活动费用

二、多项选择题（本类题共 12 小题，每小题 2 分，共 24 分。每小题备选答案中，有两个或两个以上符合题意的正确答案。多选、少选、错选、不选均不得分。）

1. 下列各项中，影响企业营业利润的有(　　)。

A. 对出租固定资产计提折旧

B. 销售原材料取得的收入

C. 出售债券投资确认的投资收益

D. 无法查明原因的现金溢余

2. 下列各项中，应通过“其他应付款”科目核算的有(　　)。

A. 按合同约定应付的短期租入设备的租金

B. 按合同约定应付的包装物租金

C. 计提应由企业负担的住房公积金

D. 提前解除劳动合同应给予职工的补偿

3. 下列各项中，事业单位通过“待处理财产损溢”科目核算的有(　　)。

A. 固定资产毁损　　B. 固定资产对外捐赠

C. 固定资产出售　　D. 固定资产盘盈

4. 甲、乙企业均为增值税一般纳税人，2019 年 11 月甲企业委托乙企业加工一批应税消费品，加工收回后继续用于生产其他应税消费品。甲企业发出材料的实际成本为 1000000 元，以银行存款支付加工费 200000 元，增值税 26000 元，乙企业代收代缴的消费税 400000 元，下列各项中，甲企业委托加工应税消费品相关会计科目处理正确的有(　　)。

A. 支付消费税，借记“应交税费——应交消费税”科目 400000 元

B. 支付消费税，借记“委托加工物资”科目 400000 元

C. 支付增值税，借记“应交税费——应交增值税（进项税额）”科目 26000 元

D. 支付加工费，借记“委托加工物资”科目 200000 元

5. 下列各项中，属于企业留存收益的有(　　)。

A. 其他综合收益　　B. 资本公积

C. 盈余公积　　D. 未分配利润

6. 下列各项中，制造业企业应确认为其他业务收入的有(　　)。

A. 出售固定资产残料变价收入

B. 随同产品出售单独计价的包装物收入

C. 出租闲置生产设备租金收入

D. 转让专利使用权收入

7. 下列各项中，可应用于预算管理领域的管理会计工具方法有(　　)。

A. 零基预算　　B. 滚动预算

C. 作业预算　　D. 弹性预算

8. 下列各项中，应通过“税金及附加”科目核算的有(　　)。

A. 按规定计算确认的应交教育费附加

B. 销售商品应交的增值税

C. 订立货物运输合同支付的印花税

D. 按规定计算确认的应交城市维护建设税

9. 下列通过“制造费用”项目核算的有(　　)。

A. 生产车间发生的机物料消耗

B. 生产工人的工资

C. 生产车间管理人员的工资

D. 季节性的停工损失

10. 下列适合用品种法核算的企业有(　　)。

A. 发电企业　　B. 供水企业

C. 造船企业　　D. 采掘企业

11. 下列各项中，关于企业存货减值的相关会计处理表述正确的有(　　)。

A. 企业结转存货销售成本时，对于其已计提的存货跌价准备，应当一并结转

B. 资产负债表日，当存货期末账面价值低于其可变现净值时，企业应当按可变现净值计量

C. 资产负债表日，期末存货应当按照成本与可变现净值孰低计量

D. 资产负债表日，当存货期末账面价值高于其可变现净值时，企业应当按账面价值计量

12. 2018年12月，某企业当月实际交纳增值税50万元，销售应税消费品实际交纳消费税20万元，经营用房屋交纳房产税10万元。该企业适用的城市维护建设税税率为7%，教育费附加为3%，不考虑其他因素，下列各项中，关于该企业12月份应交纳城市维护建设税和教育费附加的相关会计科目处理正确的有(　　)。

A. 借记“税金及附加”科目7万元

B. 贷记“应交税费——应交教育费附加”科目2.1万元

C. 贷记“应交税费——应交城市维护建设税”科目5.6万元

D. 借记“管理费用”科目7万元

三、判断题（本类题共 10 小题，每小题 1 分，共 10 分。每小题答题正确的得 1 分，答题错误的扣 0.5 分，不答题的不得分也不扣分。本类题最低得分零分。）

1. 所有者权益变动表中“综合收益总额”项目，反映净利润和其他综合收益扣除所得税影响后的净额相加后的合计金额。（　）
2. 企业因经营业务调整出售固定资产而发生的处置净损失，应记入“营业外支出”科目。（　）
3. 企业持有交易性金融资产期间，对于被投资单位宣告发放的现金股利，应借记“交易性金融资产”科目。（　）
4. 科学事业单位按照规定从科研项目预算收入中提取项目管理费时，既要进行财务会计核算，又要进行预算会计核算。（　）
5. 会计人员在记账过程中，除结账和更正错账可以不附原始凭证外，其他记账凭证必须附原始凭证。（　）
6. 企业向供货单位采购原材料支付货款开出的银行承兑汇票，应通过“应付账款”科目核算。（　）
7. 企业因未及时缴纳企业所得税而支付税款滞纳金时，应借记“所得税费用”科目。（　）
8. 企业未满足销售收入确认条件的售出商品发生销售退回时，应借记“库存商品”科目，贷记“主营业务成本”科目。（　）
9. 某企业职工张某经批准休探亲假 5 天，根据企业规定确认为非累积带薪缺勤，该企业应当在其休假期间确认与非累积带薪缺勤相关的职工薪酬。（　）
10. （删除）受托方以收取手续费方式代销商品，应在代销商品销售后按合同约定计算代销手续费并确认收入。（　）

四、不定项选择题（本类题共 15 小题，每小题 2 分，共 30 分。每小题备选答案中，有一个或一个以上符合题意的正确答案。每小题全部选对得满分，少选得相应分值，多选、错选、不选均不得分。）

（一）

某企业为增值税一般纳税人，主营业务是生产销售家电。2018 年 12 月该企业专设销售机构发生与职工薪酬有关的业务如下：

（1）3 日，以银行存款支付当月职工宿舍房租 16500 元。该宿舍专供销售人员免费居住。

（2）10 日，以银行存款发放上月销售机构人员职工薪酬 465000 元。应付上月销售人员职工薪酬总额为 480000 元，按税法规定应代扣代缴的职工个人所得税共计 12000 元。发放时收回代垫职工家属医药费 3000 元。

（3）17 日至 21 日，销售机构职工张某休探亲假 5 天，按照规定，确认为非累积带薪缺勤。

（4）31 日，确认 12 月销售机构人员工资为 560000 元。按国家规定计提标准应缴纳的基本养老保险费为 112000 元。基本医疗保险费、工伤保险费共计 53200 元。计提工会经费和职工教育经费共计 25200 元。

要求：根据上述资料，不考虑其他因素，分析回答下列小题。（答案中的金额单位用元表示）

1. 根据资料（1），下列各项中，该企业确认并支付职工宿舍租金的会计科目处理表述正确的是(　　)。

A. 借记“销售费用”科目，贷记“应付职工薪酬”科目

B. 借记“主营业务成本”科目，贷记“应付职工薪酬”科目

C. 借记“应付职工薪酬”科目，贷记“银行存款”科目

D. 借记“销售费用”科目，贷记“银行存款”科目

2. 根据资料（2），下列各项中，该企业发放 11 月销售机构人员职工薪酬的会计处理正确的是(　　)。

A. 代扣款项：

借：应付职工薪酬	3000	
贷：其他应收款——代垫医药费		3000

B. 发放职工薪酬：

借：应付职工薪酬	465000	
贷：银行存款		465000

C. 代扣个人所得税：

借：应付职工薪酬	12000	
贷：应交税费——应交个人所得税		12000

D. 发放职工薪酬：

借：销售费用	465000	
贷：银行存款		465000

3. 根据资料（3），下列各项中，关于该企业非累积带薪缺勤的会计处理表述正确的是(　　)。

A. 本期尚未用完的带薪缺勤权利不能结转下期

B. 视同职工出勤不额外做账务处理

C. 确认非累积带薪缺勤时借记“管理费用”科目

D. 本期尚未用完的带薪缺勤权利可以结转下期

4. 根据资料（4），该企业 12 月 31 日应计入“应付职工薪酬——设定提存计划”科目的金额是(　　)元。

A. 25200　　B. 165200　　C. 112000　　D. 53200

5. 根据资料（1）至（4），该企业 12 月销售费用增加的金额是(　　)元。

A. 750400　　B. 1246900　　C. 766900　　D. 725200

（二）

某企业为增值税一般纳税人，原材料收发按实际成本核算，2019年12月开始生产甲、乙两种产品，存货项目期初无余额，12月份发生如下经济业务：

（1）3日，购入M材料1500千克，取得并经税务机关认证的增值税专用发票上注明的价款为150000元，增值税税额为19500元，销售方代垫的运费为7500元，增值税税额为675元，材料已验收入库，款项尚未支付。

（2）月末编制的“M材料发料汇总表”列明材料发出情况为：甲产品耗用600千克，乙产品耗用400千克，车间一般耗用200千克，行政部门领用100千克，专设销售机构领用50千克，材料在甲、乙产品生产开始时一次投入。

（3）本月甲产品发生生产工人工资45000元，乙产品生产工人工资30000元，车间固定资产折旧费60000元，制造费用按甲、乙产品生产工人工资比例分配。

（4）月末，甲产品完工400件，在产品100件（平均完工程度为50%），生产费用按约当产量比例在完工产品和在产品之间进行分配，乙产品400件全部完工。

要求：根据上述资料，不考虑其他因素，分析回答下列问题。（答案中的金额单位用元表示）

1. 根据资料（1），下列各项中，该企业购入M材料会计处理正确的是(　　)。

A. 借：材料采购　157500
　　　应交税费——应交增值税（进项税额）　20175
　　贷：应付账款　177675

B. 借：材料采购　157500
　　　应交税费——应交增值税（进项税额）　19500
　　贷：应付账款　177000

C. 借：原材料　157500
　　　应交税费——应交增值税（进项税额）　19500
　　贷：应付账款　177000

D. 借：原材料　157500
　　　应交税费——应交增值税（进项税额）　20175
　　贷：应付账款　177675

2. 根据资料（1）和（2），下列各项中，本月发出M材料相关会计科目处理正确的是(　　)。

A. 生产车间一般耗用的材料成本，借记“制造费用”科目21000元

B. 生产甲产品耗用的材料成本，借记“生产成本——甲产品”科目63000元

C. 行政管理部门领用的材料成本，借记“管理费用”科目10500元

D. 生产乙产品耗用的材料成本，借记“生产成本——乙产品”科目42000元

3. 根据资料（1）至（3），下列各项中关于本月甲、乙两种产品制造费用计算及分配结果正确的是(　　)。

A. 甲、乙两种产品制造费用的分配率为 1.08

B. 乙产品分配的制造费用为 32400 元

C. 甲、乙两种产品制造费用总额为 60000 元

D. 甲产品分配的制造费用为 48600 元

4. 根据期初资料、资料（1）至（4），下列各项中关于本月甲产品成本计算结果正确的是(　　)。

A. 完工产品的单位成本为 334 元

B. 完工产品的总成本为 133600 元

C. 月末在产品总成本为 33400 元

D. 月末在产品总成本为 23000 元

5. 根据期初材料、资料（1）至（4），该企业年末资产负债表中“存货”项目的期末余额是(　　)元。

A. 172350　　B. 261000　　C. 253750　　D. 276750

（三）

某企业为增值税一般纳税人，2019 年 12 月发生的有关经济业务如下：

（1）2 日，企业自行开发的一项行政部门管理用 M 非专利技术的研发活动结束，达到预定用途。其中，研究阶段自本年 1 月 1 日开始至 6 月 30 日结束，共发生支出 600000 元，不符合资本化确认条件；开发阶段自本年 7 月 1 日开始至 12 月 2 日结束，共发生支出 300000 元，全部符合资本化确认条件。企业预计 M 非专利技术的受益年限为 5 年，残值为零，采用直线法进行摊销。

（2）10 日，购入一台不需要安装的 N 生产设备，取得经税务机关认证的增值税专用发票注明的价款为 800000 元，增值税税额为 104000 元，款项尚未支付。

（3）12 日，N 生产设备运达并交付使用。以银行存款支付 N 设备运输费，取得经税务机关认证的增值税专用发票上注明的运输费为 3000 元，增值税税额为 270 元。

要求：根据上述资料，不考虑其他因素，分析回答下列小题。（答案中的金额单位用元表示）

1. 根据资料（1），下列各项中，关于 M 非专利技术研发支出的会计科目处理表述正确的是(　　)。

A. 12 月 2 日一次性将“研发支出——费用化支出”科目归集金额 600000 元转入“管理费用”科目

B. 6 月 30 日之前发生的研发支出在发生时记入“研发支出——费用化支出”科目共计 600000 元

C. 12 月 2 日一次性将“研发支出——资本化支出”科目归集金额 300000 元转入“无形资产”科目

D. 7 月至 12 月发生的研发支出在发生时记入“研发支出——资本化支出”科目共计 300000 元

2. 根据资料（1），下列各项中，关于 M 非专利技术摊销的会计处理表述正确的是(　　)。

A. 应自 2019 年 12 月起开始计提摊销

B. 计提的摊销额应计入管理费用

C. 2019 年 12 月 M 非专利技术的摊销金额为 5000 元

D. 应自 2020 年 1 月起开始计提摊销

3. 根据资料（2）和（3），下列各项中，关于 N 设备的会计科目处理表述正确的是(　　)。

A. 支付运输费 3000 元记入“固定资产”科目借方

B. 月末将“在建工程”科目借方金额 3000 元转入“固定资产”科目

C. 支付运输费 3000 元记入“在建工程”科目借方

D. 购进设备价款 800000 元记入“固定资产”科目借方

4. 根据资料（2）和（3），下列各项中，关于购进 N 设备的增值税会计科目处理正确的是(　　)。

A. 借记“应交税费——应交增值税（进项税额）”科目 104000 元

B. 借记“应交税费——应交增值税（进项税额）”科目 104270 元

C. 借记“固定资产”科目 104000 元

D. 借记“应交税费——待抵扣进项税额”科目 104270 元

5. 根据资料（1）至（3），该企业 2019 年 12 月 31 日资产负债表中“固定资产”项目和“无形资产”项目“期末余额”栏增加的金额分别是(　　)。

A. 800000 元和 295000 元

B. 803000 元和 295000 元

C. 800000 元和 300000 元

D. 803000 元和 300000 元

2019 年会计专业技术资格考试
《初级会计实务》试题（3）

一、单项选择题（本类题共 24 小题，每小题 1.5 分，共 36 分。每小题备选答案中，只有一个符合题意的正确答案。多选、错选、不选均不得分。）

1. 某股份有限公司股本总额为 500000000 元（面值为 1 元），资本公积（股本溢价）为 16000000 元，盈余公积为 50000000 元，经股东大会批准决定回购公司股票 20000000 股，每股回购价格为 2 元。不考虑其他因素，该公司注销股票时记入“盈余公积”科目借方的金额应为(　　)元。

A. 50000000　　B. 40000000　　C. 16000000　　D. 4000000

2. 某企业研发一项非专利技术。在研究阶段共发生支出 75 万元，其中，支付合作单位研究费 50 万元（不考虑增值税），确认本企业研究人员薪酬 25 万元。在开发阶段企业确认开发人员薪酬 40 万元，耗用原材料的成本 45 万元（不考虑增值税），此阶段支出均符合资本化条件，并确认为无形资产。不考虑其他因素，该项非专利技术的入账价值应为(　　)万元。

A. 75　　B. 65　　C. 95　　D. 85

3. 某企业一次性付款购入 M、N、O 三台不同型号和用途的配套生产设备并投入使用，共支付不含增值税价款 240 万元，M、N、O 三台设备的公允价值分别为 100 万元、38 万元和 112 万元。不考虑其他因素，M 设备的入账金额应为(　　)万元。

A. 96　　B. 107.52　　C. 36.48　　D. 100

4. 下列各项中，企业转销无力支付的到期银行承兑汇票款，应贷记的会计科目是(　　)。

A. 短期借款　　B. 财务费用
C. 应付账款　　D. 其他应收款

5. 下列各项中，应在事业单位资产负债表中“净资产”部分单独列示的是(　　)。

A. 其他结余　　B. 财政拨款结余
C. 经营结余　　D. 累计盈余

6. 下列各项中，属于企业外来原始凭证的是(　　)。

A. 职工出差报销的飞机票　　B. 内部使用的借款单
C. 产品入库单　　D. 领料单

7. 下列各项中，导致企业所有者权益总额减少的是(　　)。

A. 以盈余公积弥补亏损　　B. 以盈余公积转增资本
C. 宣告分配现金股利　　D. 以资本公积转增资本

8. 2018 年 10 月，某企业销售产品确认应交增值税240 万元，结转当月销售产品成本 1200 万元，支付广告费 20 万元，展览费 15 万元（两项费用均不含增值税），不考虑其他因素，当月该企业销售业务相关会计处理结果正确的是(　　)。

A. “销售费用”科目增加 1235 万元
B. “税金及附加”科目增加 240 万元
C. “主营业务成本”科目增加 1235 万元
D. “销售费用”科目增加 35 万元

9. 某制造业企业对外出租设备一台，租期为两年，每月设备的折旧额为 100000 元，不考虑其他因素，该设备计提折旧的会计处理正确的是(　　)。

A. 借：管理费用　100000
　　贷：累计折旧　100000
B. 借：其他业务成本　100000
　　贷：累计折旧　100000
C. 借：其他业务成本　100000
　　贷：累计摊销　100000
D. 借：制造费用　100000
　　贷：累计折旧　100000

10. 下列关于企业计提存货跌价准备的表述不正确的是(　　)。

A. 当存货的成本低于可变现净值时，存货按成本计价
B. 计提存货跌价准备的影响因素消失，价值得以恢复时应在原计提的跌价准备金额内转回
C. 转回存货跌价准备时，将转回的金额计入管理费用中
D. 企业计提存货跌价准备会减少企业当期营业利润

11. 某企业生产 M 产品需经两道工序，单位工时定额为 200 小时，其中，第一道工序 120 小时，第二道工序 80 小时。假定各工序的在产品完工程度为 50%，不考虑其他因素，第二道工序在产品的完工率是(　　)。

A. 70%　　B. 50%　　C. 60%　　D. 80%

12. 下列各项中，关于委托方以支付手续费方式委托代销商品的会计处理，正确的是(　　)。

A. 收到受托方开具的代销清单时按照代销商品的成本贷记“库存商品”科目
B. 发出商品时应按照合同约定的售价借记“发出商品”科目

C. 发出商品时确认销售商品收入

D. 收到受托方开具的代销清单时将应结算的代销手续费确认为销售费用

13. 下列各项中，导致企业所有者权益变动，且满足规定条件时可以重分类进损益的是(　　)。

A. 实收资本　　B. 其他综合收益

C. 盈余公积　　D. 股本

14. 下列各项中，企业应计入营业外收入的是(　　)。

A. 接受固定资产捐赠确认的利得

B. 销售多余原材料取得的收入

C. 持有交易性金融资产期间的公允价值变动收益

D. 转让非专利技术使用权取得的使用费收入

15. 下列各项中，应通过“其他应付款”科目核算的是(　　)。

A. 应付投资者的现金股利　　B. 预收客户的货款

C. 应付租入包装物的租金　　D. 应付供应商的材料采购款

16. 下列各项中，关于产品成本核算分批法的特点表述正确的是(　　)。

A. 一般不需要在完工产品和在产品之间分配成本

B. 产品成本计算期与产品生产周期完全不一致

C. 需要按步骤结转产品成本

D. 每月需要计算完工产品的成本

17. 某企业本期购进五批存货、发出两批。在物价持续上升的情况下，与加权平均法相比，该企业采用先进先出法计价结果是(　　)。

A. 期末存货成本较接近于市价　　B. 库存存货价值较低

C. 发出成本较高　　D. 当期利润较低

18. 2018年12月1日，某企业“交易性金融资产——A上市公司股票”借方余额为1000000元，12月31日，A上市公司股票的公允价值为1050000元，不考虑其他因素，下列各项中，该企业关于持有A上市公司股票相关会计科目处理正确的是(　　)。

A. 贷记“营业外收入”科目50000元

B. 贷记“资本公积”科目50000元

C. 贷记“公允价值变动损益”科目50000元

D. 贷记“投资收益”科目50000元

19. 2018年某企业实现营业利润6000万元（其中包含国债利息收入100万元），适用企业所得税税率为25%，发生营业外收入150万元，营业外支出70万元（其中包含税收滞纳金支出

20 万元）。不考虑其他因素，该企业 2018 年实现净利润为（　　）万元。

A. 4540　　B. 4580　　C. 4500　　D. 4560

20. 某企业材料采用计划成本核算，月初结存材料计划成本为 260 万元，材料成本差异为节约 60 万元，当月购入材料一批，实际成本为 150 万元，计划成本为 140 万元，领用材料的计划成本为 200 万元。当月结存材料的实际成本为（　　）万元。

A. 125　　B. 200　　C. 250　　D. 175

21. 下列各项中，关于制造业企业让渡无形资产使用权的相关会计处理表述正确的是（　　）。

A. 已转让使用权的无形资产应停止计提摊销

B. 转让无形资产使用权的收入计入营业外收入

C. 转让无形资产使用权的收入计入其他业务收入

D. 已转让使用权的无形资产计提的摊销额计入管理费用

22. 某企业采用计划成本法分配辅助生产费用时，应将生产车间实际发生的费用与按计划单位成本分配转出的费用之间的差额计入的会计科目是（　　）。

A. 制造费用　　B. 管理费用

C. 生产成本　　D. 销售费用

23. 某事业单位本月财政拨款收入 40 万元，事业收入 100 万元，业务活动费用 30 万元，单位管理费用 20 万元，期末本期盈余的金额是（　　）万元。

A. 90　　B. 110　　C. 120　　D. 50

24. （删除）某人每年年末存入银行 10 万元，假定年利率为 6%，期数为 10 年。已知（P/F，6%，10）= 0.5584，（F/P，6%，10）= 1.7908，（F/A，6%，10）= 13.181，（P/A，6%，10）= 7.3601，则相当于现在一次性存入（　　）万元。

A. 5.584　　B. 17.908　　C. 13.181　　D. 73.601

二、多项选择题（本类题共 12 小题，每小题 2 分，共 24 分。每小题备选答案中，有两个或两个以上符合题意的正确答案。多选、少选、错选、不选均不得分。）

1. 下列各项中，企业应计入外购存货采购成本的有（　　）。

A. 入库前的挑选整理费　　B. 材料购买价款（不含增值税）

C. 享受的商业折扣　　D. 采购过程中发生的仓储费

2. 下列资产负债表项目中，属于非流动资产的有（　　）。

A. 其他应收款　　B. 在建工程

C. 固定资产　　D. 开发支出

3. 下列各项中，一般纳税人月末转出多交增值税的相关会计科目处理正确的有(　　)。

A. 借记“应交税费——未交增值税”科目

B. 贷记“应交税费——应交增值税（转出多交增值税）”科目

C. 借记“应交税费——应交增值税（转出多交增值税）”科目

D. 贷记“应交税费——未交增值税”科目

4. 下列各项中，应在企业财务报表附注中披露的内容有(　　)。

A. 会计政策和会计估计变更以及差错更正的说明

B. 遵循企业会计准则的声明

C. 财务报表的编制基础

D. 重要会计政策和会计估计

5. 下列各项中，关于无形资产摊销的表述正确的有(　　)。

A. 使用寿命有限的无形资产自可供使用的次月起开始摊销

B. 无形资产的摊销方法应反映其经济利益的预期实现方式

C. 无形资产的摊销额均应计入当期损益

D. 使用寿命不确定的无形资产不应进行摊销

6. 下列各项中，企业应通过“其他应收款”科目核算的有(　　)。

A. 应收代职工垫付的房租和水电费

B. 财产遭受意外损失应由保险公司支付的赔偿款项

C. 销售商品代客户垫付的运输费

D. 租入包装物支付的押金

7. 下列各项中，企业年末应将其本期发生额结转至“本年利润”科目的有(　　)。

A. 营业外收入　　B. 财务费用　　C. 管理费用　　D. 制造费用

8. 下列各项中，计算产品成本时，应当正确划分的费用界限有(　　)。

A. 收益性支出与资本性支出

B. 各种产品的成本费用

C. 本期完工产品成本与期末在产品成本

D. 本期费用与以后期间的费用

9. 下列会计科目的期末余额应在资产负债表“存货”项目中列示的有(　　)。

A. 工程物资　　B. 生产成本　　C. 原材料　　D. 周转材料

10. 下列各项中，企业应通过“资产处置损益”科目核算的有(　　)。

A. 出售专利权形成的损益

B. 出售辅助材料的收入

C. 出售生产用机器设备形成的损益

D. 出售库存商品的收入

11. 下列各项中，关于记账凭证填制要求表述正确的有(　　)。

A. 不得将不同内容和类别的原始凭证汇总填制一张记账凭证

B. 已填制的记账凭证如果发生错误应采用划线更正法改正

C. 付款业务的记账凭证不得由出纳人员编号

D. 记账凭证应按照业务发生的顺序连续编号

12. 下列各项中，年度终了需要转入“利润分配——未分配利润”科目的有(　　)。

A. 本年利润

B. 利润分配——应付现金股利或利润

C. 利润分配——盈余公积补亏

D. 利润分配——提取法定盈余公积

三、判断题（本类题共 10 小题，每小题 1 分，共 10 分。每小题答题正确的得 1 分，答题错误的扣 0.5 分，不答题的不得分也不扣分。本类题最低得分零分。）

1. 为了满足管理会计信息充分性、可靠性要求，企业管理层不需要考虑管理会计的执行成本。(　　)

2. 企业初次购买增值税税控系统专用设备，按规定可抵减的增值税应纳税额，应冲减该专用设备成本。(　　)

3. 未分配利润是指企业实现的净利润经过弥补亏损、提取盈余公积和向投资者分配利润后留存在企业的、历年结存的利润。(　　)

4. 事业单位年末按照规定从本年度非财政拨款结余中提取的专用基金，按照预算会计下计算的提取金额，应借记“本年盈余分配”科目。(　　)

5. 企业原材料日常核算采用计划成本法，发出材料应负担的成本差异应当在季末或年末一次计算分摊。(　　)

6. 企业随同商品出售而单独计价的包装物收入，应确认为其他业务收入。(　　)

7. 股东确认分配的股票股利应该通过“应付股利”科目核算。(　　)

8. 资产负债表日，企业持有的交易性金融资产因公允价值变动而形成的损益应计入投资收益。(　　)

9. 企业出售闲置不用设备形成的资产处置收益，将导致企业当期营业利润变动。(　　)

10. 如果无法可靠区分研究阶段支出和开发阶段支出，应将所发生的研发支出全部资本化。(　　)

四、不定项选择题（本类题共15小题，每小题2分，共30分。每小题备选答案中，有一个或一个以上符合题意的正确答案。每小题全部选对得满分，少选得相应分值，多选、错选、不选均不得分。）

（一）

某企业为增值税一般纳税人，2019年12月初该企业“应付职工薪酬——工资”科目贷方余额为400000元。12月该企业发生与职工薪酬相关的经济业务如下：

（1）3日，决定为10名总部部门经理级别以上的人员每人提供一辆汽车免费使用，每月汽车计提的折旧总额为20000元。

（2）8日，以银行存款支付上月工资400000元。

（3）25日，以自产的产品作为非货币性福利发放给直接从事产品生产的职工，该批产品不含增值税市场售价总额为50000元，成本总额为30000元。该企业销售商品适用的增值税税率为13%。

（4）31日，编制“工资费用分配汇总表”，该表列示的应付职工工资总额为430000元，其中，产品生产人员300000元，车间管理人员100000元，企业行政管理人员20000元，专设销售机构人员10000元，根据有关规定，企业分别按照职工工资总额的2%和8%计提工会经费和职工教育经费。

要求：根据上述资料，不考虑其他因素，分析回答下列小题。（答案中金额单位用元表示）

1. 根据资料（1）和（2），下列各项中，关于该企业确认并提供免费使用汽车和支付工资的会计处理正确的是(　　)。

A. 借：管理费用　20000
　　贷：累计折旧　20000

B. 借：应付职工薪酬——工资　400000
　　贷：银行存款　400000

C. 借：管理费用　20000
　　贷：应付职工薪酬——非货币性福利　20000

D. 借：应付职工薪酬——非货币性福利　20000
　　贷：累计折旧　20000

2. 根据资料（3），下列各项中，该企业确认并发放非货币性福利会计处理正确的是(　　)。

A. 生产成本增加36500元
B. 生产成本增加56500元
C. 主营业务成本增加30000元
D. 库存商品减少50000元

3. 根据资料（4），下列各项中，该企业分配职工工资会计处理正确的是(　　)。

A. 管理费用增加120000元
B. 制造费用增加100000元
C. 销售费用增加10000元
D. 生产成本增加300000元

4. 根据资料（4），下列项目中，该企业计提工会经费和职工教育经费的相关会计科目处理正确的是(　　)。

A. 贷记“应付职工薪酬”科目 43000 元

B. 借记“管理费用”科目 2000 元

C. 借记“生产成本”科目 30000 元

D. 借记“制造费用”科目 10000 元

5. 根据期初资料，资料（1）至（4），该企业 12 月份资产负债表“应付职工薪酬”项目的期末余额是(　　)元。

A. 430000　　B. 499350　　C. 450000　　D. 473000

（二）

甲公司为增值税一般纳税人，2019 年 1 月初“固定资产”科目借方余额为 2525 万元，“累计折旧”科目贷方余额为 200 万元，固定资产未发生减值。2019 年发生与固定资产相关的经济业务如下：

（1）5 月 10 日，购入需要安装的生产设备一台，取得增值税专用发票上注明的价款为 3000 万元，增值税税额为 390 万元，全部款项以银行存款支付，同日，将设备交付安装，5 月 15 日取得安装费增值税专用发票上注明安装费 100 万元，增值税税额 9 万，安装费和增值税尚未支付。全部增值税专用发票已经税务机关认证。5 月 20 日设备达到预定可使用状态，预计使用年限 10 年，预计净残值率 4%，采用年限平均法计提折旧。

（2）7 月 10 日，因遭受台风毁损一座库房，原值 25 万元，已计提折旧 10 万元，应收保险公司理赔款 3 万元，以银行存款支付清理费 0.5 万元（不考虑增值税），7 月 20 日，库房清理完毕。

（3）12 月 10 日，收到乙公司作为首次资本投入的不需要安装的生产设备一台，投资合同约定的价值为 400 万元，增值税税额为 52 万元，合同约定与公允价值相符，乙公司开具增值税专用发票并支付税款，其投资在甲公司注册资本中享有的份额为 300 万元。

（4）12 月 31 日，企业全部固定资产未出现减值迹象。除当年新增设备计提的折旧外，其他固定资产当年的累计折旧额为 230.6 万元。

要求：根据上述资料，不考虑其他因素，分析回答下列小题。（答案中金额单位用万元表示）

1. 根据资料（1），下列各项中，甲公司取得生产设备相关会计科目处理表述正确是(　　)。

A. 购入时借记“应交税费——应交增值税（进项税额）”科目 390 万元

B. 购入时借记“应交税费——应交增值税（进项税额）”科目 399 万元

C. 达到预定可使用状态时借记“固定资产”科目 3499 万元

D. 购入时借记“在建工程”科目 3000 万元

2. 根据资料（1），下列各项中，该生产设备2019年计提的折旧额应是(　　)万元。

A. 229.76　　B. 173.6　　C. 201.04　　D. 198.4

3. 根据资料（2），下列各项中，甲公司关于库房损毁的会计处理正确的是(　　)。

A. 支付费用时：

借：固定资产清理　　0.5

　贷：银行存款　　0.5

B. 将毁损的库房转入清理时：

借：固定资产清理　　15

　　累计折旧　　10

　贷：固定资产　　25

C. 结转固定资产损毁损失时：

借：营业外支出　　12.5

　贷：固定资产清理　　12.5

D. 确认保险公司理赔款时：

借：应收账款　　3

　贷：固定资产清理　　3

4. 根据资料（3），下列各项中，甲公司接受乙公司设备投资时的相关会计处理正确的是(　　)。

A. 借记“固定资产”科目400万元

B. 借记“应交税费——应交增值税（进项税额）”科目52万元

C. 贷记“实收资本”科目300万元

D. 贷记“资本公积——资本溢价”科目152万元

5. 根据期初资料、资料（1）至（4），下列各项中，甲公司2019年末资产负债表“固定资产”项目期末余额是(　　)万元。

A. 5579.4　　B. 5420.8　　C. 5405.8　　D. 5457.8

（三）

某企业为增值税一般纳税人，基本生产车间只生产M产品，采用品种法计算生产成本。原材料在生产开始时一次性投入，其他加工费用均衡发生。采用约当产量比例法计算完工产品成本与月末在产品成本。2018年12月该企业产品生产的成本费用资料如下：

（1）月初在产品200件，成本为242000元，其中耗用的直接材料费用为200000元，直接人工费用为24000元，制造费用为18000元；本月新投入800件，月末完工产品数量900件，月末在产品100件，期末在产品的完工程度为50%。

（2）本月生产产品耗用直接材料费用为750000元，车间管理部门耗用直接材料成本为6000元。

（3）本月直接归集的产品生产工人薪酬共计为 118500 元，车间管理人员薪酬共计为 47500 元，本月计提车间固定资产折旧费为 23500 元。

要求：根据上述资料，不考虑其他因素，分析回答下列小题。（答案中金额单位用元表示）

1. 根据资料（1），月末计算产品其他加工费用时，在产品约当产量是(　　)件。

A. 200　　B. 100　　C. 400　　D. 50

2. 根据资料（1）和（2），下列各项中，关于直接材料费用在 M 在产品和完工产品之间分配结果表述正确的是(　　)。

A. 在产品 75600 元，完工产品 680400 元

B. 在产品 95600 元，完工产品 860400 元

C. 在产品 95000 元，完工产品 855000 元

D. 在产品 50000 元，完工产品 900000 元

3. 根据资料（1）和（3），下列各项中，关于直接人工成本在完工产品和在产品之间分配结果正确的是(　　)。

A. 完工产品应负担的直接人工成本为 1285250 元

B. 完工产品应负担的直接人工成本为 135000 元

C. 在产品应负担的直接人工成本为 10000 元

D. 在产品应负担的直接人工成本为 7500 元

4. 根据资料（2）和（3），下列各项中关于产品制造费用归集与分配的会计处理正确的是(　　)。

A. 将本月发生的制造费用结转生产成本：

借：生产成本　　77000

　贷：制造费用　　77000

B. 归集车间折旧费：

借：制造费用　　23500

　贷：累计折旧　　23500

C. 归集人工费用：

借：制造费用　　47500

　贷：应付职工薪酬　　47500

D. 归集耗用的原材料：

借：制造费用　　6000

　贷：原材料　　6000

5. 根据资料（1）至（3），月末完工产品的总成本是(　　)元。

A. 1080000　　B. 1118250　　C. 945500　　D. 1068750

2018年会计专业技术资格考试
《初级会计实务》试题（1）

一、单项选择题（本类题共24小题，每小题1.5分，共36分。每小题备选答案中，只有一个符合题意的正确答案。多选、错选、不选均不得分。）

1. 某企业为增值税一般纳税人，自行建造厂房购入工程物资一批，增值税专用发票上注明的价款为100万元，增值税税额为13万元，发票已通过税务机关认证。不考虑其他因素，该企业购买工程物资相关科目会计处理结果表述正确的是(　　)。

A. 贷记“应交税费——应交增值税（销项税额）”科目13万元

B. 借记“原材料”科目100万元

C. 借记“工程物资”科目113万元

D. 借记“工程物资”科目100万元

2. 下列各项中，导致企业所有者权益总额增加的事项是(　　)。

A. 以盈余公积发放现金股利

B. 以盈余公积弥补以前年度亏损

C. 资本公积转增资本

D. 当年实现净利润

3. 某企业为增值税小规模纳税人。该企业购入一批原材料，取得增值税专用发票上注明的价款为150万元，增值税税额为19.5万元；另付运费1万元，增值税税额为0.09万元。不考虑其他因素，该批原材料的入账成本为(　　)万元。

A. 151　　B. 170.59　　C. 169.5　　D. 170.5

4. 下列各项中，关于政府决算报告的表述不正确的是(　　)。

A. 主要以收付实现制为编制基础

B. 以预算会计核算生成的数据为准

C. 是政府综合财务报告的重要组成内容

D. 综合反映政府会计主体预算收支的年度执行结果

5. 下列各项中，出纳人员根据会计凭证登记现金日记账正确的做法是(　　)。

A. 根据库存现金收付业务凭证逐笔、序时登记

B. 根据现金收付款凭证金额相抵的差额登记

C. 将现金收款凭证汇总后再登记

D. 将现金付款凭证汇总后再登记

6. 2019 年 7 月，某制造业企业转让一项专利权，开具增值税专用发票上注明的价款为 100 万元，增值税税额为 6 万元，全部款项已存入银行。该专利权成本为 200 万元，已摊销 150 万元，不考虑其他因素，该企业转让专利权对利润总额的影响金额为(　　)万元。

A. -94　　B. 56　　C. -100　　D. 50

7. 某纺织业企业为增值税一般纳税人，适用的增值税税率为 13%。该企业以其生产的服装作为福利发放给 100 名生产车间管理人员，每人一套，每套服装不含税售价为 350 元，成本为 280 元。不考虑其他因素，下列各项中，该企业关于非货币性福利的会计处理结果正确的是(　　)。

A. 确认管理费用 39550 元

B. 确认应付职工薪酬 39550 元

C. 确认主营业务收入 39550 元

D. 确认增值税进项税额 4550 元

8. 2017 年 12 月 31 日，某企业“固定资产”科目借方余额为 3000 万元，“累计折旧”科目贷方余额为 1400 万元，“固定资产减值准备”科目贷方余额为 200 万元。2017 年 12 月 31 日，该企业资产负债表中“固定资产”项目期末余额应列示的金额为(　　)万元。

A. 3000　　B. 1600　　C. 1400　　D. 2800

9. 下列各项中，不属于“财务费用”科目核算内容的是(　　)。

A. 短期借款利息支出

B. 销售商品发生的现金折扣

C. 办理银行承兑汇票支付的手续费

D. 发生的业务招待费

10. 下列各项中，适用于单件、小批生产企业的产品成本计算方法是(　　)。

A. 逐步结转分步法　　B. 品种法

C. 分批法　　D. 平行结转分步法

11. 2015 年 12 月某企业购入一台设备，初始入账价值为 400 万元。设备于当月交付使用，预计使用寿命为 5 年，预计净残值为 4 万元，采用年数总和法计提折旧。不考虑其他因素，2017 年该设备应计提的折旧额为(　　)万元。

A. 160　　B. 96　　C. 132　　D. 105.6

12. 某企业产品入库后发现可修复废品一批，生产成本为 20 万元，返修过程中发生直接材料 2 万元、直接人工 3 万元、制造费用 4 万元，废品残料作价 1 万元已回收入库。不考虑其他因素，该企业可修复废品的净损失为(　　)万元。

A. 28　　B. 20　　C. 29　　D. 8

13. 某企业年初“坏账准备”科目的贷方余额为20万元，本年收回上年已确认为坏账的应收账款5万元，经信用减值测试并确定“坏账准备”科目年末贷方余额应为30万元。不考虑其他因素，该企业年末应计提的坏账准备为(　　)万元。

A. 5　　B. 10　　C. 15　　D. 30

14. 2017年8月31日，某企业负债总额为500万元，9月份收回应收账款60万元，以银行存款归还短期借款40万元，预收客户货款20万元。不考虑其他因素，2017年9月30日该企业负债总额为(　　)万元。

A. 480　　B. 380　　C. 440　　D. 460

15. 2017年末，某事业单位完成财政拨款收支结转后，对财政拨款结转各明细项目进行综合分析，根据有关规定将一项目结余资金80万元转入财政拨款结余。不考虑其他因素，该事业单位应编制的会计分录是(　　)。

A. 借：财政拨款结余　　800000
　　贷：财政拨款结转　　800000

B. 借：财政拨款结余　　800000
　　贷：资金结存　　800000

C. 借：财政拨款结转　　800000
　　贷：财政拨款结余　　800000

D. 借：资金结存　　800000
　　贷：财政拨款结余　　800000

16. 下列各项中，企业依据税法规定计算应交的车船税应借记的会计科目是(　　)。

A. 主营业务成本　　B. 销售费用
C. 税金及附加　　D. 管理费用

17. 下列资产负债表项目中，根据有关科目余额减去其备抵科目余额后的净额填列的是(　　)。

A. 预收款项　　B. 短期借款
C. 无形资产　　D. 长期借款

18. 下列各项中，制造业企业应计入其他业务成本的是(　　)。

A. 经营性出租固定资产的折旧费　　B. 存货盘亏净损失
C. 台风造成的财产净损失　　D. 捐赠支出

19. 下列各项中，属于“其他应收款”科目核算内容的是(　　)。

A. 为购货单位垫付的运费　　B. 应收的提供劳务款

C. 应收的销售商品款　　D. 为职工垫付的房租

20. 甲企业为增值税一般纳税人，委托乙企业加工一批应交消费税的W材料，发出原材料的成本为50000元，加工费为10000元，取得的增值税专用发票上注明的增值税税额为1300元，发票已通过税务机关认证。由乙企业代收代缴的消费税为4000元。甲企业收回W材料直接用于销售。不考虑其他因素，甲企业收回委托加工W材料的成本为(　　)元。

A. 60000　　B. 65300　　C. 64000　　D. 61300

21. 某企业采用月末一次加权平均法核算发出材料成本。2017年6月1日结存乙材料200件，单位成本35元；6月10日购入乙材料400件，单位成本40元；6月20日购入乙材料400件，单位成本45元。当月发出乙材料600件。不考虑其他因素，该企业6月份发出乙材料的成本为(　　)元。

A. 24600　　B. 25000　　C. 26000　　D. 23000

22. 某企业结账前发现账簿记录中有一笔金额为3457元的销售业务误记为3475元，相关的记账凭证没有错误。下列各项中，属于该企业应采用正确的错账更正方法的是(　　)。

A. 补充登记法　　B. 划线更正法

C. 更正账页法　　D. 红字更正法

23. 某公司委托证券公司发行普通股400000股，每股面值为1元，每股发行价格为16元。双方协议约定，证券公司按发行收入的2%收取佣金，并直接从发行收入中扣除。不考虑其他因素，该公司发行股票应计入资本公积的金额为(　　)元。

A. 6272000　　B. 5880000　　C. 5872000　　D. 6000000

24. （删除）2017年1月1日，某企业的投资项目正式投入运营，从运营之日起，该企业每年年末可从该项目中获得收益200000元，预计收益期为4年。假设年利率6%，已知（P/A，6%，4）= 3.4651。不考虑其他因素，2017年1月1日该项目预期4年总收益的现值为(　　)元。

A. 693020　　B. 200000　　C. 2772080　　D. 800000

二、多项选择题（本类题共12小题，每小题2分，共24分。每小题备选答案中，有两个或两个以上符合题意的正确答案。多选、少选、错选、不选均不得分。）

1. 下列各项中，应通过“固定资产清理”科目核算的有(　　)。

A. 固定资产盘亏的账面价值

B. 固定资产更新改造支出

C. 固定资产毁损净损失

D. 固定资产出售的账面价值

2. 下列各项中，企业必须进行财产全面清查的有(　　)。

A. 清产核资前

B. 股份制改造前

C. 单位改变隶属关系前

D. 单位主要领导人离任交接前

3. 下列各项中，应列入利润表“营业成本”项目的有(　　)。

A. 随同商品出售单独计价的包装物成本

B. 销售材料的成本

C. 商品流通企业销售外购商品的成本

D. 随同商品出售不单独计价的包装物成本

4. 下列各项中，关于制造业企业无形资产的会计处理表述正确的有(　　)。

A. 使用寿命有限的无形资产自使用当月起开始摊销

B. 已计提的无形资产减值准备在以后期间可以转回

C. 出租无形资产的摊销额应计入其他业务成本

D. 使用寿命不确定的无形资产不进行摊销

5. 下列各项中，属于管理会计要素的有(　　)。

A. 工具方法　　B. 应用环境

C. 管理会计活动　　D. 信息与报告

6. 下列各项中，属于制造业企业设置的成本项目有(　　)。

A. 制造费用　　B. 废品损失

C. 直接材料　　D. 直接人工

7. 下列各项中，关于企业现金溢余的会计处理表述正确的有(　　)。

A. 无法查明原因的现金溢余计入营业外收入

B. 应支付给有关单位的现金溢余计入其他应付款

C. 无法查明原因的现金溢余冲减管理费用

D. 应支付给有关单位的现金溢余计入应付账款

8. 下列各项中，属于原始凭证应当具备的基本内容的有(　　)。

A. 记账符号　　B. 交易或事项的内容

C. 经办人员签名或盖章　　D. 编制凭证的日期

9. 下列各项中，导致企业资产负债表“存货”项目期末余额发生变动的有(　　)。

A. 计提存货跌价准备

B. 用银行存款购入的修理用备件（备品备件）

C. 已经发出但不符合收入确认条件的商品

D. 收到受托代销的商品

10. 某公司期初的所有者权益为：股本为 5000 万元（面值为 1 元），资本公积 1000 万元（其中股本溢价 800 万元），盈余公积 500 万元，未分配利润 600 万元。本期经董事会批准以每股 7 元的价格回购本公司股票 200 万股并按期注销。下列各项中，该公司回购并注销股票的相关科目会计处理结果正确的有(　　)。

A. 注销时，借记“股本”科目 1400 万元

B. 回购时，借记“库存股”科目 1400 万元

C. 注销时，借记“盈余公积”科目 400 万元

D. 注销时，借记“资本公积——股本溢价”科目 800 万元

11. 下列各项中，应通过“应交税费”科目核算的有(　　)。

A. 交纳的印花税

B. 增值税一般纳税人购进固定资产应支付的增值税进项税额

C. 为企业员工代扣代缴的个人所得税

D. 交纳的耕地占用税

12. （删除）下列各项中，应通过事业单位“其他支出”科目核算的有(　　)。

A. 现金盘亏损失

B. 对附属单位补助支出

C. 罚没支出

D. 捐赠现金支出

三、判断题（本类题共 10 小题，每小题 1 分，共 10 分。每小题答题正确的得 1 分，答题错误的扣 0.5 分，不答题的不得分也不扣分。本类题最低得分零分。）

1. 应付账款附有现金折扣的，企业应按照扣除现金折扣后的应付款净额入账。　(　　)

2. 企业应在职工发生实际缺勤的会计期间确认与累积带薪缺勤相关的应付职工薪酬。　(　　)

3. 银行存款余额调节表可以作为调整企业银行存款账面余额的记账依据。　(　　)

4. 直接分配法不考虑各辅助生产车间之间相互提供劳务或产品的情况，将各种辅助生产费用直接分配给辅助生产车间以外的各受益单位。　(　　)

5. 年末，企业应将于资产负债表日起一年内到期且不能自主将清偿义务展期的长期借款，列入资产负债表“一年内到期的非流动负债”项目。　(　　)

6. 在管理会计指引体系中，基本指引发挥着统领作用，是制定应用指引和建设案例库的基础。（　）

7. 采用重置成本计量时，资产应当按照现在购买相同或者相似资产所需支付的现金或者现金等价物的金额计量。（　）

8. 企业收到的投资者超出其在企业注册资本中所占份额的投资，应直接计入当期损益。（　）

9. 企业无法可靠区分研究阶段和开发阶段支出的，所发生的研发支出全部费用化，计入当期损益。（　）

10. （删除）政府会计主体将基本建设投资业务统一纳入单位会计核算，体现了会计信息全面性的质量要求。（　）

四、不定项选择题（本类题共15小题，每小题2分，共30分。每小题备选答案中，有一个或一个以上符合题意的正确答案。每小题全部选对得满分，少选得相应分值，多选、错选、不选均不得分。）

（一）

某企业为仅生产并销售甲产品的增值税一般纳税人，产品适用的增值税税率为13%。材料采用实际成本核算，材料发出采用先进先出法计价，生产甲产品所耗用的材料随生产进度陆续投入。2019年8月初，该企业M材料结存500千克，成本为10000元；“生产成本”科目余额为31000元。月末采用约当产量比例法在完工产品和在产品之间分配生产费用。8月发生有关交易或事项如下：

（1）1日，购入一批M材料5000千克已验收入库，取得的增值税专用发票上注明价款为100000元，增值税税额为13000元，材料采购过程中发生保险费6000元、装卸费4000元（均不考虑增值税），全部款项以银行存款支付，发票已通过税务机关认证。

（2）2日，对行政办公楼进行日常维修领用M材料500千克，车间设备日常维修领用M材料100千克；5日，生产甲产品领用M材料2500千克。

（3）31日，分配当月职工薪酬300000元，其中：生产工人工资为200000元，车间管理人员工资为30000元，行政管理人员工资为70000元。另外，计提车间设备折旧费20000元。

（4）31日，本月甲产品完工250件，月末在产品50件，在产品平均完工程度为60%。

（5）31日，企业发现入库的甲产品有2件存在瑕疵，经质检部门鉴定不需要返修，每件以不含税售价2000元降价为每件1500元出售，符合收入确认条件。

要求：根据上述资料，不考虑其他因素，分析回答下列小题。

1. 根据资料（1），该企业采购M材料的入账价值是（　　）元。

A. 100000　　B. 110000　　C. 126000　　D. 123000

2. 根据资料（2），下列各项中，该企业领用材料的会计处理表述正确的是(　　)。

A. 维修车间设备领用的 M 材料计入管理费用

B. 维修车间设备领用的 M 材料计入制造费用

C. 维修行政办公楼领用的 M 材料计入管理费用

D. 生产甲产品领用的 M 材料计入生产成本

3. 根据资料（3），下列各项中，该企业分配职工薪酬会计处理正确的是(　　)。

A. 借：生产成本　200000
　　　制造费用　100000
　　贷：应付职工薪酬　300000

B. 借：生产成本　200000
　　　制造费用　30000
　　　管理费用　70000
　　贷：应付职工薪酬　300000

C. 借：生产成本　300000
　　贷：应付职工薪酬　300000

D. 借：生产成本　200000
　　　管理费用　100000
　　贷：应付职工薪酬　300000

4. 根据期初资料和资料（1）至（4），下列各项中，该企业 8 月份甲产品生产成本计算正确的是(　　)。

A. 本月在产品成本为 56000 元

B. 本月完工产品成本为 300000 元

C. 本月完工产品成本为 280000 元

D. 本月在产品成本为 36000 元

5. 根据期初资料和资料（1）至（5），下列各项中，该企业销售甲产品会计处理结果表述正确的是(　　)。

A. 确认主营业务收入 4000 元

B. 确认主营业务收入 3000 元

C. 结转主营业务成本 2240 元

D. 结转主营业务成本 2400 元

（二）

甲企业为增值税一般纳税人，2017 年发生如下与交易性金融资产相关的经济业务：

（1）4 月 12 日，从深圳证券交易所购入乙企业股票 20000 股，该股票的公允价值为 900000 元，另支付相关交易费用3000 元，取得的增值税专用发票上注明的增值税税额为 180

元，发票已通过税务机关认证。甲企业将该股票划分为交易性金融资产。

（2）6 月 30 日，甲企业持有乙企业股票的市价为 920000 元。

（3）7 月 6 日，乙企业宣告以每股 0.2 元发放上年度的现金股利。7 月 10 日，甲企业收到乙企业向其发放的现金股利，假定股利不考虑相关税费。

（4）7 月 31 日，将持有的乙企业股票全部出售，售价为 1006000 元，转让该金融商品应交增值税为 6000 元。

要求：根据上述资料，不考虑其他因素，分析回答下列小题。

1. 根据资料（1），甲企业购入该交易性金融资产的初始入账金额是(　　)元。

A. 903180　　B. 902820　　C. 903000　　D. 900000

2. 根据资料（1）和（2），下列各项中，甲企业 6 月 30 日应计入公允价值变动损益的金额是(　　)元。

A. 17000　　B. 20000　　C. 16820　　D. 17180

3. 根据资料（1）和（3），下列各项中，关于甲企业现金股利的会计处理结果表述正确的是(　　)。

A. 宣告发放股利时，确认投资收益 4000 元

B. 实际收到股利时，确认投资收益 4000 元

C. 宣告发放股利时，确认公允价值变动损益 4000 元

D. 实际收到股利时，冲减交易性金融资产成本 4000 元

4. 根据资料（1）至（4），下列各项中，甲企业出售乙企业股票的会计处理正确的是(　　)。

A. 借：公允价值变动损益　20000

　　贷：投资收益　20000

B. 借：投资收益　20000

　　贷：公允价值变动损益　20000

C. 借：其他货币资金　1006000

　　贷：交易性金融资产——成本　900000

　　　　　　　　　　——公允价值变动　20000

　　　　投资收益　86000

D. 借：投资收益　6000

　　贷：应交税费——转让金融商品应交增值税　6000

5. 根据资料（1）至（4），该交易性金融资产业务引起甲企业 2017 年营业利润增加的金额是(　　)元。

A. 104000　　B. 107000　　C. 81000　　D. 101000

（三）

甲公司为增值税一般纳税人，产品适用的增值税税率为 13%，确认收入的同时结转成本。为促进销售，该公司承诺客户购买 3000 件以上给予 10%的商业折扣。

2019 年 11 月份，甲公司发生如下经济业务：

（1）5 日，向乙公司销售产品 4000 件，不含税单价为 500 元，单位成本为 300 元，符合收入确认条件。合同规定的现金折扣条件为 2/10，1/20，N/30，计算现金折扣不考虑增值税。16 日，收到乙公司支付的购货款项。

（2）18 日，接受丙公司委托为其代销 M 商品 150 件，每件成本为 1 万元。合同约定甲公司应按每件不含税售价 1.2 万元销售 M 商品，按照不含税售价的 5%收取手续费。28 日，甲公司已对外实际销售 M 商品 100 件，开出的增值税专用发票上注明的价款为 120 万元，增值税税额为 15.6 万元，款项已收存银行。30 日，甲公司已向丙公司开具代销清单，同时收到丙公司开具的一张相同金额的增值税专用发票，发票已通过税务机关认证。提供代销服务的甲公司向丙公司开具的增值税专用发票上注明的价款为 6 万元，增值税税额为 0.36 万元。甲公司与丙公司之间的结算款项均以银行存款支付。

（3）20 日，收到 10 月份已确认销售收入但因质量问题被退回的 500 件产品，该产品不含税单价为 500 元，单位成本为 300 元。甲公司同意退货，当日办妥了相关手续，并开具了增值税专用发票（红字）。该批商品在销售时买方未享受商业折扣。

（4）30 日，销售材料一批，开具的增值税专用发票上注明的价款为 18 万元，增值税税额为 2.34 万元，款项已存入银行，该批材料的成本为 15 万元。

要求：根据上述资料，不考虑其他因素，分析回答下列小题。（答案中的金额单位用万元表示）

1. 根据期初资料及资料（1），甲公司 11 月 5 日销售产品应确认的主营业务收入是（　　）万元。

A. 200　　B. 180　　C. 178.2　　D. 198

2. （删除）根据资料（2），下列各项中，甲公司受托代销商品会计处理正确的是（　　）。

A. 收到代销商品时：

借：受托代销商品　　180

　贷：应付账款　　180

B. 支付货款并计算代销手续费时：

借：应付账款　　135.6

　贷：银行存款　　129.24

　　　其他业务收入　　6

　　　应交税费——应交增值税（销项税额）　　0.36

C. 对外销售代销商品时：

借：银行存款　　135.6

　贷：受托代销商品　　120

　　　应交税费——应交增值税（销项税额）　　15.6

D. 收到丙公司开具的增值税发票时：

借：应付账款　15.6

　贷：应交税费——应交增值税（销项税额）　15.6

3. 根据期初资料和资料（3），下列各项中，甲公司收到退回产品会计处理表述正确的是(　　)。

A. 增加库存商品 15 万元

B. 冲减主营业务成本 15 万元

C. 冲减主营业务收入 25 万元

D. 冲减增值税销项税额 3.25 万元

4. 根据资料（4），下列各项中，甲公司销售原材料会计处理结果正确的是(　　)。

A. 结转主营业务成本 15 万元

B. 确认主营业务收入 18 万元

C. 确认其他业务收入 18 万元

D. 结转其他业务成本 15 万元

5. 根据期初资料和资料（1）至（4），甲公司列入 11 月份利润表中“营业收入”项目本期金额是(　　)万元。

A. 155　　B. 179　　C. 175　　D. 199

2018 年会计专业技术资格考试
《初级会计实务》试题（2）

一、单项选择题（本类题共 24 小题，每小题 1.5 分，共 36 分。每小题备选答案中，只有一个符合题意的正确答案。多选、错选、不选均不得分。）

1. 下列各项中，关于企业无法查明原因的现金短缺，经批准后应借记的会计科目是(　　)。

A. 其他应收款　　B. 财务费用

C. 营业外支出　　D. 管理费用

2. 下列各项中，应列入企业利润表“营业收入”项目的是(　　)。

A. 出售专利技术净收益

B. 经营租出固定资产的租金收入

C. 接受捐赠利得

D. 债券投资利息收入

3. 某企业销售商品，增值税专用发票上注明的价款为 500 万元，增值税税额为 65 万元，代购货方垫付包装费 2 万元、运输费 3 万元（含增值税）。不考虑其他因素，该企业应确认的应收账款的金额为(　　)万元。

A. 565　　B. 505　　C. 570　　D. 567

4. 某商品流通企业库存商品采用毛利率法核算。2017 年 5 月初，W 类库存商品成本总额为 125 万元，本月购进商品成本为 180 万元，本月销售收入为 250 万元，W 类商品上期毛利率为 20%。不考虑其他因素，该类商品月末库存成本总额为(　　)万元。

A. 55　　B. 200　　C. 105　　D. 152.5

5. 《政府会计准则——基本准则》确立了“双功能”“双基础”“双报告”的政府会计核算体系，其中“双报告”指的是(　　)。

A. 预算报告和财务报告　　B. 决算报告和财务报告

C. 绩效报告和预算报告　　D. 预算报告和决算报告

6. 甲公司为增值税一般纳税人。2020 年 12 月 1 日，与乙公司签订了一项为期 6 个月的咨询合同，合同不含税总价款为 60000 元，当日收到总价款的 50%，增值税税额为 3600 元。截至年末，甲公司累计发生成本 6000 元，估计还将发生成本 34000 元，该合同属于在某一段时间内履行的履约义务，按已发生成本占总成本的比例确认履约进度，2020 年 12 月 31 日，甲公司应确认该项服务的收入为(　　)元。

A. 9000　　B. 30000　　C. 6000　　D. 40000

7. 某企业6月份赊购10000元办公用品交付使用，预付第三季度办公用房租金45000元，支付第二季度短期借款利息6000元，其中4月至5月已累计计提利息4000元，不考虑其他因素，该企业6月份应确认的期间费用为(　　)元。

A. 10000　　B. 6000　　C. 12000　　D. 55000

8. 2017年9月1日，某企业向银行借入资金350万元用于生产经营，借款期限为3个月，年利率为6%，到期一次还本付息，利息按月计提，下列各项中，关于该借款相关科目的会计处理结果正确的是(　　)。

A. 借入款项时，借记“短期借款”科目350万元

B. 每月计提借款利息时，贷记“财务费用”科目5.25万元

C. 每月计提借款利息时，借记“应付利息”科目1.75万元

D. 借款到期归还本息时，贷记“银行存款”科目355.25万元

9. 2017年12月，甲公司的主营业务收入60万元，其他业务收入10万元，营业外收入5万元，则甲公司12月份应确认的营业收入金额为(　　)万元。

A. 70　　B. 60　　C. 75　　D. 65

10. 2017年12月31日，“无形资产”科目借方余额为200万元，“累计摊销”科目贷方余额为40万元，“无形资产减值准备”科目贷方金额20万元，不考虑其他因素，资产负债表中“无形资产”项目金额为(　　)万元。

A. 200　　B. 140　　C. 160　　D. 180

11. 按管理权限报经批准后计入营业外支出的是(　　)。

A. 因管理不善造成的原材料盘亏　　B. 固定资产盘亏净损失

C. 无法查明原因的现金短缺　　D. 应由过失人赔付的库存商品毁损

12. 适用于大量大批单步骤生产的企业的产品成本计算方法是(　　)。

A. 分类法　　B. 品种法

C. 分步法　　D. 分批法

13. 企业应纳税所得额为800万元，递延所得税负债期末、期初余额分别为280万元和200万元，递延所得税资产期末、期初余额分别为150万元和110万元，企业所得税税率为25%，企业的所得税费用为(　　)万元。

A. 160　　B. 240　　C. 320　　D. 200

14. 盘盈固定资产时初始入账价值的计量属性是(　　)。

A. 可变现净值　　B. 公允价值

C. 重置成本　　D. 现值

15. 制造业企业出租无形资产取得收入时的贷方科目为(　　)。

A. 投资收益　　B. 主营业务收入

C. 营业外收入　　D. 其他业务收入

16. 通过“管理费用”科目核算的是(　　)。

A. 预计产品质量保证损失　　B. 业务招待费

C. 商品维修费　　D. 企业发生的现金折扣

17. 2017 年 12 月，某企业购入一台设备。初始入账价值 400 万元，设备于当月交付使用，预计使用寿命 5 年，预计净残值 4 万元，采用年数总和法计提折旧，不考虑其他因素，2018 年该设备应计提折旧额为(　　)万元。

A. 132　　B. 160　　C. 105.6　　D. 96

18. 下列各项中，不属于所有者权益变动表中单独列示的项目是(　　)。

A. 所有者投入资本　　B. 综合收益总额

C. 会计估计变更　　D. 会计政策变更

19. 某工业企业为增值税小规模纳税人，原材料采用计划成本核算，A 材料计划成本每吨为 20 元。本期购进 A 材料 6000 吨，收到的增值税专用发票上注明的价款总额为 102000 元，增值税税额为 13260 元。另发生运杂费用 1400 元，途中保险费用 359 元。原材料运抵企业后验收入库原材料 5995 吨，运输途中合理损耗 5 吨。购进 A 材料发生的成本差异（节约）为(　　)元。

A. 4640　　B. 2881　　C. 18000　　D. 17900

20. 下列各项中，引起企业营业收入发生增减变动的是(　　)。

A. 转销无法支付的应付账款

B. 接受固定资产捐赠

C. 出售原材料取得的收入

D. 取得保险公司的灾害损失赔款

21. 某企业将其自行开发完成的管理系统软件出租给乙公司。每年支付使用费 240000 元（不含增值税），双方约定租赁期限为 5 年。该管理系统软件的总成本为 600000 元。该企业按月计提摊销。不考虑其他因素，该企业对其计提累计摊销进行的会计处理正确的是(　　)。

A. 借：管理费用　　20000
　　贷：累计摊销　　20000
B. 借：其他业务成本　　20000
　　贷：累计摊销　　20000
C. 借：其他业务成本　　10000
　　贷：累计摊销　　10000
D. 借：管理费用　　10000
　　贷：累计摊销　　10000

22. 下列各项中，属于企业按规定代扣职工个人所得税时，应借记的会计科目是(　　)。

A. 管理费用　　B. 税金及附加
C. 营业外支出　　D. 应付职工薪酬

23. （删除）甲公司为增值税一般纳税人。2017年10月，甲公司接受乙公司的委托向其提供一项为期5个月的培训业务，培训收入总额为35万元（不含增值税）。截至12月31日，已预收培训价款15万元，发生培训成本18万元，乙公司因发生财务困难可能无法支付剩余款项。不考虑其他因素，甲公司因该培训业务应确认的收入金额为(　　)万元。

A. 15　　B. 21　　C. 18　　D. 35

24. （删除）与偿债基金系数互为倒数的是(　　)。

A. 普通年金现值系数　　B. 预付年金终值系数
C. 预付年金现值系数　　D. 普通年金终值系数

二、多项选择题（本类题共12小题，每小题2分，共24分。每小题备选答案中，有两个或两个以上符合题意的正确答案。多选、少选、错选、不选均不得分。）

1. 下列各项中，引起应收账款账面价值发生增减变化的有(　　)。

A. 计提应收账款坏账准备
B. 结转已到期未兑现的应收票据
C. 收回应收账款
D. 收回已作为坏账核销的应收账款

2. 下列各项中，引起企业留存收益总额增减变动的有(　　)。

A. 向投资者宣告分配现金股利
B. 本年度实现净利润
C. 提取法定盈余公积
D. 用盈余公积转增资本

3. 下列各项中，关于会计职能的表述正确的有（　　）。

A. 监督职能是核算职能的保障

B. 核算职能是监督职能的基础

C. 预测经济前景，参与经济决策和评价经营业绩是拓展职能

D. 核算与监督是基本职能

4. 下列各项中，属于事业单位净资产的有（　　）。

A. 累计盈余　　　　B. 专用基金

C. 无偿调拨净资产　　　　D. 以前年度盈余调整

5. 某公司为增值税一般纳税人，2017 年 1 月 4 日购入一项无形资产，取得的增值税专用发票注明价款为 880 万元，增值税税额为 52.8 万元，该无形资产使用年限为 5 年，按年进行摊销，预计残值为零。下列关于该项无形资产的会计处理中，正确的有（　　）。

A. 2017 年 1 月 4 日取得该项无形资产的成本为 880 万元

B. 2017 年 12 月 31 日该项无形资产的累计摊销额为 176 万元

C. 该项无形资产自 2017 年 2 月起开始摊销

D. 该无形资产的应计摊销额为 932.8 万元

6. 下列各项中，关于现金折扣的会计处理表述正确的有（　　）。

A. 收回销货款发生的现金折扣，应冲减当期商品销售收入

B. 收回销货款发生的现金折扣，应计入当期财务费用

C. 销售商品附有现金折扣条件，应当按照扣除现金折扣前的金额确定商品销售收入

D. 销售商品附有现金折扣条件，应当按照扣除现金折扣后的金额确认应收账款

7. 下列各项中，关于利润表项目本期金额填列方法表述正确的有（　　）。

A. “销售费用”项目应根据“销售费用”科目的本期发生额分析填列

B. “营业利润”项目应根据“本年利润”科目的本期发生额分析填列

C. “税金及附加”项目应根据“应交税费”科目的本期发生额分析填列

D. “营业收入”项目应根据“主营业务收入”和“其他业务收入”科目的本期发生额分析填列

8. 下列各项中，属于“其他应付款”科目核算内容的有（　　）。

A. 应付投资者的现金股利

B. 应退回出租包装物收取的押金

C. 应付短期租入固定资产的租金

D. 应付销货方代垫的运杂费

9. 下列各项中，属于“应付职工薪酬”科目核算内容的有(　　)。

A. 正式任命并聘请的独立董事津贴

B. 已订立劳动合同的全职职工的工资

C. 已订立劳动合同的临时职工的工资

D. 向住房公积金管理机构缴存的住房公积金

10. 2016年12月20日，某企业购入一台设备，其原价为2000万元，预计使用年限5年，预计净残值5万元，采用双倍余额递减法计提折旧，下列各项中，该企业采用双倍余额递减法计提折旧的结果表述正确的有(　　)。

A. 2017年折旧额为665万元

B. 应计折旧总额为1995万元

C. 年折旧率为33%

D. 2017年折旧额为800万元

11. 某公司由甲、乙投资者分别出资100万元设立。为扩大经营规模，该公司的注册资本由200万元增加到250万元，丙企业以现金出资100万元享有公司20%的注册资本，不考虑其他因素，该公司接受丙企业出资相关科目的会计处理结果正确的有(　　)。

A. 贷记“实收资本”科目100万元

B. 贷记“盈余公积”科目100万元

C. 贷记“资本公积”科目50万元

D. 借记“银行存款”科目100万元

12. 下列各项中，属于管理会计要素的有(　　)。

A. 管理会计活动

B. 信息与报告

C. 应用环境

D. 工具方法

三、判断题（本类题共10小题，每小题1分，共10分。每小题答题正确的得1分，答题错误的扣0.5分，不答题的不得分也不扣分。本类题最低得分零分。）

1. 企业日常核算中不设置“预付账款”账户，期末编制资产负债表时不需要填列“预付款项”项目。(　　)

2. 企业对外提供的财务报告中，附注是不可或缺的重要组成部分。(　　)

3. 企业应当设置库存现金总账和库存现金日记账，分别进行库存现金的总分类核算和明细分类核算。(　　)

4. 政府资产是指报告期内导致政府会计主体净资产增加的、含有服务潜力或经济利益的经济资源的流入。 （　）
5. 小规模纳税人销售货物采用销售额和应纳增值税合并定价的方法向客户结算款项时，应按照不含税销售额确认收入。 （　）
6. 表结法下，各损益类科目每月月末需编制转账凭证，将在账上结计出各损益类科目本月发生额和月末累计余额结转入“本年利润”科目。 （　）
7. 会计人员误将财务费用确认为制造费用，通过试算平衡表无法查出该差错。 （　）
8. 管理会计报告是管理会计活动成果的重要表现形式。 （　）
9. 企业提前解除劳动合同给予职工解除劳动关系的补偿，应通过“应付职工薪酬——辞退福利”科目核算。 （　）
10. 企业接受投资者作价投入的材料物资，按投资合同或协议约定的投资者在企业注册资本或股本中所占份额的部分作为实收资本或股本入账。 （　）

四、不定项选择题（本类题共 15 小题，每小题 2 分，共 30 分。每小题备选答案中，有一个或一个以上符合题意的正确答案。每小题全部选对得满分，少选得相应分值，多选、错选、不选均不得分。）

（一）

某企业为增值税一般纳税人，设有一个基本生产车间，生产销售 M、N 两种产品。2019 年 10 月初，M 在产品直接材料成本 165 万元、直接人工及制造费用 60 万元，N 产品无在产品。2019 年 10 月份，该企业发生相关的经济业务如下：

（1）8 日，采购生产 M、N 产品所需要的材料 1500 千克，验收合格后入库。增值税专用发票上注明的价款为 80 万元，增值税税额为 10.4 万元，全部款项以银行承兑汇票结算，汇票的面值为 90.4 万元，另支付银行承兑手续费0.05 万元（假定不考虑增值税）。

（2）20 日，发出材料共计 85 万元，其中 M、N 产品共同耗用60 万元，车间一般耗用12 万元，出售积压材料13 万元。生产 M、N 产品共同耗用的材料费用采用定额消耗量比例法进行分配，M 产品材料定额消耗量 6000 千克，N 产品定额消耗量 4000 千克。

（3）31 日，N 产品全部未完工，M 产品完工产品数量为 800 件、月末在产品数量为 400 件，在产品完工程度为 50%。生产 M、N 产品所耗材料均在生产开始时一次投入，生产费用按约当产量比例法在完工产品与期末在产品之间进行分配。

要求：根据上述资料，假定该企业取得的增值税专用发票均已经税务机关认证，不考虑其他因素，分析回答下列小题。（答案中的金额单位用万元表示）

1. 根据资料（1），下列各项中，关于材料采购业务相关科目的会计处理结果正确的是（　）。

A. 材料采购时，应借记“原材料”科目 90.4 万元

B. 支付银行承兑手续费时，应借记“财务费用”科目 0.05 万元

C. 开具银行承兑汇票时，应贷记“其他货币资金”科目 90.4 万元

D. 结算采购材料货款时，应贷记“应付票据”科目 90.4 万元

2. 根据资料（2），下列各项中，关于该企业M、N产品材料费用分配率计算结果正确的是(　　)。

A. 0.0085　　B. 0.0072　　C. 0.0073　　D. 0.006

3. 根据资料（2），下列各项中，关于该企业发出材料相关科目的会计处理结果正确的是(　　)。

A. 借记“主营业务成本”科目13万元

B. 借记“生产成本——N产品”科目34万元

C. 借记“其他业务成本”科目13万元

D. 借记“生产成本——M产品”科目36万元

4. 根据期初资料、资料（2）和（3），下列各项中，关于M、N产品成本计算结果表述正确的是(　　)。

A. M完工产品的直接材料成本为134万元

B. M在产品直接材料成本为40.2万元

C. N完工产品的直接材料成本为34万元

D. N在产品的直接材料成本为36万元

5. 根据期初资料和资料（1）至（3），该企业10月31日M产品“生产成本——直接材料”科目余额是(　　)万元。

A. 40.2　　B. 67　　C. 64.2　　D. 24

（二）

甲公司为增值税一般纳税人，2020年发生的有关交易性金融资产业务如下：

（1）1月3日，向证券公司存出投资款2000万元。同日，委托证券公司购入乙上市公司股票50万股，支付价款505万元（其中包含已宣告但尚未发放的现金股利5万元），另支付相关交易费用1.25万元，支付增值税0.075万元，甲公司将该股票投资确认为交易性金融资产。

（2）3月20日，收到乙上市公司发放的现金股利并存入银行的投资款专户，3月31日，持有的乙上市公司股票公允价值为480万元。

（3）4月30日，全部出售乙上市公司股票50万股，售价为600万元，转让该金融商品应交的增值税为5.38万元，款项已收到。

要求：根据上述资料，假定该企业取得的增值税专用发票均已经税务机关认证，不考虑其他因素，分析回答下列小题。（答案中的金额单位用万元表示）

1. 根据资料（1），下列各项中甲公司购买股票应记入“交易性金融资产——成本”科目的金额是(　　)万元。

A. 498.75　　B. 501.25　　C. 500　　D. 501.325

2. 根据资料（1）和（2），下列各项中，3 月 20 日甲公司收到乙上市公司发放现金股利的处理正确的是(　　)。

A. 借：银行存款　　5
　　贷：应收股利　　5

B. 借：其他货币资金——存出投资款　　5
　　贷：投资收益　　5

C. 借：银行存款　　5
　　贷：投资收益　　5

D. 借：其他货币资金——存出投资款　　5
　　贷：应收股利　　5

3. 根据资料（1）和（2），下列各项中，甲公司 3 月 31 日相关科目的会计处理结果正确的是(　　)。

A. 借记“公允价值变动损益”科目 20 万元

B. 贷记“交易性金融资产——成本”科目 15 万元

C. 贷记“交易性金融资产——公允价值变动”科目 20 万元

D. 借记“投资收益”科目 15 万元

4. 根据资料（1）至（3），下列各项中，关于甲公司 4 月 30 日出售乙上市公司股票时的会计处理结果正确的是(　　)。

A. 增值税（销项税额）减少 5.38 万元

B. 投资净收益增加 114.62 万元

C. 其他货币资金（存出投资款）增加 600 万元

D. 交易性金融资产（成本）减少 500 万元

5. 根据资料（1）至（3），下列各项中，该股票投资对甲公司 2020 年度营业利润的影响额是(　　)万元。

A. 93.37　　B. 100　　C. 98.75　　D. 114.62

（三）

甲公司为增值税一般纳税人，销售商品适用的增值税税率为 13%，确认收入的同时结转成本。2020 年度甲公司发生的有关经济业务如下：

（1）5 月 1 日，与乙公司签订协议，采用预收货款方式向乙公司销售商品一批，该批商品的实际成本为 80000 元，销售价格总额为 100000 元，5 月 2 日收到乙公司预付款 70000 元。5 月 20 日向乙公司发出该批商品，增值税专用发票注明的价款为 100000 元，增值税税额为 13000 元，剩余款项已收妥，符合收入确认条件。

（2）7 月 6 日，采用赊销方式向丙公司销售商品一批，开出的增值税专用发票注明的价款为 80000 元，增值税税额为 10400 元，该批商品实际成本为 60000 元。在销售商品时，甲公司得知丙公司发生财务困难，对价很可能无法收回，但为了保持客户关系仍将商品发出，不符合收入确认条件。9 月 25 日，甲公司得知丙公司财务状况已好转并决定于近期支付货款，符合收入确认条件。

（3）12 月 15 日，委托丁公司销售商品 200 件，每件商品的实际成本为 600 元，该商品已于当日发出，按照双方协议约定，丁公司应按照每件 800 元对外销售商品，甲公司按照售价（不含税）的 10% 向丁公司支付手续费。12 月 31 日，收到丁公司开出的代销清单，实际销售 100 件商品，同时收到丁公司因提供代销服务开具的增值税专用发票，增值税专用发票上注明的价款为 8000 元，增值税税额为 480 元。

要求：根据上述资料，不考虑其他因素，分析回答下列小题。

1. 根据资料（1），下列各项中，关于甲公司采用预收货款方式销售商品相关科目的会计结果正确的是(　　)。

A. 5 月 2 日，应贷记“主营业务收入”科目 100000 元

B. 5 月 20 日，应借记“主营业务成本”科目 80000 元

C. 5 月 20 日，应借记“应收账款”科目 43000 元

D. 5 月 2 日，应贷记“主营业务收入”科目 70000 元

2. 根据资料（2），下列各项中，关于甲公司采用赊销方式销售商品的会计处理正确的是(　　)。

A. 9 月 25 日，符合收入确认条件时：

借：银行存款	90400	
贷：主营业务收入		80000
应交税费——应交增值税（销项税额）		10400

B. 7 月 6 日，发出商品时：

借：应收账款	90400	
贷：主营业务收入		80000
应交税费——应交增值税（销项税额）		10400

C. 9 月 25 日，符合收入确认条件时：

借：应收账款	80000	
贷：主营业务收入		80000
借：主营业务成本	60000	
贷：发出商品		60000

D. 7 月 6 日，发出商品时：

借：应收账款	10400	
贷：应交税费——应交增值税（销项税额）		10400
借：发出商品	60000	
贷：库存商品		60000

3. 根据资料（3），下列各项中，关于甲公司12月15日发出委托代销商品相关科目的会计处理结果正确的是(　　)。

A. 借记“发出商品”科目120000元

B. 贷记“主营业务收入”科目160000元

C. 贷记“其他业务收入”科目160000元

D. 借记“主营业务成本”科目120000元

4. 根据资料（3），下列各项中，关于甲公司12月31日收到丁公司代销清单时相关科目的会计处理结果正确的是(　　)。

A. 贷记“其他业务收入”科目80000元

B. 借记“管理费用”科目8000元

C. 借记“销售费用”科目8000元

D. 贷记“主营业务收入”科目80000元

5. 根据资料（1）至（3），下列各项中，关于甲公司2020年度营业收入和营业成本表述正确的是(　　)。

A. 营业成本增加140000元

B. 营业收入增加260000元

C. 营业收入增加180000元

D. 营业成本增加200000元

2018 年会计专业技术资格考试
《初级会计实务》试题（3）

一、单项选择题（本类题共 24 小题，每小题 1. 5 分，共 36 分。每小题备选答案中，只有一个符合题意的正确答案。多选、错选、不选均不得分。）

1. 企业出租固定资产，应收而未收到的租金应记入(　　)科目的借方。

A. 其他业务收入　　B. 固定资产清理　　C. 应收账款　　D. 其他应收款

2. 2017 年 12 月 31 日，某企业“应付账款——甲企业”明细科目贷方余额 40000 元，“应付账款——乙企业”明细科目借方余额 10000 元，“预付账款——丙企业”明细科目借方余额 30000 元，“预付账款——丁企业”明细科目贷方余额 6000 元。不考虑其他因素，该企业 2017 年 12 月 31 日资产负债表“应付账款”项目期末余额为(　　)元。

A. 36000　　B. 40000　　C. 30000　　D. 46000

3. 下列各项中，不会引起期末存货账面价值发生变动的是(　　)。

A. 尚未确认销售收入但已发出的商品　　B. 已收到发票账单并付款的在途物资
C. 已确认销售收入但尚未发出的商品　　D. 尚未收到发票账单月末暂估入账的材料

4. 某企业为增值税一般纳税人，增值税税率为 13%，本月销售材料一批，价税合计为 5876 元。该批材料计划成本为 4200 元，材料成本差异为 2%。不考虑其他因素，销售材料应确认的损益为(　　)元。

A. 1884　　B. 1084　　C. 1968　　D. 916

5. 下列各项中，资产负债表日企业计算确认所持有交易性金融资产的公允价值低于账面余额的金额，应借记的会计科目是(　　)。

A. 营业外支出　　B. 投资收益
C. 公允价值变动损益　　D. 其他业务成本

6. 某企业月初的短期借款账户的贷方余额为 60 万元，本月向银行借入 6 个月的借款 20 万元，归还以前的短期借款 30 万元，则本月末短期借款账户的余额为(　　)。

A. 贷方 80 万元　　B. 贷方 50 万元　　C. 借方 50 万元　　D. 贷方 30 万元

7. 2018 年 1 月 1 日，A 公司购入 B 上市公司（以下简称 B 公司）发行的公司债券，支付价款 110 万元（其中包含已到付息期但尚未领取的债券利息 10 万元）。另支付交易费用 3 万元，取得的增值税专用发票上注明的增值税税额为0.18万元。A公司将其划分为交易性金融资产进行管理和核算。该债券面值为100万元，票面利率为10%，每年年初支付利息一次。不考虑其他因素，A公司取得该交易性金融资产的初始入账价值为(　　)万元。

A. 110　　B. 100　　C. 103　　D. 113

8. 企业对于已经发出但不符合收入确认条件的商品，其成本应贷记的科目是(　　)。

A. 在途物资　　B. 发出商品　　C. 库存商品　　D. 主营业务成本

9. 下列各项中，按照当前市场条件重新取得同样一项资产所需支付的金额进行计量的会计计量属性是(　　)。

A. 公允价值　　B. 历史成本　　C. 现值　　D. 重置成本

10. 下列属于资产负债表项目的是(　　)。

A. 预付账款　　B. 其他收益　　C. 递延收益　　D. 净利润

11. 某企业本月投产M产品1300件，N产品2400件，生产M、N两种产品共耗用材料600吨，每吨400元。每件产品材料消耗定额为M产品定额0.2吨/件，N产品定额0.1吨/件。M产品分配的材料费用为(　　)元。

A. 104000　　B. 156000　　C. 115200　　D. 124800

12. 某企业年初未分配利润借方余额为20万元，本年实现净利润为200万元。按净利润的10%提取的盈余公积金额为(　　)万元。

A. 2　　B. 18　　C. 20　　D. 22

13. 某企业是增值税一般纳税人，其购买的材料800公斤，入库时发现短缺了220公斤，这其中20公斤为合理损耗，该材料单位售价（不含税）为10元/公斤。该企业购入材料的入账价值为(　　)元。

A. 6000　　B. 8000　　C. 5800　　D. 8800

14. 某企业向客户收取了一笔服务费后承诺在后续两年内为其提供相应的技术咨询服务。不考虑其他因素，下列各项中，该企业收取服务费时应记入的会计科目是(　　)。

A. 主营业务收入　　B. 预收账款

C. 合同负债　　D. 其他应收款

15. 根据科目内容计入成本类账户的是(　　)。

A. 主营业务成本　　B. 制造费用

C. 管理费用　　D. 其他业务成本

16. 某企业赊购一批原材料，取得增值税专用发票，注明的价款为 10 万元，增值税税额为 1.3 万元，现金折扣为 2/10，1/20，n/30，计算现金折扣不考虑增值税。该企业购进原材料确认的应付账款金额为(　　)万元。

A. 11.3　　B. 11.2　　C. 9.8　　D. 11.4

17. 下列各项中，应计入长期待摊费用的是(　　)。

A. 生产车间固定资产日常修理费

B. 租赁方式租入（租期 3 年）固定资产的改良支出

C. 盘盈的固定资产

D. 生产车间固定资产更新改造支出

18. 某企业 2017 年 6 月发生如下费用：支付办公用品费用 10000 元，预付第三季度房租 9000 元，支付第二季度利息 6000 元，其中 4、5 月预提利息 4000 元。则该企业 6 月份应确认的期间费用为(　　)元。

A. 12000　　B. 10000　　C. 25000　　D. 16000

19. 下列各项中，影响企业当期营业利润的是(　　)。

A. 毁损房屋的净损失　　B. 经营出租设备的折旧费

C. 向灾区捐赠商品的成本　　D. 台风导致原材料毁损的净损失

20. 下列各项中，企业支付生产车间机器设备日常修理费应借记的会计科目是(　　)。

A. 制造费用　　B. 管理费用　　C. 生产成本　　D. 在建工程

21. 下列各项中，应计入其他应付款的是(　　)。

A. 应缴纳的教育费附加　　B. 根据法院判决应支付的合同违约金

C. 应付由企业负担的职工社会保险费　　D. 代扣代交的职工个人所得税

22. 下列各项中，属于“其他应收款”科目核算内容的是(　　)。

A. 应收的劳务款　　B. 为职工垫付的房租

C. 应收的销售商品款　　D. 为购货单位垫付的运杂费

23. 企业签发银行承兑汇票到期无力偿还款项时，应将应付票据转入(　　)。

A. 应付账款　　B. 预付账款　　C. 其他应付款　　D. 短期借款

24. （删除）某企业拟建立一项基金计划，每年初投入 10 万元，若利率为 10%，5 年后该项基金本利和将为(　　)元。已知（F/A，10%，5）= 6.1051。

A. 671561　　B. 564100　　C. 871600　　D. 610500

二、多项选择题（本类题共12小题，每小题2分，共24分。每小题备选答案中，有两个或两个以上符合题意的正确答案。多选、少选、错选、不选均不得分。）

1. 下列各项中，属于企业生产费用在完工产品和在产品之间分配的方法有（　　）。

A. 约当产量比例法　　B. 交互分配法
C. 不计算在产品成本法　　D. 在产品按定额成本计价法

2. 下列各项中，应计入企业财务费用的有（　　）。

A. 支付的发行股票手续费　　B. 支付的银行结算手续费
C. 确认的短期借款利息费　　D. 支付的银行承兑汇票手续费

3. 下列各项中，企业应通过“制造费用”科目核算的有（　　）。

A. 生产车间管理用耗电费　　B. 生产车间生产工人工资
C. 生产车间管理用具摊销额　　D. 生产车间管理用房屋折旧费

4. 下列各项中，引起企业留存收益总额发生增减变动的有（　　）。

A. 用盈余公积发放现金股利　　B. 用盈余公积弥补亏损
C. 用盈余公积转增资本　　D. 用净利润发放现金股利

5. 单位应用管理会计，应当遵循的原则有（　　）。

A. 战略导向原则　　B. 融合性原则
C. 适应性原则　　D. 成本效益原则

6. 下列各项中，引起企业资产和负债要素同时发生增减变动的经济业务有（　　）。

A. 收到股东投资款　　B. 以盈余公积转增股本
C. 从银行借入短期借款　　D. 以银行存款归还前欠货款

7. 下列各项中，企业应通过“营业外收入”科目核算的有（　　）。

A. 无法支付的应付账款　　B. 接受固定资产捐赠
C. 无法查明原因的现金溢余　　D. 出租包装物实现的收入

8. 下列各项中，企业应通过“应付职工薪酬”科目核算的有（　　）。

A. 支付给职工的生活困难补助
B. 为职工缴存的养老保险费
C. 为职工支付的业务培训费用
D. 支付为企业高管人员提供免费住房的房租

9. 下列各项中，关于企业固定资产折旧会计处理表述正确的有(　　)。

A. 自营建造厂房使用自有固定资产，计提的折旧应计入在建工程成本

B. 基本生产车间使用自有固定资产，计提的折旧应计入制造费用

C. 经营租出的固定资产，其计提的折旧应计入管理费用

D. 专设销售机构使用的自有固定资产，计提的折旧应计入销售费用

10. 下列各项中，采用发函询证方法进行财产清查的有(　　)。

A. 银行存款　　B. 应收账款

C. 预付账款　　D. 存货

11. 下列各项中，企业应计入营业外支出的有(　　)。

A. 行政罚款支出　　B. 固定资产盘亏损失

C. 捐赠支出　　D. 发生的审计费

12. 下列各项中，企业应通过“其他业务成本”科目核算的有(　　)。

A. 为行政管理部门租入专用设备所支付的租金

B. 经营性出租闲置固定资产计提的折旧费

C. 结转随同商品出售单独计价包装物的实际成本

D. 行政管理部门发生的固定资产修理费

三、判断题(本类题共10小题，每小题1分，共10分。每小题答题正确的得1分，答题错误的扣0.5分，不答题的不得分也不扣分。本类题最低得分零分。)

1. 企业的委托加工物资收回后用于继续加工的，由受托方代收代缴的消费税全部计入委托加工物资成本。(　　)

2. 财政拨款收入是单位从同级政府财政部门取得的各类财政拨款。(　　)

3. 部分其他综合收益项目在满足一定的条件时可以重新分类确认为损益，成为企业利润的一部分。(　　)

4. 在公允价值下，政府负债应按照市场参与者在计量日发生的有序交易中，转移负债所需支付的价格计量。(　　)

5. 利润反映的是企业在一定会计期间的经营成果，包括收入减去费用后的净额、直接计入当期利润的利得和损失。(　　)

6. 商品流通企业管理费用不多的，可不设置管理费用科目，其核算内容并入销售费用科目核算。(　　)

7. 如果废品是在完工以后发现的，单位废品产品负担的各项生产费用不等于单位合格产品生产费用，所以需要重新计算单位废品产品的实际成本。(　　)

8. 银行存款余额调节表中，银行对账单应减去企业已收银行未收的款项。(　　)

9. 已完成销售手续，但购买方在当月尚未提取的产品，销售方仍应作为本企业库存商品核算。（ ）

10. 股份有限公司回购本公司股票时，应当将回购价格与股票面值总额的差额计入资本公积。（ ）

四、不定项选择题（本类题共 15 小题，每小题 2 分，共 30 分。每小题备选答案中，有一个或一个以上符合题意的正确答案。每小题全部选对得满分，少选得相应分值，多选、错选、不选均不得分。）

（一）

2017 年 1 月 1 日，某股份有限公司资产负债表中股东权益各项目年初余额为：股本 3000 万元，资本公积 4000 万元，盈余公积 400 万元，未分配利润 2000 万元。2017 年公司发生相关业务资料如下：

（1）经股东大会批准，宣告发放 2016 年度现金股利 1500 万元。

（2）经股东大会批准已履行相应增资手续，将资本公积 4000 万元转增股本。

（3）经批准增资扩股。委托证券公司发行普通股 400 万股，每股面值 1 元，每股发行价格 6 元，按照发行价的 3%向证券公司支付相关发行费用(不考虑增值税)。

（4）当年实现净利润 3000 万元。提取法定盈余公积和任意盈余公积的比例分别为 10%和 5%。

要求：根据上述资料，不考虑其他因素，分析回答下列小题。（答案中的金额单位用万元表示）

1. 根据期初资料和资料（1），下列各项中，关于宣告发放现金股利对该公司股东权益和负债项目影响结果表述正确的是(　　)。

A. “负债合计”项目增加 1500 万元　　B. “未分配利润”项目减少 1500 万元

C. “股东权益合计”项目减少 1500 万元　　D. “盈余公积”项目减少 1500 万元

2. 根据资料（2），下列各项中，关于该公司以资本公积转增股本的会计处理结果表述正确的是(　　)。

A. 股东权益总额减少 4000 万元　　B. 股东权益总额不变

C. 留存收益减少 4000 万元　　D. 股本增加 4000 万元

3. 根据资料（3），该公司增发股票计入资本公积的金额是(　　)万元。

A. 2000　　B. 2328　　C. 1928　　D. 1940

4. 根据期初资料和资料（4），下列各项中，关于该公司盈余公积的计算结果正确的是(　　)。

A. 本年增加盈余公积 450 万元　　B. 期末盈余公积余额为 1100 万元

C. 本年增加盈余公积 300 万元　　D. 期末盈余公积余额为 850 万元

5. 根据期初资料，资料（1）至（4），下列各项中，关于 2017 年 12 月 31 日该公司资产负债表“股东权益”有关项目的期末余额计算结果正确的是(　　)。

A. “股本”项目为 7400 万元

B. “股东权益合计”项目为 17626 万元

C. “资本公积”项目为 5928 万元

D. “未分配利润”项目为 3050 万元

（二）

某企业为增值税一般纳税人，产品适用的增值税税率为 13%。2019 年 10 月初，M 产品无库存产成品；M 产品的在产品数量为 2000 件，其成本包括直接材料 150 万元、直接人工 100 万元、制造费用 50 万元。2019 年第四季度该企业发生相关经济业务如下：

（1）10 月 31 日，经计算，本月生产 M 产品发生直接材料费用 30 万元、直接人工费用 20 万元、制造费用 10 万元。月末 M 产品完工入库 1200 件，在产品 800 件，其平均完工程度为 50%。生产 M 产品耗用的原材料随加工进度陆续投入。该企业采用约当产量比例法分配完工产品和在产品成本。

（2）11 月 5 日，销售 M 产品 1000 件，每件不含税售价 0.3 万元，开出的增值税专用发票上注明的价款为 300 万元，增值税税额为 39 万元，以银行存款为客户代垫运杂费 5 万元（不考虑增值税）。客户以商业汇票结算全部款项，企业已收到票据。

（3）12 月 1 日，该企业以其生产的 10 件 M 产品作为福利发放给本企业销售人员。每件不含税价格为 0.3 万元，与计税价格一致。

（4）12 月 20 日，因自然灾害造成 20 件 M 产品毁损，残料估价 0.5 万元已作为原材料验收入库，应收保险公司赔偿 2 万元。

要求：根据上述资料，不考虑其他因素，分析回答下列小题。（答案中的金额单位用万元表示）

1. 根据期初资料和资料（1），下列计算结果正确的是(　　)。

A. 10 月初，M 在产品单位成本为 0.15 万元

B. 10 月末，M 在产品的约当产量为 600 件

C. 10 月初，M 在产品成本总额为 300 万元

D. 10 月末，M 在产品的约当产量为 400 件

2. 根据期初资料和资料（1），下列各项中，M 完工产品的单位成本是(　　)万元。

A. 0.225　　B. 0.135　　C. 0.18　　D. 0.1125

3. 根据资料（2），下列各项中，关于该企业确认收入的会计处理正确的是(　　)。

A. 借：银行存款　　334

　　销售费用　　5

　贷：主营业务收入　　300

　　　应交税费——应交增值税（销项税额）　　39

B. 借：应收票据 344

　贷：主营业务收入 305

　　应交税费——应交增值税（销项税额） 39

C. 借：其他货币资金 344

　贷：主营业务收入 300

　　应交税费——应交增值税（销项税额） 39

　　银行存款 5

D. 借：应收票据 344

　贷：主营业务收入 300

　　应交税费——应交增值税（销项税额） 39

　　银行存款 5

4. 根据期初资料、资料（1）和资料（3），下列各项中，关于该企业将 M 产品发放给销售人员的会计处理结果表述正确的是(　　)。

A. 确认增值税销项税额 0.39 万元　　B. 确认主营业务收入 3 万元

C. 结转主营业务成本 2.25 万元　　D. 确认销售费用 3.39 万元

5. 根据期初资料、资料（1）和资料（4），下列各项中，关于 M 产品毁损相关处理结果表述正确的是(　　)。

A. 确认应收账款 2 万元　　B. 确认其他应收款 2 万元

C. 确认营业外支出 2 万元　　D. 确认管理费用 2 万元

（三）

某企业为增值税一般纳税人，2019 年 12 月初，固定资产账面余额3500 万元，累计折旧 1200 万元，未发生减值准备。2019 年至 2020 年该企业发生的有关固定资产业务如下：

（1）2019 年 12 月 22 日，购入一台不需要安装的生产用 M 设备，增值税专用发票上注明的价款为 120 万元，增值税税额为 15.6 万元。发生保险费用 2 万元，增值税税额为 0.12 万元，款项均以银行存款支付。预计该设备可使用 10 年，预计净残值为 2 万元，按照年限平均法计提折旧。

（2）2020 年 3 月 1 日，该企业准备自建一栋库房。3 月 5 日，购入工程物资取得增值税专用发票上注明的价款为 200 万元，增值税税额为 26 万元，款项以银行存款支付，该批物资于当日全部用于工程建筑。3 月 15 日，领用本企业生产的钢材一批，市场售价为 60 万元，实际成本为 30 万元。6 月 30 日，确认 3 月至 6 月累计支付的工程人员薪酬 40 万元（此前薪酬已经发放）。

（3）2020 年 6 月 30 日，自建库房工程完工达到预定可使用状态，预计该库房可以使用 50 年，预计净残值为零。

（4）2020 年 12 月 25 日，M 设备因雷电意外毁损，以银行存款支付不含税清理费用 1 万元，应收保险公司赔款 50 万元。

要求：根据上述资料，假定该企业取得的增值税专用发票经过税务机关认证，不考虑其他因素，分析回答下列小题。(答案中的金额单位用万元表示，计算结果保留两位小数)

1. 根据资料（1），该企业购入M设备的入账价值是(　　)万元。

A. 135.6　　B. 120　　C. 122　　D. 137.72

2. 根据期初资料和资料（1），下列各项中，关于设备计提折旧的会计处理表述正确的是(　　)。

A. M设备计提的折旧费计入制造费用

B. 2020年M设备计提折旧额为12万元

C. M设备年折旧率为9.84%

D. 2020年1月M设备开始计提折旧

3. 根据资料（2），下列各项中，关于企业自行建造库房会计处理正确的是(　　)。

A. 6月30日，确认累计支付的工程人员薪酬时：

借：在建工程　　40

　贷：应付职工薪酬　　40

B. 3月5日，购入工程物资时：

借：工程物资　　200

　　应交税费——应交增值税（进项税额）　　26

　贷：银行存款　　226

C. 3月5日购入工程物资时：

借：工程物资　　226

　贷：银行存款　　226

D. 3月15日，领用本企业生产的钢材时：

借：在建工程　　30

　贷：库存商品　　30

4. 根据期初资料、资料（1）和（4），下列各项中，关于该企业M设备毁损的会计处理结果正确的是(　　)。

A. 转入固定资产清理的M设备账面价值为110万元

B. 按支付的清理费，借记“固定资产清理”科目1万元

C. 毁损的M设备导致企业营业外支出增加60万元

D. 按应收保险公司的赔偿款，借记“其他应收款”科目50万元

5. 根据期初资料、资料（1）至（4），2020年12月31日该企业“固定资产”科目余额是(　　)。

A. 3890　　B. 3600　　C. 3500　　D. 3770

第三部分

历年试题逐题精析

2020 年会计专业技术资格考试《初级会计实务》试题（1）

参考答案及解析

扫码看答案

使用“微信”或“会计云课堂”App 扫描右侧二维码，即可查阅电子版答案及解析，“手机看答案更轻松”。

一、单项选择题

1. 答案 B	本题考点　交易或事项对会计等式的影响	难易程度　难

解析

（1）资产类科目，借方表示增加，贷方表示减少。

（2）所有者权益类科目，借方表示减少，贷方表示增加。“库存股”科目属于所有者权益的备抵科目，其变动和所有者权益类科目刚好相反，增加记借方（表明所有者权益减少），减少记贷方（表明所有者权益增加）。

（3）结合本题分录来看，强调“资产和所有者权益”的“同时增加”：借方涉及资产类科目、贷方涉及所有者权益类科目。

选项 A	选项 B
借：利润分配 　贷：应付股利	借：固定资产等 　贷：实收资本等
选项 C	**选项 D**
借：银行存款 　贷：短期借款	借：库存股 　贷：银行存款 借：股本等 　贷：库存股等

综上所述：

①选项 A：不涉及“资产”类科目，导致所有者权益减少、负债增加。

②选项 B：导致资产和所有者权益同时增加。

③选项 C：不涉及“所有者权益”类科目，导致资产和负债同时增加。

④选项 D：回购时，导致资产和所有者权益同时减少；注销时，不涉及“资产”类科目，借、贷双方均为所有者权益类科目，导致所有者权益总额不变。以“现金”

回购，表明的是回购方式，核算科目应为“银行存款”，而非“库存现金”。

考点提炼

	资产类	所有者权益类
常见科目	库存现金、银行存款、其他货币资金、交易性金融资产、应收票据、应收账款、应收股利、应收利息、其他应收款、原材料、库存商品、委托加工物资、固定资产、在建工程、工程物资、无形资产等	实收资本/股本、资本公积（资本/股本溢价、其他资本公积）、盈余公积、本年利润、利润分配、库存股[备抵科目]

交易或事项对会计等式的影响通常适合单选、多选、不定项选择题的考核，常见的考查情形：①以文字描述形式结合具体交易或事项判断是否导致资产、负债、所有者权益要素发生增减变动【详见本题】，以及针对给定的某事项判断对会计要素的影响【详见P52单选3】；②以文字描述形式结合计算考查某事项对会计要素（以报表项目形式体现）的影响【详见P111不定项（一）1】。

2. 答案 B　　本题考点　存货减值　　难易程度　易

解析

期末计提存货跌价准备，即可变现净值低于成本，差额借记“资产减值损失”科目。资产相关的减值准备的计提不涉及“营业外支出”科目和“管理费用”科目，应收款项计提坏账准备，应借记“信用减值损失”科目。

12月31日E商品账面余额（成本）3000000元，高于可变现净值2500000元，确定发生减值，差额为500000元，而“存货跌价准备”科目期初余额为零，应借记“资产减值损失”科目500000元。

考点提炼

资产负债表日，存货应当按照成本与可变现净值（通常题干给出）孰低计量，存货成本高于可变现净值时，按其差额借记“资产减值损失”科目，贷记“存货跌价准备”科目。

相关链接

资产减值账务处理

	账务处理
应收款项减值	借：信用减值损失 　贷：坏账准备
存货减值	借：资产减值损失 　贷：存货跌价准备
固定资产减值	借：资产减值损失 　贷：固定资产减值准备
无形资产减值	借：资产减值损失 　贷：无形资产减值准备

3. 答案 A	本题考点　政府财务会计要素	难易程度　易

解析

（1）选项 BD：属于事业单位净资产类会计科目。
（2）选项 C：属于事业单位负债类会计科目。

考点提炼

	政府会计常见科目
资产类	库存现金、银行存款、零余额账户用款额度、其他货币资金、财政应返还额度、应收账款、其他应收款、库存物品、固定资产、在建工程、无形资产、公共基础设施、政府储备物资、文物文化资产、保障性住房和自然资源资产等
负债类	短期借款、应交增值税、其他应交税费、应缴财政款、应付职工薪酬、应付票据、应付账款、其他应付款、预提费用、预计负债等
净资产类	累计盈余、专用基金、权益法调整、本期盈余、本年盈余分配、无偿调拨净资产、以前年度盈余调整

4. 答案 C	本题考点　原始凭证	难易程度　中

解析

原始凭证，可以按“取得来源”“格式”和“填制的手续和内容”进行分类，而每种类别下还涉及明细分类。

（1）选项 A：是记账凭证汇总表，不属于原始凭证。
（2）选项 B：属于累计原始凭证。
（3）选项 D：属于一次原始凭证。

易错易混

填制的手续和内容 VS 格式 VS 取得来源

分类		常见单据
填制的手续和内容	一次凭证	①收据 ②收料单 ③发货票 ④银行结算凭证等
	累计凭证	限额领料单
	汇总凭证	发料凭证汇总表
格式	通用凭证	增值税专用发票等
	专用凭证	①入库单 ②差旅费报销单 ③折旧计算表 ④工资费用分配表等

续表

分类		常见单据
取得来源	自制凭证	①工资费用分配表 ②（限额）领料单 ③发料凭证汇总表 ④产品入库单 ⑤借款单 ⑥差旅费报销单等
	外来凭证	①购买存货取得的增值税专用发票 ②职工出差报销的飞机票、火车票等 【提示】报销单本身属于自制原始凭证，而报销单上对应的飞机票、火车票等，属于外来原始凭证

5. 答案 B	本题考点　营业利润	难易程度　中

解析

确定营业利润减少的金额，应考虑交易或事项涉及到的影响营业利润的损益类科目。

（1）销售费用1000万元、公允价值变动损失60万元、信用减值损失4万元，均计入影响营业利润的损益类科目，且都属于“损”类，导致营业利润减少。

（2）税收滞纳金26万元，记入“营业外支出”科目，属于影响利润总额和净利润的损益类科目，但不影响营业利润，因而本题不考虑。

综上所述，上述业务导致该企业2019年营业利润减少的金额=1000+60+4=1064（万元）。

考点提炼

支付税收滞纳金：

借：营业外支出

　贷：银行存款等

营业利润通常适合单选、多选、不定项选择题的考核，常见的考查情形：①以计算形式结合纳税调整事项考查营业利润的金额【详见本题】，以及结合具体交易或事项考查损益类科目对营业利润的影响金额【详见P92不定项（二）5】；②以文字描述形式结合具体交易或事项考查影响营业利润的损益类科目【详见P18单选20】，以及利润表中“营业利润”项目的填列规则【详见P99多选7】。

相关链接

营业利润、利润总额和净利润的计算公式【详见P217单选3】。

6. 答案 A	本题考点　制造费用的归集和分配	难易程度　中

解析

制造费用的分配，应根据题干给定的分配方法、以及分配标准，确定分配率，进而结合分配标准，计算不同产品应负担的制造费用。

（1）采用机器工时比例法分配，制造费用100万元，M、N产品实际耗用工时分别为200小时和300小时。

（2）M、N产品制造费用分配率=100/（200+300）=0.2。

综上所述，该企业M产品当月应分配的制造费用=0.2×200=40（万元）。

考点提炼

通用分配公式：

分配率=待分配制造费用/分配标准之和

某产品应分配的制造费用=分配率×该产品的分配标准

分配标准：生产工人工时、生产工人工资、机器工时、定额工时等

7. 答案 B	本题考点	商业折扣、现金折扣和销售退回的账务处理	难易程度 易

解析

销售活动中涉及商业折扣，应按照扣除商业折扣后的金额确认收入。

销售商品10000件，每件商品不含税标价为50元，给予了客户20%的商业折扣，应在打八折的基础上确认收入、以及计算增值税销项税额。

该公司确认的营业收入金额=10000×50×（1-20%）=400000（元）。

易错易混

商业折扣VS现金折扣VS销售退回【详见P239不定项（三）2】。

8. 答案 D	本题考点 个人所得税	难易程度 易

解析

个人所得税，通常涉及代扣代缴，企业代税务局从“应付职工薪酬”中“扣”，代职工上“缴”税务局。

代扣时，借记“应付职工薪酬”科目，贷记“应交税费——应交个人所得税”科目。

9. 答案 B	本题考点 盈余公积	难易程度 易

解析

盈余公积补亏，导致盈余公积减少、未分配利润增加，账务处理涉及两部分：补亏时，以及期末“利润分配”明细科目结转。

仅考虑“补亏时”账务处理，以法定盈余公积弥补当年亏损80000元，法定盈余公积减少，应记在借方，而贷方记入“利润分配”科目。

考点提炼

（1）以盈余公积弥补亏损时：

借：盈余公积——法定/任意盈余公积

　贷：利润分配——盈余公积补亏

（2）期末结转：

借：利润分配——盈余公积补亏

　贷：利润分配——未分配利润

相关链接

税后利润补亏，不做专门账务处理，“利润分配——未分配利润”科目借、贷方相互抵销。

10. 答案 A	本题考点　取得交易性金融资产	难易程度　易

解析

取得交易性金融资产涉及诸多支出，应逐一区分计入不同会计科目进行核算。

（1）选项B：应计入应收股利。

（2）选项C：应计入应交税费——应交增值税（进项税额）。

（3）选项D：应计入应收利息。

考点提炼

取得交易性金融资产，会计分录如下：

借：交易性金融资产——成本［取得时的公允价值］

　　应收股利［购买价款中包含的已宣告但尚未发放的现金股利］［垫付款性质］

　　应收利息［购买价款中包含的已到付息期但尚未领取的债券利息］［垫付款性质］

　　投资收益［不含可抵扣增值税的交易费用］

　　应交税费——应交增值税（进项税额）［一般纳税人发生交易费用取得增值税专用发票］

　贷：其他货币资金——存出投资款等

取得交易性金融资产通常适合单选、多选和不定项选择题的考核，常见的考查情形：①以文字描述形式考查取得时各项支出对应的核算科目【详见本题】；②单独以计算形式考查交易性金融资产初始投资成本【详见P92不定项（二）1】、投资收益金额【详见P25单选10】；③以分录形式结合计算考查账务处理【详见P38不定项（一）1、2】。

11. 答案 C	本题考点　政府财务报告和决算报告	难易程度　易

解析

单位可根据实际情况自行选择编制现金流量表。

易错易混

企业会计报表 VS 政府会计报表

	财务会计		预算会计
企业	财务状况	资产负债表	—
	经营成果	利润表	
	现金流量	现金流量表	
	所有者权益变动	所有者权益变动表	
政府	财务状况	资产负债表	①预算收入支出表 ②预算结转结余变动表 ③财政拨款预算收入支出表
	运行情况	收入费用表	
	现金流量	现金流量表（可有可无）	
	净资产变动	净资产变动表	

12. 答案 D	本题考点　产品成本核算	难易程度　易

解析

产品成本包括直接费用和间接费用，直接费用为直接材料成本和直接人工成本，间接费用为制造费用。

（1）选项 ABC：直接材料成本、直接人工成本，以及计入制造费用的生产车间管理人员的工资，均计入产品成本。

（2）选项 D：计入销售费用，属于期间费用，不构成产品成本。

相关链接

（1）行政管理部门固定资产修理费用，计入管理费用。

（2）生产车间固定资产修理费用，计入管理费用。

13. 答案 C	本题考点　固定资产的核算内容	难易程度　中

解析

固定资产是为生产经营等而持有的使用寿命超过一年的资产。

（1）选项 A：为了固定资产建造而持有的工程物资，此时此刻作为工程物资核算，工程建造领用时转入在建工程，工程完工时才转入固定资产核算。

（2）选项 B：建设、建造中的固定资产，此时此刻不直接叫作“固定资产”，而是叫作“在建工程”，工程完工时才转入固定资产核算。

（3）选项 C：作为固定资产核算，固定资产包括生产经营用的，比如机器设备等，也包括非生产经营用的，比如职工宿舍、行政管理部门使用的汽车等。

（4）选项 D：准备出售，表明持有目的为出售，而不是生产经营等；而且生产完工，应作为存货中的库存商品核算。

相关链接

针对土地，应区分考虑：

（1）过去已估价单独入账，作为“固定资产”核算。

（2）取得的土地使用权，作为“无形资产”核算。

（3）已出租的土地使用权、持有以备增值后转让的土地使用权，作为“投资性房地产”核算。

14. 答案 C	本题考点 包装物的账务处理	难易程度 易

解析

发出随同商品出售不单独计价的包装物，应将其实际成本结转至销售费用。

易错易混

“单独计价”包装物 VS“不单独计价”包装物【详见 P240 不定项（三）3】。

15. 答案 C	本题考点 净利润	难易程度 易

解析

净利润是在利润总额的基础上，扣除所得税费用。

（1）实现利润总额120万元，确认所得税费用30万元，正是计算净利润的必要数据。

（2）其他综合收益税后净额8万元，和净利润合计为综合收益总额。

综上所述，该公司2019年实现的净利润=利润总额-所得税费用=120-30=90（万元）。

考点提炼

净利润=利润总额-所得税费用

相关链接

（1）其他综合收益，反映未在损益（净利润）中确认的利得和损失。税后净额，即已扣除了所得税费用。

（2）综合收益总额=净利润+其他综合收益的税后净额

16. 答案 B	本题考点 所有者权益总额的计算	难易程度 难

解析

在期初总额基础上，结合题干中出现的事项，逐一判断事项“是否导致所有者权益总额增减变动”，如未变动，不用考虑，导致增加，应加上，导致减少，应减去，最终合计确定期末余额。

（1）以资本公积转增资本50万元、提取盈余公积30万元，均属于所有者权益内部的此增彼减，不影响所有者权益总额。

（2）实现净利润 300 万元，导致所有者权益总额增加300 万元。

（3）向投资者分配现金股利 70 万元，导致所有者权益总额减少70 万元。

综上所述，该企业年末所有者权益=年初总额+本期增加额-本期减少额=500+300-70=730（万元）。

会计分录如下：

资本公积转增资本：

借：资本公积　　50

　贷：实收资本/股本　　50

损益类科目进行结转，结计出“本年利润”科目存在贷方余额 300 万元，表明实现净利润 300 万元；结转实现的净利润：

借：本年利润　　300

　贷：利润分配——未分配利润　　300

提取盈余公积：

借：利润分配——提取法定/任意盈余公积　　30

　贷：盈余公积　　30

同时：

借：利润分配——未分配利润　　30

　贷：利润分配——提取法定/任意盈余公积　　30

宣告发放现金股利：

借：利润分配——应付现金股利或利润　　70

　贷：应付股利　　70

同时：

借：利润分配——未分配利润　　70

　贷：利润分配——应付现金股利或利润　　70

考点提炼

常见的所有者权益类科目【详见 P118 单选 1】。

所有者权益总额的计算通常适合单选、不定项选择题的考核，常见的考查情形：给定期初余额，及本期发生的具体交易或事项，应结合其本期增减变动金额，计算期末所有者权益总额【详见本题】。

易错易混

常见事项对所有者权益总额和留存收益总额的影响

	账务处理	留存收益总额	所有者权益总额
当期实现的净利润	损益类科目结转，结计出“本年利润”科目存在贷方余额	增加	增加

续表

	账务处理	留存收益总额	所有者权益总额
结转实现的净利润	借：本年利润 贷：利润分配——未分配利润	—	—
当期发生的净亏损	损益类科目结转，结计出“本年利润”科目存在借方余额	减少	减少
结转发生的净亏损	借：利润分配——未分配利润 贷：本年利润	—	—
提取盈余公积	借：利润分配——提取法定/任意盈余公积 贷：盈余公积	—	—
宣告分配现金股利	借：利润分配——应付现金股利或利润 贷：应付股利	减少	减少
实际发放现金股利	借：应付股利 贷：其他货币资金等	—	—
宣告分配股票股利	不做账务处理	—	—
实际发放股票股利	借：利润分配——转作股本的股利 贷：股本	减少	—
资本公积转增资本	借：资本公积 贷：实收资本/股本	—	—
盈余公积转增资本	借：盈余公积 贷：实收资本/股本	减少	—
盈余公积派发新股	借：盈余公积 贷：股本	减少	—
盈余公积补亏	借：盈余公积 贷：利润分配——盈余公积补亏	—	—
税后利润补亏	不做账务处理	—	—
盈余公积分配现金股利	借：盈余公积 贷：应付股利	减少	减少
回购股票	借：库存股 贷：银行存款	—	减少

续表

	账务处理	留存收益总额	所有者权益总额
注销库存股	①回购价>面值总额： 借：股本 资本公积——股本溢价 盈余公积 利润分配——未分配利润 贷：库存股	（股本溢价不足冲减） 减少	—
	②回购价<面值总额： 借：股本 贷：库存股 资本公积——股本溢价	—	—
盘盈固定资产	借：固定资产 贷：以前年度损益调整 借：以前年度损益调整 贷：应交税费——应交所得税 借：以前年度损益调整 贷：盈余公积 利润分配——未分配利润	增加	增加
“利润分配”明细科目结转	借：利润分配——未分配利润 贷：利润分配——提取法定/任意盈余公积 ——应付现金股利或利润 ——转作股本的股利等 借：利润分配——盈余公积补亏等 贷：利润分配——未分配利润	—	—

相关链接 年末留存收益总额的计算，基本思路和“年末所有者权益总额的计算”一致，关键在于“是否导致留存收益总额发生增减变动”。

17. 答案 D　　**本题考点**　存货减值　　**难易程度**　易

解析 资产负债表日，存货应当按照成本与可变现净值孰低计量，成本高于可变现净值时发生减值。

（1）选项AB：成本低，应按照成本计价，且涉及的差额不做处理。

（2）选项C：减值因素消失，已计提的存货跌价准备可以转回。

（3）选项D：可变现净值低，应按可变现净值计价，且按涉及的差额计提存货跌价准备。

相关链接

资产减值准备是否可以转回

	计提	转回
应收款项	坏账准备	可以
存货	存货跌价准备	可以
固定资产	固定资产减值准备	不可以
无形资产	无形资产减值准备	不可以
交易性金融资产	不计提	—

18. 答案 A	本题考点 原始凭证	难易程度 中

解析

选项BCD，属于自制原始凭证。

考点提炼

“取得来源”类别下的常见单据【详见P120单选4】。

原始凭证通常适合单选、多选、判断题的考核，常见的考查情形：①原始凭证可以按“取得来源”“格式”和“填制的手续和内容”进行分类，而每种分类下还涉及明细分类，及常见单据【详见本题】；②原始凭证的审核内容【详见P46多选8】；③原始凭证的基本内容【详见P88多选8】。

19. 答案 B	本题考点 已经发出商品但不能确认收入的账务处理	难易程度 易

解析

已经发出但不符合收入确认条件的商品，应按成本借记“发出商品”科目，贷记“库存商品”科目。

考点提炼

已经发出商品但不能确认收入的账务处理通常适合单选、判断、不定项选择题的考核，常见的考查情形：①已经发出但不符合收入确认条件的商品，应按照成本借记“发出商品”科目，贷记“库存商品”科目【详见本题】；②采用支付手续费方式委托代销的商品，委托方发出商品时不确认收入，应按成本借记“发出商品”科目【详见P75单选12】；收到代销清单时应确认收入并结转成本【详见P59不定项（一）2】；委托方支付给受托方的手续费应计入销售费用【详见P43单选9】。

相关链接

（1）本题考核的是商品发出时的会计处理，如果发出时纳税义务发生：

借：应收账款

　贷：应交税费——应交增值税（销项税额）［售价×适用税率］

（2）满足收入确认条件时：

借：应收账款等

　贷：主营业务收入

同时：

借：主营业务成本

　贷：发出商品

20. 答案 D	本题考点 营业利润	难易程度 难

解析

影响营业利润的项目，不包括影响利润总额的营业外收支和影响净利润的所得税费用。影响营业利润的项目，一定影响利润总额和净利润，但是影响利润总额和净利润的项目，不一定影响营业利润。

（1）选项 A：计入营业外支出，影响利润总额和净利润。

（2）选项 B：计入所得税费用，影响净利润。

（3）选项 C：计入营业外收入，影响利润总额和净利润。

（4）选项 D：现金短缺，报批后无法查明原因的部分（即管理不善等造成），计入管理费用，影响营业利润，以及利润总额和净利润。

考点提炼

营业利润、利润总额和净利润的影响项目【详见 P217 单选 3】。

易错易混

营业外收入 VS 营业外支出【详见 P193 单选 16、P163 多选 1】。

二、多项选择题

1. 答案 ACD	本题考点 对账与结账	难易程度 中

解析

账账核对，关键在于核对双方均为“账簿”。但是有“账”出现，不一定就是账账核对，关键还得看是“谁”的账，和“对方单位”的“账”核对，叫做账“实”核对。

（1）选项 ACD：均属于账账核对。

（2）选项 B：和“对方单位”的账簿记录的核对，属于账实核对。

考点提炼

	内容
账证核对	账簿记录与会计凭证（原始凭证、记账凭证）核对
账账核对	①总分类账簿（资产、负债和所有者权益各账户余额）之间的核对 ②总分类账簿与所辖明细分类账簿之间的核对 ③总分类账簿与序时账簿之间的核对 ④明细分类账簿之间的核对
账实核对 （财产物资、债权债务账面余额与实有数额核对）	①库存现金日记账账面余额与现金实际库存数逐日核对 ②银行存款日记账账面余额与银行对账单余额定期核对 ③各项财产物资明细账账面余额与财产物资实有数额定期核对 ④债权债务明细账账面余额与对方单位债权债务账面记录核对

2. 答案 ACD | 本题考点 生产费用在完工产品和在产品之间的分配 | 难易程度 易

解析

选项 B，属于辅助生产费用的分配方法。

易错易混

要素费用的分配方法

	分配方法
辅助生产费用的分配	①直接分配法 ②交互分配法 ③计划成本分配法 ④顺序分配法 ⑤代数分配法
生产费用在完工产品和在产品之间的分配	①不计算在产品成本法 ②在产品按固定成本计价法 ③在产品按所耗直接材料成本计价法 ④约当产量比例法 ⑤在产品按定额成本计价法 ⑥在产品按完工产品成本计价法 ⑦定额比例法
联产品的分配	①相对销售价格分配法 ②实物量分配法 ③系数分配法
副产品的分配	①不计算副产品成本扣除法 ②副产品只负担继续加工成本法 ③副产品成本按固定价格或计划价格计算法 ④联合成本在主副产品之间分配法 ⑤副产品作价扣除法

3. 答案 ABD	本题考点 净资产业务	难易程度 难

解析

对事业单位净资产总额的影响，判断思路如下：

①借、贷方均涉及净资产类科目，总额不变（左口袋钱放在右口袋，钱数总额不变）。

②借方或贷方涉及净资产类科目，对应科目涉及资产或负债类科目等，总额变动，或增加或减少。

③借、贷方均不涉及净资产类科目，总额不变。

（1）净资产类科目，借方表示减少，贷方表示增加。

（2）结合本题财务会计分录来看，强调总额“变动”：借方涉及净资产类科目或者贷方涉及净资产类科目。

选项 A	选项 B
借：累计盈余 　贷：零余额账户用款额度等	借：累计盈余 　贷：银行存款等
选项 C	**选项 D**
借：本年盈余分配 　贷：专用基金	借：固定资产 　贷：银行存款等 　　　无偿调拨净资产

综上所述：

①选项 AB：“累计盈余”科目在借方，导致净资产总额减少。

②选项 C：净资产总额不变。

③选项 D：“无偿调拨净资产”科目在贷方，净资产总额增加。

考点提炼

政府会计常见的净资产类科目【详见 P119 单选 3】。

净资产业务通常适合单选、多选、判断题的考核，常见的考查情形：①结合具体交易或事项判断是否导致净资产总额发生增减变动【详见本题】；②净资产包含的内容【详见 P74 单选 5】；③提取专用基金的账务处理【详见 P79 判断 4】。

4. 答案 ABCD	本题考点 所有者权益变动表的编制	难易程度 中

解析

“本年增减变动金额”项目是所有者权益变动表中的一个大项目，其下涉及诸多子项目。

（1）选项 ACD 在“所有者权益内部结转”子项目中。

（2）选项 B 在“利润分配”子项目中。

考点提炼

“本年增减变动金额”项目涉及诸多子项目，具体如下：

	明细
“综合收益总额”项目	—
“所有者投入和减少资本”项目	①“所有者投入的普通股”项目 ②“其他权益工具持有者投入资本”项目 ③“股份支付计入所有者权益的金额”项目等
“利润分配”项目	①“提取盈余公积”项目 ②“对所有者（或股东）的分配”项目等
“所有者权益内部结转”项目	①“资本公积转增资本（或股本）”项目 ②“盈余公积转增资本（或股本）”项目 ③“盈余公积弥补亏损”项目 ④“设定受益计划变动额结转留存收益”项目 ⑤“其他综合收益结转留存收益”项目等

5. 答案 ABD | **本题考点 管理会计要素及具体内容** | **难易程度 中**

解析

选项C，属于营运管理领域应用的管理会计工具方法。

考点提炼

管理会计要素及具体内容通常适合单选、多选、判断题的考核，常见的考查情形：①绩效管理领域的工具方法【详见本题】；②应用环境、管理会计活动、工具方法、信息与报告四项管理会计要素【详见P45多选4】；③成本管理领域的工具方法下“变动成本法”的具体运用【详见P58判断6】；④预算管理领域的工具方法【详见P68多选7】；⑤管理会计报告的特征【详见P101判断8】。

易错易混

管理会计七大主要管理领域应用的常见工具方法

	工具方法
战略管理（2种）	战略地图、价值链管理
预算管理（4种）	滚动预算、零基预算、弹性预算、作业预算
成本管理（4种）	目标成本法、标准成本法、变动成本法、作业成本法
营运管理（5种）	本量利分析、敏感性分析、边际分析、内部转移定价、多维度盈利能力分析
投融资管理（4种）	贴现现金流法、项目管理、情景分析、约束资源优化
绩效管理（4种）	关键绩效指标法、经济增加值法、平衡计分卡、绩效棱柱模型
风险管理（2种）	风险矩阵、风险清单

6. 答案 ABCD	本题考点 在某一时段内履行履约义务确认收入	难易程度 易

解析

选项ABCD，均属于确定合同履约进度时应考虑的产出法下的指标。

易错易混

产出法VS投入法

	产出法	投入法
指标	①实际测量的完工进度 ②评估已实现的结果 ③时间进度 ④已完工或交付的产品等	①投入的材料数量 ②花费的人工工时 ③花费的机器工时 ④发生的成本和时间进度等

7. 答案 BC	本题考点 结转本年利润的方法	难易程度 难

解析

表结法下，月末不转、年末转，但是月末应填两组数字：本月发生额、月末累计余额。而账结法下，月末要转。

（1）选项AD：“每月”不结转至“本年利润”科目，因而无法通过“本年利润”科目提供当月利润额、以及本年累计利润额。

（2）选项B：虽然“每月”不结转至“本年利润”科目，但是月末要将本月发生额和累计余额填列在利润表的本月数栏。

（3）选项C：“每月”不结转至“本年利润”科目的原因是要“年末”一次性结转。

易错易混

表结法VS账结法

		表结法	账结法
流程	月末	结计出各损益类科目本月发生额和月末累计余额，填入利润表的本月数栏	结计出各损益类科目的余额，转入“本年利润”科目
	年末	将全年累计余额转入“本年利润”科目	—
特点		年中损益类科目无须转入“本年利润”科目，从而减少了转账环节和工作量，同时并不影响利润表的编制及有关损益指标的利用	各月均可通过“本年利润”科目提供当月及本年累计的利润（或亏损）额，但增加了转账环节和工作量

8. 答案 ABCD	本题考点 应付职工薪酬的内容	难易程度 易

解析

（1）选项A：属于辞退福利，通过“应付职工薪酬——辞退福利”科目核算。

（2）选项B：属于短期薪酬，通过“应付职工薪酬——职工福利费”科目核算。

（3）选项C：属于短期薪酬，通过“应付职工薪酬——职工教育经费”科目核算。

（4）选项D：属于短期薪酬，通过“应付职工薪酬——工资”科目核算。

考点提炼

	内容及明细科目
职工薪酬	①短期薪酬 ②离职后福利（养老保险费、失业保险费） ③辞退福利 ④其他长期职工福利
短期薪酬	①职工工资、奖金、津贴和补贴 ②职工福利费（向职工提供的生活困难补助、丧葬补助费、抚恤费、职工异地安家费、防暑降温费等职工福利支出） ③医疗保险费、工伤保险费等社会保险费 ④住房公积金 ⑤工会经费和职工教育经费（开展工会活动和职工教育及职业技能培训等支出） ⑥短期带薪缺勤 ⑦短期利润分享计划 ⑧其他短期薪酬
“应付职工薪酬”科目下的明细科目	①“工资” ②“职工福利费” ③“非货币性福利” ④“社会保险费” ⑤“住房公积金” ⑥“工会经费” ⑦“职工教育经费” ⑧“带薪缺勤” ⑨“利润分享计划” ⑩“设定提存计划” ⑪“设定受益计划” ⑫“辞退福利”等

应付职工薪酬的内容通常适合单选、多选、判断题的考核，常见的考查情形：①具体交易或事项是否通过“应付职工薪酬”科目核算【详见本题】；②“应付职工薪酬”科目借、贷方核算内容【详见P52单选4】；③职工薪酬的内容构成【详见P64单选8】。

9. 答案 BC	本题考点 采用计划成本核算	难易程度 中

解析

“材料成本差异”科目，应区分三个维度考虑：借方和贷方、入库和发出、超支和节约，然后对比：

（1）借方：入库超支、贷方：发出超支。

（2）贷方：入库节约、借方：发出节约。

应通过“材料成本差异”科目借方核算：入库材料的超支差异和发出材料应负担的节约差异。

考点提炼

（1）计划成本法下“材料成本差异”，是计划成本与实际成本之间的差额，是入账时产生的，以“计划成本”为标尺来看：

实际成本>计划成本，导致：超支差异。实际成本<计划成本，导致：节约差异。

（2）入库导致差异，出库（发出）随着材料的减少，差异也应减少，即随着发出材料，结转对应的材料成本差异（相反方向）：

入库：超支差异，在“借方”；发出：从“贷方”结转。

入库：节约差异，在“贷方”；发出：从“借方”结转。

采用计划成本核算通常适合单选、多选、判断题的考核，常见的考查情形：①以文字描述形式考查涉及的核算科目【详见 P24 单选 3】，以及“材料成本差异”科目的核算等内容【详见本题】；②以计算形式考查成本差异金额，存货发出、结存的金额【详见 P77 单选 20】。

易错易混

计划成本法 VS 实际成本法

		计划成本	实际成本
核算科目	入库前	材料采购 ①借方：采购实际成本 ②贷方：入库实际成本	在途物资 ①借方：购入实际成本 ②贷方：入库实际成本
	入库时	原材料 ①借方：入库计划成本 ②贷方：发出计划成本 材料成本差异 ①借方：入库超支差异、发出节约差异 ②贷方：入库节约差异、发出超支差异	原材料 ①借方：入库实际成本 ②贷方：发出实际成本

10. 答案 AC　　本题考点　固定资产的清查　　难易程度　难

解析

固定资产盘盈，应按照重置成本入账，通过“以前年度损益调整”科目进行中转，作为重要的前期差错，调整期初留存收益。账务处理涉及两部分：报批前和报批后。

先按重置成本为 10000 元，进行报批前的处理，记入“以前年度损益调整”科目。然后结合给出的法定盈余公积的提取比例，按 10% 的比例提取盈余公积，剩余 90% 计入未分配利润，进行报批后的处理，计入盈余公积和未分配利润。

考点提炼

固定资产的清查通常适合多选、判断题的考核，常见的考查情形：①以分录形式结合计算考查固定资产盘盈的账务处理【详见本题】；②以文字描述形式考查固定资产盘盈的核算科目【详见P28判断5】，以及结合盘盈、盘亏考虑对固定资产账面价值的影响【详见P56多选6】。

易错易混

库存现金、存货和固定资产的盘盈与盘亏

	盘盈（现金称溢余）		盘亏（现金称短缺）	
	报批前	报批后	报批前	报批后
库存现金	借：库存现金 贷：待处理财产损溢	借：待处理财产损溢 贷：其他应付款［应付部分］ 营业外收入［无法查明原因部分］	借：待处理财产损溢 贷：库存现金	借：其他应收款［应收部分］ 管理费用［无法查明原因部分］ 贷：待处理财产损溢
存货	借：原材料等 贷：待处理财产损溢	借：待处理财产损溢 贷：管理费用	借：待处理财产损溢 贷：原材料等 应交税费——应交增值税（进项税额转出）［管理不善导致］	借：管理费用［管理不善］ 原材料等［收回的残料价值］ 其他应收款［应收部分］ 营业外支出［非常损失］ 贷：待处理财产损溢
固定资产	借：固定资产［重置成本］ 贷：以前年度损益调整 借：以前年度损益调整 贷：应交税费——应交所得税	借：以前年度损益调整 贷：盈余公积 利润分配——未分配利润	借：待处理财产损溢 累计折旧 固定资产减值准备 贷：固定资产 应交税费——应交增值税（进项税额转出）［如有］	借：其他应收款［应收部分］ 营业外支出 贷：待处理财产损溢

三、判断题

1. 答案 √	本题考点　附注的主要内容	难易程度　易

考点提炼

附注的内容：

（1）企业的基本情况。

（2）财务报表的编制基础。

（3）遵循企业会计准则的声明。

（4）重要会计政策和会计估计［不重要的会计政策和会计估计可以不披露］。

（5）会计政策和会计估计变更以及差错更正的说明。

（6）报表重要项目的说明。

（7）或有和承诺事项、资产负债表日后非调整事项、关联方关系及其交易等需要说明的事项。

（8）有助于财务报表使用者评价企业管理资本的目标、政策及程序的信息。

2. 答案 √	本题考点　应收款项减值	难易程度　易

解析

“转销无法收回的应收账款”，即常说的“实际发生坏账损失”的处理。“冲减”一词是针对之前处理的一个描述：

（1）之前确认应收账款时，借记“应收账款”科目（贷记“主营业务收入”科目等）。

（2）提取坏账准备时，（借记“信用减值损失”科目）贷记“坏账准备”科目。

现在需做相反的处理，即借记“坏账准备”科目、贷记“应收账款”科目。

3. 答案 ×	本题考点　存货清查	难易程度　易

解析

存货盘亏净损失属于一般经营损失（如管理不善导致）的部分，应记入“管理费用”科目。

相关链接

存货盘亏净损失属于非常损失的部分，应记入“营业外支出”科目。

4. 答案 √	本题考点　结转本年利润的账务处理	难易程度　易

考点提炼

（1）期末，结转损益类科目：

借：主营业务收入、其他业务收入等

　贷：本年利润

借：本年利润

　贷：主营业务成本、其他业务成本等

（2）结计出累计余额，即净利润或净亏损：

借：本年利润

　贷：利润分配——未分配利润［或相反分录］

（3）涉及提取盈余公积、宣告发放现金股利等，通过“利润分配”科目的二级明细科目进行核算即可。

5. 答案 ×	本题考点　错账更正的方法	难易程度　易

解析

在结账前发现账簿记录有文字或数字错误，而记账凭证没有错误，应当采用划线更正法。

易错易混

划线更正法 VS 红字更正法 VS 补充登记法【详见 P248 单选 13】。

6. 答案 ×	本题考点　实收资本（或股本）的减少	难易程度　易

解析

注销股票时，支付的价款高于股票面值，按其差额借记“资本公积——股本溢价”科目，股本溢价不足冲减的，还应借记“盈余公积”“利润分配——未分配利润”科目。

7. 答案 √	本题考点　货币性职工福利	难易程度　易

考点提炼

职工福利费，在实际发生时根据实际发生额计入当期损益或相关资产成本：

（1）生产车间生产人员福利费，记入“生产成本”科目。

（2）生产车间管理人员福利费，记入“制造费用”科目。

（3）行政管理部门人员福利费，记入“管理费用”科目。

（4）销售部门人员福利费，记入“销售费用”科目。

8. 答案 ×	本题考点　营业外收入	难易程度　易

解析

企业接受固定资产捐赠产生的利得，应计入营业外收入。

相关链接

（1）子公司接受母公司的捐赠，应计入资本公积。
（2）企业接受政府“捐赠”，严格来说叫做“政府补助”，可能记入“其他收益”（日常）或“营业外收入”（非日常）科目。
以上两点了解即可。

9. 答案 ×	本题考点　预付账款	难易程度　易

解析

预付款项情况不多的企业，可以不设置“预付账款”科目，而将预付的款项通过“应付账款”科目核算。

易错易混

不设置“预付账款”VS 不设置“预收账款”

	不设置“预付账款”科目	不设置“预收账款”科目
核算科目	应付账款	应收账款
记入方向	借方	贷方
要诀	“付”对“付”，资产为借	“收”对“收”，负债为贷

10. 答案 √	本题考点　其他应交税费	难易程度　中

考点提炼

应交纳的土地增值税：
（1）房地产开发经营企业销售房地产，记入“税金及附加”科目。
（2）非房地产开发经营企业：
①转让不动产（含土地使用权）［作为固定资产核算］，记入“固定资产清理”科目，最终差额记入“资产处置损益”科目。
②转让土地使用权［作为无形资产核算］，最终差额记入“资产处置损益”科目。

四、不定项选择题

（一）

1. 答案 ABC	本题考点　应付股利	难易程度　易

解析

宣告和支付现金股利，涉及两笔账务处理：
（1）选项AC：宣告发放现金股利1600万元，导致所有者权益减少，应借记“利润分配——应付现金股利或利润”科目，导致负债增加，应贷记“应付股利”科目。
（2）选项BD：以银行存款实际支付现金股利，导致负债减少，应借记“应付股利”科目，导致资产减少，应贷记“银行存款”科目。
会计分录如下：

宣告时：

借：利润分配——应付现金股利或利润　　1600

　贷：应付股利　　1600

支付时：

借：应付股利　　1600

　贷：银行存款　　1600

易错易混

现金股利 VS 股票股利

		被投资方	投资方
现金股利	宣告	借：利润分配——应付现金股利或利润 贷：应付股利	借：应收股利［持有交易性金融资产］ 贷：投资收益
	发放/收到	借：应付股利 贷：银行存款等	借：其他货币资金等 贷：应收股利
股票股利	宣告	不做账务处理	不做账务处理
	发放/收到	借：利润分配 贷：股本	不做账务处理（需备查登记）

相关链接

"利润分配"明细科目结转，年末应将"提取法定盈余公积""提取任意盈余公积""应付现金股利或利润""转作股本的股利""盈余公积补亏"等明细科目余额进行结转：

借：利润分配——未分配利润

　贷：利润分配——提取法定盈余公积

　　　　　　——提取任意盈余公积

　　　　　　——应付现金股利或利润

　　　　　　——转作股本的股利

借：利润分配——盈余公积补亏

　贷：利润分配——未分配利润

2. 答案 BCD	本题考点　接受现金资产投资	难易程度　中

解析

发行股票方式筹集资金，关键在于"资本公积——股本溢价"的金额包含两部分：溢价收入（增加）、发行费用（冲减）。

(1) 选项B：股本应按面值1元确认，发行价格5元与面值1元的差额（溢价收入），计入资本公积——股本溢价。

(2) 选项D：手续费、佣金等发行费用从"发行收入"中扣除，发行收入指的是按照发行价格5元计算的总价款，不扣除股本总额；发行费用应冲减资本公积——股本溢价80万元，不足的部分依次冲减盈余公积、未分配利润。

（3）如果一般纳税人取得增值税专用发票，发行费用涉及的增值税额4.8万元，应确认为进项税额。

（4）选项A：发行费用，虽然属于筹资费用，但是不计入财务费用，应冲减所有者权益类科目。

（5）选项C：筹集的资金计入银行存款，银行存款的金额也包括两部分：发行收入-发行费用。

会计分录如下：

借：银行存款	2500
贷：股本	500
资本公积——股本溢价	2000
借：资本公积——股本溢价	80
应交税费——应交增值税（进项税额）	4.8
贷：银行存款	84.8

两笔分录增加“银行存款”科目金额=2500-84.8=2415.2（万元），增加“资本公积——股本溢价”科目金额=2000-80=1920（万元）。

或者，合并为一笔分录：

借：银行存款	2415.2
应交税费——应交增值税（进项税额）	4.8
贷：股本	500
资本公积——股本溢价	1920

3. 答案 B | **本题考点** 所得税费用 | **难易程度** 难

解析

确认所得税费用，应在当期税前会计利润，即利润总额基础上考虑纳税调整；同时，还应考虑递延所得税，除非题目没有相关信息或者明确说明无需考虑。

（1）国债利息收入45万元，会计核算记入“投资收益”科目，计算当期所得税时，应在利润总额基础上纳税调减，即“-45”。

（2）税收滞纳金10万元，会计核算记入“营业外支出”科目，计算当期所得税时，应在利润总额基础上纳税调增，即“+10”。

（3）明确说明无其他纳税调整和递延所得税事项，直接在全年实现的利润总额6035万元基础上进行纳税调整后，结合给出的所得税税率25%，即可计算出所得税费用。

综上所述，该公司2019年度所得税费用的金额=（6035-45+10）×25%=1500（万元）。

考点提炼

（1）应纳税所得额=税前会计利润（利润总额）+纳税调整增加额-纳税调整减少额

（2）当期所得税（应交所得税）=应纳税所得额×所得税税率

（3）所得税费用=当期所得税+递延所得税

易错易混

纳税调增VS纳税调减

	纳税调增	纳税调减
原因	会计与税法计税依据不一致，交税需将会计利润按税法规定调整	
要点	会计扣除、税法不允许税前扣除	会计未扣除、税法允许税前扣除
计算	加	减
基础	利润总额（税前利润）	
常考事项	税收滞纳金	国债利息收入
其他事项	①企业已计入当期费用但超过税法规定扣除标准的金额： a. 职工福利费、工会经费、职工教育经费的扣除限额：合理工资、薪金总额的14%、2%、8% b. 业务招待费：按照发生额的60%扣除，但最高不得超过当年销售收入的5‰ c. 广告费和业务宣传费：通常销售收入的15%以内据实扣除，超过部分以后期间可以扣除 d. 公益性捐赠支出，年度利润总额12%以内可当年扣除，超出部分准予在以后三年内结转扣除 ②企业已计入当期损失但税法规定不允许扣除项目的金额：税收罚款、罚金等	前5年内未弥补亏损

相关链接

（1）递延所得税的计算：

递延所得税=（递延所得税负债的期末余额-递延所得税负债的期初余额）-（递延所得税资产的期末余额-递延所得税资产的期初余额）

（2）递延所得税的账务处理：

借：所得税费用

　贷：递延所得税负债［或相反分录］

借：递延所得税资产［或相反分录］

　贷：所得税费用

4. 答案 B	本题考点 未分配利润	难易程度 中

解析

年末“未分配利润”金额的计算，在年初“未分配利润”金额的基础上，应考虑两部分：本年实现的净利润的结转，以及“利润分配”其他明细科目余额的结转。

(1) 年初“未分配利润”科目余额为 6000 万元。

(2) 结合第 3 小题，2019 年度净利润的金额 = 6035 - 1500 = 4535（万元），应结转至“未分配利润”科目。

(3) 结合第 1 小题，应将“应付现金股利或利润”明细科目余额 1600 万元，应结转至“未分配利润”科目。

综上所述，2019 年 12 月 31 日未分配利润的金额 = 6000+4535 - 1600 = 8935（万元）。

会计分录如下：

损益类科目进行结转，结计出“本年利润”科目存在贷方余额 4535 万元，表明实现净利润 4535 万元；结转本年实现的净利润：

借：本年利润 4535
　贷：利润分配——未分配利润 4535

结转“利润分配”其他明细科目余额：

借：利润分配——未分配利润 1600
　贷：利润分配——应付现金股利或利润 1600

考点提炼

(1) 期末，应将当年实现的净利润或亏损从“本年利润”科目转入“利润分配——未分配利润”科目。

(2) 期末，除了“利润分配——未分配利润”科目，其他的“利润分配”科目的二级明细科目，均应结转至“利润分配——未分配利润”科目。

易错易混

可供分配的利润 VS 可供投资者分配的利润 VS 未分配利润

	计算公式
期末可供分配的利润	当期实现的净利润（或净亏损）+期初未分配利润（或-期初未弥补亏损）+其他转入（如盈余公积补亏）
期末可供投资者分配的利润	期末可供分配的利润-提取的盈余公积
期末未分配利润	期末可供投资者分配的利润-给投资者分配的现金股利或利润、实际发放的股票股利等

5. 答案 C	本题考点 所有者权益总额的计算	难易程度 难

解析

所有者权益总额的计算，涉及两种思路：

①在期初总额基础上，结合题干中出现的事项，逐一判断事项“是否导致所有者权益总额增减变动”，如未变动，不用考虑，导致增加，应加上，导致减少，应减去，

最终合计确定期末余额。

②在期初总额基础上（如期初资料直接按科目给定余额，更合适），结合资料事项，逐一判断事项“涉及的所有者权益科目”，先按科目来归集，最终将所涉及的科目余额合计，确定期末余额。

(1)

①期初所有者权益总额共计54000万元。

②资料（1），宣告发放现金股利，导致所有者权益减少1600万元。

③资料（2），增发普通股，导致所有者权益增加500万元和1920万元。

④资料（3），实现净利润，导致所有者权益增加4535万元。

综上所述，该公司2019年12月31日所有者权益总额=54000-1600+500+1920+4535=59355（万元）。

(2)

根据第②种思路计算，稍微有点别扭的是，应先从期初所有者权益总额中减去期初未分配利润余额6000万元，然后最终根据第4小题计算的期末余额，再加回来。

①结合第2题，以增发股票的方式募集资金，“股本”科目增加500万元，“资本公积”科目增加1920万元。

②结合第4题，宣告发放及实际支付现金股利和当年实现的净利润，“未分配利润”科目余额8935万元。

综上所述，该公司2019年12月31日所有者权益总额=（54000-6000）+500+1920+8935=59355（万元）。

考点提炼

常见的所有者权益类科目【详见P118单选1】。

易错易混

常见事项对所有者权益总额和留存收益总额的影响【详见P125单选16】。

相关链接

留存收益期末余额的计算【详见P383不定项（一）5】。

（二）

1. 答案 BD	本题考点 自行研发无形资产	难易程度 中

解析

研究阶段，相关支出发生时应“费用化”，期末应将“费用化”金额结转至“管理费用”科目。

（1）选项 ABC：以银行存款共支付研究费用 50000 元，应通过“研发支出——费用化支出”科目核算，取得增值税专用发票，涉及的增值税额应确认进项税额。

（2）选项 D：期末，费用化金额 50000 元，应全部转入管理费用。

会计分录如下：

以银行存款支付研究费用时：

借：研发支出——费用化支出　　50000

　　应交税费——应交增值税（进项税额）　　2600

　贷：银行存款　　52600

期末，将费用化支出转入管理费用时：

借：管理费用　　50000

　贷：研发支出——费用化支出　　50000

2. 答案 D	本题考点　自行研发无形资产	难易程度　中

解析

开发阶段支出，满足资本化条件的资本化，达到预定用途时转入“无形资产”科目，不满足资本化条件的费用化，期末转入“管理费用”科目。

（1）进入开发阶段，研发人员薪酬 500000 元、其他研发费用 100000 元的支出均满足资本化条件，应予以资本化。

（2）取得增值税专用发票，相关支出涉及的增值税额应确认进项税额。

（3）研发活动结束，达到预定标准投入使用，表明满足无形资产确认条件，应将资本化金额 600000 元转入无形资产。

综上所述，甲企业自行研发 M 非专利技术的入账金额 = 500000 + 100000 = 600000（元）。

会计分录如下：

开发阶段发生的资本化支出：

借：研发支出——资本化支出　　600000

　　应交税费——应交增值税（进项税额）　　13000

　贷：应付职工薪酬　　500000

　　　银行存款［其他研发费用和进项税额］　　113000

9 月 10 日：

借：无形资产　　600000

　贷：研发支出——资本化支出　　600000

考点提炼

	账务处理	
研究阶段	发生时	借：研发支出——费用化支出 贷：银行存款等
	期末	借：管理费用 贷：研发支出——费用化支出
开发阶段	发生时	借：研发支出——费用化支出 ——资本化支出 贷：银行存款等
	达到预定用途	借：无形资产 贷：研发支出——资本化支出
	期末	借：管理费用 贷：研发支出——费用化支出
月末摊销		借：管理费用等 贷：累计摊销

3. 答案 AC	本题考点　出租无形资产	难易程度　中

解析

出租无形资产，应将收取的租金确认其他业务收入，计提的摊销结转其他业务成本。

（1）选项AD：12月1日出租，收取当月租金20000元，应确认其他业务收入，及按照给出的增值税额1200元确认销项税额。

（2）选项BC：结合第2小题，M非专利技术在9月增加，从9月开始采用直线法摊销，预计使用年限为5年，无残值，月摊销额=600000/5/12=10000（元），即12月应将10000元摊销额确认为其他业务成本。

会计分录如下：

收取12月租金、确认收入时：

借：银行存款　21200

　贷：其他业务收入　20000

　　　应交税费——应交增值税（销项税额）　1200

计提12月摊销、结转成本时：

借：其他业务成本　10000

　贷：累计摊销　10000

考点提炼

使用寿命有限的无形资产应当自可供使用（即其达到预定用途）当月起开始摊销，处置当月不再摊销。

4. 答案 C	本题考点　无形资产摊销	难易程度　易

解析

使用寿命有限的无形资产应当自可供使用当月起开始摊销。

结合第 2 小题，M 非专利技术在 9 月增加，从 9 月开始采用直线法摊销，预计使用年限为 5 年，无残值，至年末共计 4 个月。

2019 年度甲企业 M 非专利技术累计摊销的金额 = 600000/5/12×4 = 40000（元）。

会计分录如下（计提 9 月至 12 月摊销）：

借：管理费用　　30000

　　其他业务成本　　10000

　贷：累计摊销　　40000

5. 答案 ABD	本题考点　营业利润	难易程度　难

解析

利润表的填列，结合项目寻找事项中涉及的对应会计科目及金额。

结合第 4 小题，M 非专利技术，至年末共计摊销 4 个月，其中 9 月至 11 月的摊销额 30000 元记入“管理费用”科目，填入“研发费用”项目，12 月的摊销额 10000 元记入“其他业务成本”科目，填入“营业成本”项目。

（1）选项 A：营业收入 20000 元［资料（3）涉及的“其他业务收入”科目金额］。

（2）选项 B：营业成本 10000 元［资料（3）涉及的“其他业务成本”科目金额］。

（3）选项 D：研发费用 80000 元［资料（1）涉及的期末转入“管理费用”科目的费用化支出 50000 元，资料（2）涉及的 9 月至 11 月的摊销额 30000 元］。

（4）选项 C：营业利润将“营业收入”“营业成本”“研发费用”合计即可。营业利润 = 20000 − 10000 − 80000 = −70000（元），表示减少，而非是增加。

考点提炼

（1）“营业收入”项目，根据“主营业务收入”和“其他业务收入”科目的发生额分析填列。

（2）“营业成本”项目，根据“主营业务成本”和“其他业务成本”科目的发生额分析填列。

（3）“研发费用”项目，根据“管理费用”科目下的“研发费用”明细科目的发生额，以及“管理费用”科目下的“无形资产摊销”明细科目的发生额分析填列。

易错易混

“管理费用”项目 VS“研发费用”项目

<table>
<tr><td rowspan="3">“管理费用”科目</td><td>研发费用</td><td rowspan="2">“研发费用”项目</td></tr>
<tr><td>自行研发的管理用无形资产摊销</td></tr>
<tr><td>除上述之外、其他</td><td>“管理费用”项目</td></tr>
</table>

（三）

1. 答案 AC	本题考点 采用实际成本核算	难易程度 中

解析

以银行承兑汇票支付原材料采购价款，且采用实际成本进行存货日常核算，核算科目涉及“应付票据”，以及“在途物资”“原材料”，不涉及“其他货币资金”和“材料采购”。

（1）选项A：支付承兑手续费0.0533万元，取得的增值税专用发票注明的增值税税额为0.0032万元，结合前面信息，开具的应付票据面值为113万元，刚好价款和增值税的合计，因而此处“支付”是单独的，通过“银行存款”。同时承兑手续费，应记入“财务费用”科目。手续费相关增值税确认为进项税额。

（2）选项B：采用实际成本进行存货日常核算，不涉及“材料采购”科目，开具银行承兑汇票，应记入“应付票据”科目，而非“其他货币资金”科目。

（3）选项CD：一般纳税人，取得增值税专用发票，增值税税额应确认为进项税额，不计入原材料成本。

易错易混

其他货币资金VS应付（收）票据【详见P272单选13】。

相关链接

存货计划成本核算下涉及的科目【详见P135多选9】。

2. 答案 ABC	本题考点 销售材料等存货的账务处理	难易程度 易

解析

销售原材料，比照销售商品进行处理，只不过“主营业务收入”“主营业务成本”科目替换为“其他业务收入”“其他业务成本”科目。

（1）选项AB：销售的原材料价款为500万元，开具增值税专用发票，增值税税额为65万元，应确认其他业务收入和增值税销项税额。

（2）选项C：确认其他业务收入的同时，还需按照原材料的实际成本400万元，结转其他业务成本。

（3）选项D：收到面值为565万元的商业承兑汇票，应按面值金额记入“应收票据”科目。

会计分录如下：

借：应收票据	565	
贷：其他业务收入		500
应交税费——应交增值税（销项税额）		65

借：其他业务成本　400

　贷：原材料　400

易错易混

商业承兑汇票 VS 银行承兑汇票

	商业承兑汇票	银行承兑汇票
性质	商业汇票	
承兑人	付款人签发并承兑/收款人签发、付款人承兑	付款人（存款人）签发、银行承兑
取得/收到 （销售方/提供服务方）	应收票据（资产）	
开具/签发 （采购方/接受服务方）	应付票据（负债）	

3. 答案 ABC　　本题考点　非货币性职工薪酬　　难易程度　中

解析

企业以其生产的产品作为福利发放给本企业职工，属于非货币性福利，应视同销售，确认收入和结转成本，同时还应通过“应付职工薪酬”科目中转。

（1）选项 AB：视同销售情形下，按照该批产品不含增值税的售价 30 万元，确认主营业务收入 30 万元和相关增值税销项税额 3.9（30×13%）万元。

（2）选项 D：自产产品发放给专设销售机构人员 100 名，应将对应的主营业务收入 10 万元和相关增值税销项税额 1.3 万元的合计金额 11.3 万元，记入“销售费用”科目。

（3）选项 C：自产产品发放给总部管理人员 200 名，应将对应的主营业务收入 20 万元和相关增值税销项税额 2.6 万元的合计金额 22.6 万元，记入“管理费用”科目。

（4）因为是给予职工的非货币性福利，应通过“应付职工薪酬”科目体现，应将全部的主营业务收入 30 万元和相关增值税销项税额 3.9 万元的合计金额 33.9 万元，记入“应付职工薪酬”科目。

会计分录如下：

借：销售费用　11.3

　　管理费用　22.6

　贷：应付职工薪酬　33.9

借：应付职工薪酬　33.9

　贷：主营业务收入　30

　　　应交税费——应交增值税（销项税额）　3.9

借：主营业务成本　21

　贷：库存商品　21

考点提炼

非货币性职工薪酬适合各种题型的考核，常见的考查情形：①以分录形式结合计算考查账务处理【详见本题】；②单独以计算形式考查应记入“管理费用”“销售费用”等科目的金额【详见 P85 单选 7】；③以文字描述形式考查对应的借、贷方科目【详见 P25 单选 11】。

易错易混

自产产品作为职工福利 VS 外购商品作为职工福利【P235 不定项（一）3】。

相关链接

自有房屋供职工无偿使用 VS 租赁房屋供职工无偿使用【详见 P285 不定项（一）1】。

4. 答案 C	本题考点 一般纳税人的账务处理	难易程度 中

解析

应交纳的增值税=销项税额-进项税额+进项税额转出金额。

（1）资料（1）为采购业务，确认进项税额（13 万元+0.0032 万元）。

（2）资料（2）为销售业务，确认销项税额（65 万元）。

（3）资料（3）涉及视同销售，确认销项税额（3.9 万元）。

综上所述，甲企业 12 月应交纳增值税的金额 =（65+3.9）-（13+0.0032）= 55.8968（万元）。

5. 答案 A	本题考点 “存货” 项目的填列	难易程度 中

解析

期末“存货”项目变动金额，即考虑哪些交易涉及应填入“存货”项目的会计科目，同时判断交易导致会计科目是增加还是减少，最终合计即可。

（1）采购导致存货增加，资料（1）“原材料”科目增加100 万元。

（2）销售导致存货减少，资料（2）“原材料”科目减少400 万元、资料（3）视同销售处理，“库存商品”科目减少21 万元。

综上所述，导致甲企业 12 月 31 日资产负债表“存货”项目变动金额 = 100-400-21=-321（万元），即变动金额为 321 万元。

考点提炼

（1）“存货”项目根据“材料采购”“原材料”“库存商品”“周转材料”“委托加工物资”“发出商品”“生产成本”“受托代销商品”等科目的期末余额合计数，减去“受托代销商品款”“存货跌价准备”科目期末余额后的净额填列。

（2）材料采用计划成本核算，以及库存商品采用计划成本核算或售价核算的企业，还应按加或减“材料成本差异”“商品进销差价”后的净额填列。

2020 年会计专业技术资格考试《初级会计实务》试题（2）

参考答案及解析

扫码看答案

使用“微信”或“会计云课堂”App 扫描右侧二维码，即可查阅电子版答案及解析，“手机看答案更轻松”。

一、单项选择题

1. 答案 B	本题考点 政府财务会计要素	难易程度 易

解析

选项 ACD，属于事业单位流动负债。

考点提炼

	流动负债	非流动负债
常见科目及内容	短期借款、应付短期政府债券、应付职工薪酬、应付及预收款项［应付账款、应付票据、其他应付款、预收账款等］、应缴款项［应缴财政款等］等	长期借款、长期应付款、应付长期政府债券等

2. 答案 A	本题考点 财产清查的方法与处理	难易程度 难

解析

企业角度登记“银行存款日记账”，银行角度出具“银行对账单”。未达账项是双方入账时间不一致造成的，一方多，一方少。企业通过编制“银行存款余额调节表”进行调整，以确定最终金额是否一致。

结合本题来看，强调“银行存款日记账余额大于银行对账单余额”，即企业账面大于银行账面，存在两种情况：企业已收、银行未收；银行已付、企业未付。

（1）选项 A：属于“银行已付、企业未付”，导致银行存款日记账余额大于银行对账单余额。

（2）选项 B：属于“银行已收、企业未收”，导致银行存款日记账余额小于银行对账单余额。

（3）选项CD：属于“企业已付，银行未付”，导致银行存款日记账余额小于银行对账单余额。

易错易混

日记账余额大于对账单余额VS日记账余额小于对账单余额

	大于	小于
情形	企业已收、银行未收	企业已付、银行未付
	银行已付、企业未付	银行已收、企业未收
基本原则	谁收谁多、谁付谁少	

相关链接

（1）企业银行存款日记账余额+银行已收企业未收款-银行已付企业未付款=银行对账单余额+企业已收银行未收款-企业已付银行未付款

（2）“银行存款余额调节表”只是一种对账工具，并不能作为调整企业银行存款账面记录的记账依据。

3. 答案 D	本题考点　采用计划成本核算	难易程度　易

解析

采用计划成本法核算原材料，货款已付但尚未验收入库的在途材料应记入“材料采购”科目。

考点提炼

货款已付但尚未验收入库的在途材料，会计分录如下：

借：材料采购

　　应交税费——应交增值税（进项税额）

　贷：银行存款等

易错易混

计划成本法VS实际成本法【详见P135多选9】。

相关链接

采用实际成本法核算原材料，货款已付但尚未验收入库的在途材料，会计分录如下：

借：在途物资

　　应交税费——应交增值税（进项税额）

　贷：银行存款等

4. 答案 D	本题考点　无形资产摊销	难易程度　易

解析

（1）选项 A：摊销额应按无形资产用途计入不同核算科目，行政管理用摊销额应计入管理费用。

（2）选项 B：使用寿命不确定的无形资产，本身是无法摊销的，因而规定不应摊销。

（3）选项 C：摊销方法的选择不是盲目的，需要匹配（反映）经济利益的预期实现方式，即产生的价值和资产的耗费应匹配。

（4）选项 D：使用寿命有限的无形资产，应当按月进行摊销，可供使用当月开始摊销，处置当月不再摊销。

考点提炼

（1）使用寿命有限的无形资产应当自可供使用（即其达到预定用途）当月起开始摊销、处置当月不再摊销；使用寿命不确定的无形资产不应摊销。

（2）摊销额的账务处理：

	核算
管理用	借：管理费用 　贷：累计摊销
出租	借：其他业务成本 　贷：累计摊销
用于产品生产	借：生产成本/制造费用 　贷：累计摊销

无形资产摊销适合各种题型的考核，常见的考查情形：①以文字描述形式考查摊销方法的选择依据、时间以及核算科目【详见本题】；②单独以计算形式考查累计摊销金额【详见 P22 不定项（二）4】；③以文字描述形式结合计算考查摊销的时间、累计摊销金额及核算科目【详见 P73 不定项（三）2】；④以分录形式结合计算考查账务处理【详见 P97 单选 21】。

易错易混

固定资产折旧时间 VS 无形资产摊销时间

	固定资产	无形资产
当月增加	当月不提	当月计提
当月减少	当月计提	当月不提

5. 答案 D	本题考点　交易或事项对会计等式的影响	难易程度　难

解析

（1）资产类科目，借方表示增加，贷方表示减少。

（2）负债类科目，借方表示减少，贷方表示增加。

（3）结合本题分录来看，强调“资产和负债”“同时增加”：借方涉及资产类科目、贷方涉及负债类科目。

选项 A	选项 B
借：银行存款 　贷：其他应收款	借：固定资产等 　贷：实收资本等
选项 C	**选项 D**
借：短期借款 　贷：银行存款	借：原材料等 　贷：应付账款

综上所述：

①选项 A：不涉及“负债”类科目，资产总额不变。

②选项 B：不涉及“负债”类科目，导致资产和所有者权益同时增加。

③选项 C：导致资产和负债同时减少。

④选项 D：导致资产和负债同时增加。

考点提炼

（1）常见的负债类科目：短期借款、应付票据、应付账款、合同负债、应付职工薪酬、应交税费、应付股利、应付利息、其他应付款。

（2）常见的资产类科目【详见 P118 单选 1】。

6. 答案 A	本题考点　“营业成本”项目的填列	难易程度　易

解析

“营业成本”项目应根据“主营业务成本”科目和“其他业务成本”（选项 A）科目的发生额分析填列。

考点提炼

（1）“税金及附加”项目，根据“税金及附加”科目的发生额分析填列。

（2）“研发费用”项目，根据“管理费用”科目下的“研发费用”明细科目的发生额，以及“管理费用”科目下的“无形资产摊销”明细科目的发生额分析填列。

（3）“管理费用”项目，根据“管理费用”科目的发生额，减去“管理费用”科目下的“研发费用”“无形资产摊销”明细科目发生额分析填列。

相关链接

“营业收入”项目应根据“主营业务收入”科目和“其他业务收入”科目的发生额分析填列。

7. 答案 C	本题考点 “在建工程”项目的填列	难易程度 中

解析

“在建工程”项目的填列不仅包括在建工程，还包括工程物资，以及对应的减值准备。

“在建工程”科目、“工程物资”科目均是资产类科目，涉及借方余额，应加；“在建工程减值准备”科目、“工程物资减值准备”科目也是资产类科目，不过是备抵科目，涉及贷方余额，应减。

该公司资产负债表“在建工程”项目期末余额应填列的金额=80−8+30−3=99（万元）。

考点提炼

“在建工程”项目应根据“在建工程”科目的期末余额，减去“在建工程减值准备”科目的期末余额后的净额，以及“工程物资”科目的期末余额，减去“工程物资减值准备”科目的期末余额后的净额填列。

8. 答案 C	本题考点 “存货”项目的填列	难易程度 易

解析

“存货”项目的填列，寻找相关会计科目，借方余额加，贷方余额减。

原材料80万元、周转材料10万元、生产成本30万元、库存商品60万元均是借方余额，不涉及贷方余额类科目。

该公司资产负债表“存货”项目期末余额应填列的金额=80+10+30+60=180（万元）。

考点提炼

“存货”项目的填列【详见P150不定项（三）5】。

“存货”项目的填列通常适合单选、多选、不定项选择题的考核，常见的考查情形：①以计算形式考查期末填列金额【详见本题】；②以文字描述形式考查应在“存货”项目中填列的内容【详见P78多选9】，以及结合具体交易或事项判断是否导致期末存货余额（账面价值）发生增减变动【详见P89多选9】。

9. 答案 C	本题考点 应收账款的入账价值	难易程度 中

解析

应收账款包括价款、代购货方垫付的包装费、运杂费等，以及对应的增值税。

销售商品价款为20万元、增值税税额2.6万元，以及以银行存款支付代垫运费1万元、增值税税额0.09万元，均应计入应收账款。

甲公司应收账款的入账金额=20+2.6+1+0.09=23.69（万元）。

会计分录如下：

借：应收账款　22.6

　贷：主营业务收入　20

　　应交税费——应交增值税（销项税额）　2.6

借：应收账款 1.09

　贷：银行存款 1.09

【提示】结合第二笔分录，关注一个细节内容："代垫"运费涉及的增值税不确认销项税额，直接计入银行存款。

（1）销售商品时，销售方为购买方"代垫运费"，通常是和第三方承运公司签订合同，由其运输至购买方，而运费增值税发票由承运公司开具，销售方仅仅是先替购买方付款，而该项服务的接受方实质上是购买方，而非销售方，因而销售方不应确认进项税额和销项税额。销售方应将发票等交付给购买方，购买方应偿还之前的垫付款给销售方，同时确认进项税额等。

（2）如果销售方也专门提供运输服务，那么其可以开具运费增值税专用发票，由此销售方可以确认销项税额，但是此种情形下，不是"代垫"运费的性质。

考点提炼

应收账款的核算内容主要包括：

（1）应收销售商品价款。

（2）应收提供服务（劳务）价款。

（3）代购货方垫付的包装费、运杂费等。

（4）增值税销项税额。

10. 答案 C	本题考点　取得交易性金融资产	难易程度　中

解析

取得交易性金融资产涉及诸多支出，应逐一区分，计入不同会计科目进行核算。

（1）支付价款106万元，包含已宣告但尚未发放的现金股利3万元，因而扣除现金股利的部分103万元计入交易性金融资产初始投资成本，已宣告但尚未发放的现金股利3万元单独核算，计入应收股利。

（2）另支付相关交易费用0.1万元，取得的增值税专用发票注明的增值税税额0.006万元，交易费用应借记"投资收益"科目，对应的增值税税额，应确认进项税额。

综上所述，甲公司应借记"投资收益"科目的金额为0.1万元。

会计分录如下：

借：交易性金融资产——成本 103

　　应收股利 3

　　投资收益 0.1

　　应交税费——应交增值税（进项税额） 0.006

　贷：其他货币资金——存出投资款等 106.106

考点提炼

交易性金融资产取得时的账务处理【详见P122单选10】。

11. 答案 B	本题考点 非货币性职工薪酬	难易程度 易

解析

企业为管理人员提供免费使用汽车，属于非货币性职工薪酬。

（1）选项AC：属于非货币性职工薪酬核算下另一步骤的处理，即按照受益对象确认，本题是为管理人员提供（除非特别说明，否则“管理”人员，应按照“行政管理”人员考虑），因而在这一步骤的处理中涉及“管理费用”科目。

（2）选项B：计提折旧时，汽车对应的折旧费应借记“应付职工薪酬”科目。

（3）选项D：非货币性职工薪酬核算下，不涉及“营业外支出”科目。

考点提炼

企业提供汽车、自有房屋等资产无偿供职工使用：

借：生产成本［生产工人］

　　制造费用［车间管理人员］

　　管理费用［行政管理人员］

　　销售费用［销售人员］等

　贷：应付职工薪酬——非货币性福利

同时：

借：应付职工薪酬——非货币性福利

　贷：累计折旧

12. 答案 B	本题考点 记账凭证	难易程度 易

解析

选项B，不得将不同内容和类别的原始凭证汇总（合并）填制在一张记账凭证上。

考点提炼

记账凭证的填制除了要做到内容完整、书写清楚和规范外，还应符合下列要求：

（1）除结账和更正错账可以不附原始凭证外，其他记账凭证必须附原始凭证。

（2）记账凭证可以根据每一张原始凭证填制，或根据若干张同类原始凭证汇总填制，也可根据原始凭证汇总表填制；但不得将不同内容和类别的原始凭证汇总填制在一张记账凭证上［同类别业务可以汇总、合并，不同类别业务不可以汇总、合并］。

（3）记账凭证应连续编号。

（4）填制记账凭证时若发生错误，应当重新填制［登账前，应重新填写；登账后，不可以重新填写，需采用错账更正的方法予以更正］。

（5）记账凭证填制完成后，如有空行，应当自金额栏最后一笔金额数字下的空行处至合计数上的空行处划线注销。

13. 答案 D	本题考点 政府会计资产业务	难易程度 易

解析

选项 ABC，事业单位均不应计提固定资产折旧。

考点提炼

资产业务通常适合单选、多选、判断题的考核，常见的考查情形：①固定资产折旧的范围【详见本题】；②固定资产折旧的时间【详见 P36 多选 6】；③固定资产的概念【详见 P47 判断 9】；④固定资产处置的核算科目【详见 P67 多选 3】。

易错易混

企业固定资产折旧范围 VS 政府固定资产折旧范围

	企业（不应计提）	政府（不应计提）
不同类别（排除法）	以短期方式租入的固定资产（简化方法核算）	①文物和陈列品 ②动植物 ③图书、档案 ④以名义金额计量的固定资产
相同类别（排除法）	①单独计价入账的土地 ②已提足折旧仍继续使用的固定资产 ③提前报废的固定资产 ④处于更新改造过程中停止使用的固定资产（在建工程）	

14. 答案 D	本题考点 营业外支出	难易程度 中

解析

（1）选项 A：计入资产处置损益。

（2）选项 B：计入资产减值损失。

（3）选项 C：存货盘亏净损失应区别考虑：自然灾害导致的记入“营业外支出”科目；管理不善等导致的一般经营损失记入“管理费用”科目。

易错易混

主营业务成本 VS 其他业务成本 VS 营业外支出 VS 资产处置损益（损失）【详见 P162 多选 1】。

相关链接

存货的盘亏【详见 P136 多选 10】。

15. 答案 A	本题考点 收入的确认和计量	难易程度 中

解析

涉及两项或多项履约义务，应结合给出的单独售价分摊交易总价款。

合同包含两项可明确区分的履约义务，给出不含增值税的合同总价款为 3 万元，E、F 产品不含增值税的单独售价分别为 2.2 万元和 1.1 万元，确定分摊比例进行分摊即可。

E 产品应分摊的交易价格 = 2.2÷（2.2+1.1）×3 = 2（万元）。

考点提炼

合同中包含两项或多项履约义务时，企业应当在合同开始日，按照各单项履约义务所承诺商品的单独售价（即向客户单独销售商品的价格）的相对比例，将交易价格分摊至各单项履约义务：

甲产品所占比例 = 甲单独销售价格/（甲单独销售价格+乙单独销售价格）

甲产品应分摊的交易价格 = 甲产品所占比例×总交易价格

乙产品所占比例 = 乙单独销售价格/（甲单独销售价格+乙单独销售价格）

乙产品应分摊的交易价格 = 乙产品所占比例×总交易价格

16. 答案 D	本题考点 委托加工物资	难易程度 易

解析

委托加工物资收回后用于连续生产应税消费品，由受托方代收代缴的消费税应记入“应交税费——应交消费税”科目的借方。

考点提炼

委托加工物资成本包括：实际耗用材料、加工费、运杂费、不可以抵扣的增值税，以及收回后直接用于销售情形下由受托方代收代缴的消费税。

易错易混

委托加工物资中增值税及消费税

		连续生产（继续加工）	直接出售
增值税	可以抵扣	应交税费——应交增值税（进项税额）	
	不可抵扣	委托加工物资	
消费税		应交税费——应交消费税	委托加工物资

17. 答案 B	本题考点 应收款项减值	难易程度 易

解析

计提应收款项坏账准备时，借记“信用减值损失”科目，贷记“坏账准备”科目。

易错易混

“信用减值损失”科目核算 VS “资产减值损失”科目核算

	资产类别
信用减值损失	应收账款、应收票据、其他应收款等
资产减值损失	存货、固定资产、无形资产等

相关链接

“坏账准备”相关的账务处理【详见 P194 单选 18】。

18. 答案 B	本题考点　存货清查	难易程度　中

解析

自然灾害导致存货毁损，涉及的增值税进项税额无需转出，本题未给定，即使给定也不用考虑。净损失的计算，应从实际成本中扣除残料价值、应收赔款。

材料实际成本为 1 万元，残料变现价值为 0.05 万元，保险公司按合同约定赔偿 0.3 万元。

该批材料的毁损净损失 = 1-0.05-0.3 = 0.65（万元）。

易错易混

自然灾害等导致存货毁损 VS 管理不善等导致存货毁损

	自然灾害	管理不善
账务处理	报批前： 借：待处理财产损溢 　贷：原材料等	报批前： 借：待处理财产损溢 　贷：原材料等 　　　应交税费——应交增值税［进项税额转出］
	报批后： 借：原材料等［残料价值］ 　　其他应收款［应收赔偿款］ 　　营业外支出［非常损失］ 　贷：待处理财产损溢	报批后： 借：原材料等［残料价值］ 　　其他应收款［应收赔偿款］ 　　管理费用［管理不善］ 　贷：待处理财产损溢
净损失	实际成本-残料价值-应收赔款	实际成本+进项税额转出金额-残料价值-应收赔款

相关链接

（1）自然灾害等原因导致的存货毁损净损失计入营业外支出，涉及的增值税进项税额，无需转出，即不转入“待处理财产损溢”科目，不影响净损失的计算。

（2）管理不善等原因导致的存货毁损净损失计入管理费用，涉及的增值税进项税额，应转出，即转入“待处理财产损溢”科目，影响净损失的计算。

19. 答案 C	本题考点 财务费用	难易程度 中

解析

财务费用主要核算筹资相关费用，可能是计入（加上），也可能涉及冲减（减去）。

（1）发生经营活动短期借款利息费用90万元，借记“财务费用”科目，应加上。

（2）收到流动资金存款利息收入1万元，贷记“财务费用”科目，应减去。

（3）支付银行承兑汇票手续费15万元，借记“财务费用”科目，应加上。

综上所述，2019年度该公司财务费用的金额＝90－1＋15＝104（万元）。

考点提炼

财务费用的主要核算内容【详见P168多选8】。

财务费用通常适合单选、多选题的考核，常见的考查情形：①以计算形式考查期末财务费用总额【详见本题】；②以文字描述形式考查“财务费用”科目核算的内容【详见P36多选4】。

相关链接

筹建期间借款利息费用，应借记“管理费用”科目。

20. 答案 B	本题考点 年数总和法	难易程度 中

解析

固定资产折旧额的计算，应考虑计提折旧的起始点、原值、预计使用年限、预计净残值、折旧方法，同时还要考虑会计年度和折旧年度是否一致。

（1）2019年11月购入并直接交付使用，应从2019年12月开始计提折旧。

（2）固定资产原值500万元，预计使用年限5年，预计净残值5万元，要求按年数总和法计提折旧，2019年12月至2020年11月为第一个折旧年度，年折旧率＝5/（5+4+3+2+1）×100%。

（3）本题因为是计算2019年度折旧额（12月份），因而会计年度和折旧年度的不一致无需考虑，如果是计算2020年度折旧额，应考虑分段合并计算。

综上所述，2019年该项固定资产应计提的折旧额＝（500−5）×5÷（5+4+3+2+1）×100%÷12×1＝13.75（万元）。

考点提炼

固定资产当月增加，从下月开始计提折旧。

相关链接

固定资产折旧方法

	计算公式	特征
年限平均法（直线法）	年折旧额＝（原价-预计净残值）/预计使用寿命（年） 月折旧额＝年折旧额/12	平均
工作量法	单位工作量折旧额＝［固定资产原价×（1-预计净残值率）］/预计总工作量 某月折旧额＝当月工作量×单位工作量折旧额	随量
双倍余额递减法	年折旧率＝2/预计使用寿命×100% 年折旧额＝固定资产账面净值×年折旧率 【提示】最后两年转为“年限平均法”	加速
年数总和法	年折旧率＝尚可使用年限/预计使用寿命的年数总和×100% 年折旧额＝（原价-预计净残值）×年折旧率	加速

会计年度（每年的 1 月至 12 月）和折旧年度（购入固定资产的次月开始，往后 12 个月）不一致，应分段合并计算，因每一个折旧年度的折旧额均不一致，所以需分段合并进而确定会计年度的折旧额，双倍余额递减法和年数总和法涉及。

二、多项选择题

1. 答案 ABCD	本题考点　营业成本	难易程度　中

解析

其他业务成本核算除了主营业务活动以外的其他日常经营活动的支出。

（1）选项 A：出租方应计提折旧，折旧额计入其他业务成本。

（2）选项 B：出租方应进行摊销，摊销额计入其他业务成本。

（3）选项 C：销售原材料，确认其他业务收入并结转其他业务成本。

（4）选项 D：出租包装物，租金收入计入其他业务收入，摊销额计入其他业务成本。

易错易混

主营业务成本 VS 其他业务成本 VS 营业外支出 VS 资产处置损益（损失）

	主要核算内容
主营业务成本	①销售商品实际成本 ②提供服务（劳务）实际成本

续表

	主要核算内容
其他业务成本	①出租固定资产折旧额 ②出租无形资产摊销额 ③出租商品成本 ④出租包装物成本或摊销额 ⑤随同商品出售单独计价的包装物成本 ⑥销售材料成本 ⑦成本模式计量下，投资性房地产计提的折旧额或摊销额
营业外支出	①非流动资产（固定资产、无形资产）毁损报废损失 ②捐赠支出 ③盘亏损失（固定资产盘亏净损失） ④非常损失（自然灾害） ⑤罚款支出
资产处置损益（损失）	①出售固定资产损失 ②出售无形资产损失 ③出售持有待售的非流动资产损失

“单独计价”包装物 VS“不单独计价”包装物、出租包装物 VS 出借包装物【详见P240 不定项（三）3】。

2. 答案 AD | **本题考点** 在某一时段内履行履约义务确认收入 | **难易程度** 难

解析

在某一时段内履行履约义务确认收入，涉及的预收款应计入合同负债，应在该时段内按照履约进度确认收入。

（1）选项 AB：1 月 1 日订立合同并收取客户会员费 6000 元，而客户可在未来 12 个月内享受健身服务，表明是预收款性质，收取的会费应计入合同负债。

（2）选项 CD：服务是针对未来 12 个月的，且没有次数分摊，表明履约进度每月是相等的，为 1/12，按月平均分摊确认收入。1 月末，按照合同的交易价格总额 6000 元乘以履约进度 1/12，扣除以前会计期间累计已确认的收入（0）后的金额确认收入。

（3）给出税率 6%，应按照 6%计算增值税，一般题干都会给出税额或税率，无需自己判断。结合分录考虑，税额不计入预收款，应在确认收入（开票）时根据确认的收入金额计算，并单独确认销项税额。

会计分录如下：

1 月 1 日收到会员费时：

借：银行存款　　6000

　贷：合同负债　　6000

1月31日确认主营业务收入时：

借：合同负债　500
　银行存款等　30
　贷：主营业务收入　500
　　应交税费——应交增值税（销项税额）　30

考点提炼

(1) 在某一时段内履行履约义务，企业应在资产负债表日，按照合同的交易价格总额乘以履约进度扣除以前会计期间累计已确认的收入后的金额，确认当期收入，即：

本期确认收入=合同的交易价格总额×履约进度-以前期间已确认收入

(2) 账务处理如下：

	核算
预收的款项	借：银行存款 　贷：合同负债
实际发生服务（劳务）成本	借：合同履约成本 　贷：银行存款、应付职工薪酬等
确认服务（劳务）收入	借：合同负债、银行存款等 　贷：主营业务收入 　　应交税费——应交增值税（销项税额）
结转服务（劳务）成本	借：主营业务成本 　贷：合同履约成本

在某一时段内履行履约义务确认收入通常适合单选、多选、判断题的考核，常见的考查情形：①以文字描述形式结合计算考查账务处理【详见本题】，以及确定履约进度的方法和考虑因素【详见P19多选6】，以及履约进度不能合理确定时的处理原则【详见P28判断9】，以及涉及的预收款的处理【详见107单选14】；②以计算形式考查履约进度能够合理确定时，期末应确认的收入金额【详见P95单选6】。

易错易混

合同负债VS预收账款

	合同负债	预收账款
性质	预收款	
业务	收入准则业务	收入准则之外的业务
核算	运用在不同核算对象及内容下	

相关链接

在某一时点履行履约义务，企业应在客户取得相关商品控制权时确认收入。

3. 答案 ABCD	本题考点 应付职工薪酬的内容	难易程度 易

解析

（1）选项A：属于短期薪酬，通过“应付职工薪酬——职工教育经费”科目核算。
（2）选项B：属于短期薪酬，通过“应付职工薪酬——工会经费”科目核算。
（3）选项C：属于短期薪酬，通过“应付职工薪酬——住房公积金”科目核算。
（4）选项D：属于短期薪酬，通过“应付职工薪酬——社会保险费”科目核算。

考点提炼

“应付职工薪酬”科目核算内容【详见P134多选8】。

相关链接

（1）职工医疗保险费和工伤保险费，属于短期薪酬，通过“应付职工薪酬——社会保险费”科目核算。
（2）职工养老保险费和失业保险费，属于离职后福利，通过“应付职工薪酬——设定提存计划”科目核算。

4. 答案 ABC	本题考点 政府财务会计要素	难易程度 易

解析

选项D，政府负债没有名义金额的计量属性。

易错易混

企业会计要素计量属性VS政府会计要素计量属性

	企业		政府	
	资产	负债	资产	负债
历史成本	√	√	√	√
重置成本	√	√	√	—
可变现净值	√	—	—	—
现值	√	√	√	√
公允价值	√	√	√	√
名义金额	—	—	√	—

会计要素计量属性特点及运用

	特点		运用
	资产	负债	
历史成本	购置价	偿付价	存货、固定资产等的入账成本

续表

	特点		运用
	资产	负债	
重置成本	视同现在购置价	视同现在偿付价	固定资产盘盈
现值	收到的折现金额	偿付的折现金额	分期付款购入长期资产
公允价值	有序交易中，出售资产的收款价或转移负债的偿付价		交易性金融资产期末计量
可变现净值	预计售价-进一步加工成本-预计销售税费	—	存货期末计量
名义金额	人民币 1 元	—	政府会计下兜底性质

5. 答案 ABCD | **本题考点** 财产清查的方法与处理 | **难易程度** 中

解析

（1）选项 A：银行存款的清查，采用与开户银行核对账目的方法进行核对。

（2）选项 B：库存现金的清查，采用实地盘点法。

（3）选项 C：实物资产的清查，主要涉及两种方法，即实地盘点法与技术推算法，露天堆放煤炭的清查非常适合技术推算法。

（4）选项 D：往来款项的清查，采用发函询证的方法进行核对。

考点提炼

技术推算法，又称估推法，其对于财产物资不是逐一清点计数，而是通过量方、计尺等技术推算财产物资的结存数量，只适用于成堆量大而价值不高，逐一清点的工作量和难度较大的财产物资的清查。

财产清查的方法与处理通常适合单选、多选、判断题的考核，常见的考查情形：①各项财产适用的清查方法【详见本题】；②针对银行存款的清查，银行存款余额调节表及未达账项相关内容【详见 P24 单选 2】；③清查类别下全面清查的情形【详见 P88 多选 2】。

易错易混

财产清查类别及方法

	类别	方法
货币资金	库存现金	实地盘点
	银行存款	与开户银行核对账目
实物资产	存货、固定资产等	①实地盘点 ②技术推算（露天堆放的煤炭）
往来款项	应收、应付款项和预收、预付款项等	发函询证

6. 答案 BCD	本题考点 “无形资产”项目的填列	难易程度 易

解析

“无形资产”项目，应根据“无形资产”（选项 C）科目的期末余额，减去“累计摊销”（选项 B）、“无形资产减值准备”（选项 D）科目余额后的净额填列。

易错易混

自行研发无形资产涉及的会计科目和报表项目

<table>
<tr><th></th><th>条件</th><th>处理</th><th>会计科目</th><th>报表项目</th></tr>
<tr><td>研究阶段</td><td rowspan="2">费用化</td><td rowspan="2">计入当期损益</td><td rowspan="2">研发支出——费用化支出（发生时）
管理费用（期末）</td><td rowspan="2">研发费用</td></tr>
<tr><td rowspan="2">开发阶段</td></tr>
<tr><td>资本化</td><td>形成资产成本</td><td>研发支出——资本化支出（发生时）</td><td>开发支出</td></tr>
<tr><td colspan="3">达到预定用途</td><td>无形资产</td><td>无形资产</td></tr>
</table>

相关链接

“开发支出”项目，根据“研发支出”科目中所属的“资本化支出”明细科目期末余额填列。

7. 答案 AB	本题考点 自行研发无形资产	难易程度 难

解析

研究阶段支出，应费用化，期末转入“管理费用”科目。开发阶段支出，满足资本化条件的应资本化，达到预定用途时转入“无形资产”科目；不满足资本化条件的应费用化，期末转入“管理费用”科目。

（1）选项 A：开发阶段满足资本化条件的支出，达到预定用途形成无形资产时，应借记“无形资产”科目。

（2）选项 B：不论是研究阶段的费用化支出，还是开发阶段不满足资本化条件的支出，均应在期末借记“管理费用”科目。

（3）选项 C：开发阶段满足资本化条件的支出，在发生时，应借记“研发支出——资本化支出”科目。

（4）选项 D：不论是研究阶段的支出，还是开发阶段不满足资本化条件的支出，在发生时，均应借记“研发支出——费用化支出”科目。

考点提炼

<table>
<tr><th colspan="2"></th><th>账务处理</th></tr>
<tr><td colspan="2">研究阶段</td><td rowspan="2">借：研发支出——费用化支出
　应交税费——应交增值税（进项税额）
　贷：银行存款、原材料、应付职工薪酬等
期末：
借：管理费用
　贷：研发支出——费用化支出</td></tr>
<tr><td rowspan="2">开发阶段</td><td>不符合资本化</td></tr>
<tr><td>符合资本化</td><td>借：研发支出——资本化支出
　应交税费——应交增值税（进项税额）
　贷：银行存款、原材料、应付职工薪酬等</td></tr>
<tr><td colspan="2">达到预定用途</td><td>借：无形资产
　贷：研发支出——资本化支出</td></tr>
</table>

自行研发无形资产适合各种题型的考核，常见的考查情形：①以文字描述形式考查研究阶段、开发阶段相关支出的核算科目【详见本题】；②以分录形式结合计算考查账务处理【详见 P72 不定项（三）1】；③单独以计算形式考查研发结束后无形资产的入账金额【详见 P22 不定项（二）2】，以及研发支出对当期利润的影响金额【详见 P52 单选 1】。

相关链接

无法可靠区分研究阶段的支出和开发阶段的支出，应将发生的研发支出全部费用化，计入当期损益，期末转入“管理费用”科目的借方，填列在利润表“研发费用”项目。

8. 答案 ABC	本题考点　管理费用	难易程度　中

解析

选项 D，应计入企业销售费用。

易错易混

管理费用 VS 销售费用 VS 财务费用

	主要核算内容
管理费用	①筹建期内发生的开办费 ②筹建期间发生的不符合资本化条件的利息支出 ③董事会和行政管理部门在企业的经营管理中发生的以及应由企业统一负担的公司经费（包括行政管理部门职工薪酬、物料消耗、低值易耗品摊销、办公费和差旅费等） ④行政管理部门负担的工会经费、董事会费（包括董事会成员津贴、会议费和差旅费等） ⑤聘请中介机构费、咨询费（含顾问费）、诉讼费、业务招待费、技术转让费、研究费用等 ⑥生产车间和行政管理部门发生的固定资产修理费用等后续支出 ⑦解除与职工劳动合同后支付的经济补偿（辞退福利）等

续表

	主要核算内容
销售费用	①销售商品过程中发生的保险费、包装费、展览费、广告费、商品维修费、运输费、装卸费等 ②预计产品质量保证损失 ③专设的销售机构（含销售网点、售后服务网点等）的职工薪酬、业务费、折旧费等经营费用 ④与专设销售机构相关的固定资产修理费用等后续支出
财务费用	①利息支出（如短期借款利息费用） ②利息收入（如银行存款利息收入） ③汇兑差额及损益 ④提供现金折扣（销售方） ⑤享受现金折扣（采购方） ⑥支付的手续费（涉及申请银行承兑汇票、支付银行结算） ⑦应收票据贴现息等

9. 答案 ABC　　**本题考点**　固定资产折旧概述　　**难易程度**　中

解析

（1）选项A：日常维修期间停工，因不转入“在建工程”科目，照提折旧。

（2）选项B：不论是否办理竣工决算，达到预定可使用状态就应计提折旧。只不过未办理竣工决算，是按照暂估价值计提折旧。

（3）选项C：非生产经营用，影响计提的折旧额的借方核算科目，不影响其是否计提折旧。

（4）选项D：已提足折旧，无需再计提。

考点提炼

固定资产折旧概述适合各种题型的考核，常见的考查情形：①以文字描述形式考查折旧范围【详见本题】，以及尚未办理竣工决算固定资产的处理【详见P46判断6】，以及折旧对固定资产账面价值的影响【详见P56多选6】，以及折旧额对应的核算科目【详见P110多选9】；②以文字描述形式结合计算考查折旧的时间、累计折旧金额、折旧率及对应核算科目【详见P114不定项（三）2】。

易错易混

企业固定资产折旧范围VS政府固定资产折旧范围【详见P158单选13】。

10. 答案 CD　　**本题考点**　包装物的账务处理　　**难易程度**　难

解析

（1）选项A：不单独计价，不确认收入和结转成本，按实际成本计入销售费用。

（2）选项B：单独计价，应确认收入和结转成本，按实际成本计入其他业务成本。

（3）选项C：生产领用包装物，实际成本法核算下，按实际成本计入生产成本；计划成本法核算下，“生产成本”科目反映的也是实际成本。

（4）选项D：出租包装物，出租方涉及承担包装物的有关修理支出，应计入其他业务成本。

考点提炼

生产车间生产产品领用包装物：

	计划成本法	实际成本法
账务处理	借：生产成本［实际成本］ 贷：周转材料—包装物［计划成本］ 材料成本差异［或借方］	借：生产成本［实际成本］ 贷：周转材料—包装物［实际成本］

易错易混

“单独计价”包装物VS“不单独计价”包装物、出租包装物VS出借包装物【详见P240不定项（三）3】。

三、判断题

1. 答案 ×	本题考点　处置固定资产	难易程度　易

解析

企业报废的固定资产清理完毕，应将“固定资产清理”科目的余额转入“营业外支出”或“营业外收入”科目。

相关链接

企业出售、转让的固定资产清理完毕，应将“固定资产清理”科目的余额转入“资产处置损益”科目。

2. 答案 √	本题考点　应付票据	难易程度　易

3. 答案 ×	本题考点　税金及附加	难易程度　易

解析

企业签订加工承揽合同支付的印花税，应借记“税金及附加”科目。

相关链接

（1）交纳的印花税不需要预计应交数的税金，不通过“应交税费”科目核算，实际发生时贷记“银行存款”等科目。

（2）“税金及附加”科目核算税种【详见P178不定项（二）5】。

4. 答案 ×	本题考点 采用计划成本核算	难易程度 易

解析 “材料成本差异”科目贷方登记：入库节约差异、及发出材料应负担的超支差异。

相关链接 “材料成本差异”科目借方登记：入库超支差异、及发出材料应负担的节约差异。

5. 答案 √	本题考点 固定资产的清查	难易程度 易

考点提炼 固定资产盘盈，应按照重置成本入账，通过“以前年度损益调整”科目进行中转，作为重要的前期差错处理，调整期初留存收益。

易错易混 库存现金、存货和固定资产的盘盈及盘亏【详见 P136 多选 10】。

6. 答案 ×	本题考点 应交消费税	难易程度 易

解析 自产的应税消费品用于在建工程应交纳的消费税，借记“在建工程”科目，贷记“应交税费——应交消费税”科目。

相关链接 不同情形下应交消费税的会计核算【详见 P176 不定项（二）2】。

7. 答案 √	本题考点 单位会计核算概述	难易程度 易

考点提炼 为保证单位预算会计要素单独循环，在日常核算时，单位设置“资金结存”科目，并下设“零余额账户用款额度”“货币资金”“财政应返还额度”三个明细科目。

8. 答案 √	本题考点 出售交易性金融资产	难易程度 易

解析 产生转让收益，借记（冲减）“投资收益”科目，贷记“应交税费——转让金融商品应交增值税”科目。

相关链接

产生转让损失，借记“应交税费——转让金融商品应交增值税”科目，贷记(计入)“投资收益”科目。

9. 答案 √	本题考点 在某一时段内履行履约义务确认收入	难易程度 易

考点提炼

（1）履约进度能够合理确定，确认收入：本期收入=价格总额×履约进度-以前期间确认的收入。

（2）履约进度不能合理确定：

①不确认收入（已发生成本不能得到补偿）。

②确认收入（已发生成本能得到补偿）：本期收入=已发生成本金额。

10. 答案 ×	本题考点 其他应收款	难易程度 易

解析

企业应向保险公司收取的财产损失赔款，应通过“其他应收款”科目核算。

易错易混

应收账款 VS 其他应收款【详见 P321 单选 19】。

相关链接

应付赔款，不论是向个人还是机构支付，均计入其他应付款，而非计入应付账款。

四、不定项选择题

（一）

1. 答案 C	本题考点 材料、燃料、动力的归集和分配	难易程度 中

解析

材料费用的分配，应按照受益对象分别核算。

（1）选项 ACD：虽然只生产一种产品，但是题干明确限定“制造费用单独核算”，因而涉及计入制造费用的内容，还是正常记入“制造费用”科目，而非直接记入“生产成本”科目。甲产品耗用 300 万元，计入生产成本，车间机物料消耗 5 万元正常计入制造费用。

（2）选项 B：厂房日常维修耗用 10 万元，记入“管理费用”科目。

会计分录如下：

借：生产成本　　300
　　制造费用　　5
　　管理费用　　10
　贷：原材料　　315

相关链接

（1）行政管理部门的固定资产日常维修费，包括耗用的原材料、人工及其他支出，均记入“管理费用”科目。

（2）销售部门的固定资产日常维修费，包括耗用的原材料、人工及其他支出，均记入“销售费用”科目。

2. 答案 ABD	本题考点　职工薪酬的归集和分配	难易程度　易

解析

职工薪酬的分配，应按照受益对象分别核算。

（1）选项B：分配基本生产车间工资125万元及计提职工社会保险费20万元，记入“应付职工薪酬”科目。

（2）选项A：车间生产工人工资100万元及社会保险费16万元，记入“生产成本”科目。

（3）选项CD：车间管理人员工资25万元及社会保险费4万元，记入“制造费用”科目。

会计分录如下：

借：生产成本　　116
　　制造费用　　29
　贷：应付职工薪酬——工资　　125
　　　　　　　　——社会保险费　　20

考点提炼

（1）生产成本主要核算直接生产费用（单项产品耗用的料、工、费），如生产材料费用、直接进行产品生产的生产工人的工资和福利费等。

（2）分配职工薪酬，应当根据职工提供服务的受益对象计入相关资产成本或者当期损益，账务处理如下：

借：生产成本［生产工人］
　　制造费用［生产车间管理人员］
　　管理费用［行政管理人员］
　　销售费用［销售人员］
　　研发支出［研发活动人员］
　　在建工程［工程建设人员］等
　贷：应付职工薪酬

职工薪酬的归集和分配通常适合不定项选择题的考核，常见的考查情形：①以文字描述形式结合计算考查职工薪酬的相关核算科目【详见本题】，以及确定直接人工分配率、不同产品应负担部分【详见P39不定项（二）3】；②以分录形式考查分配的账务处理【详见P91不定项（一）3】。

3. 答案 CD	本题考点 制造费用的归集和分配	难易程度 中

解析

固定资产折旧，应按照不同部门等区分核算。

（1）选项AC：生产设备折旧费18万元，记入“制造费用”科目，折旧不应直接记入“生产成本”科目。

（2）选项BD：车间一般管理用设备折旧费12万元，记入“制造费用”科目。

考点提炼

（1）基本生产车间计提折旧费，不论是生产设备还是一般管理用设备，均记入“制造费用”科目。

（2）固定资产计提折旧费用，应根据用途计入相关资产成本或者当期损益，账务处理如下：

借：制造费用［生产车间］
　　管理费用［管理部门、未使用］
　　销售费用［专设销售部门］
　　其他业务成本［出租］
　　研发支出［研发无形资产］
　　在建工程［工程建造］等
　贷：累计折旧

4. 答案 A	本题考点 制造费用的归集和分配	难易程度 易

解析

制造费用主要核算应计入产品成本的间接费用。

（1）根据资料（1），车间机物料消耗5万元，计入制造费用。

（2）根据资料（2），车间管理人员工资25万元及社会保险费4万元，计入制造费用。

（3）根据资料（3），基本生产车间计提折旧费30万元，计入制造费用。

综上所述，本月发生的制造费用总额=5+29+30=64（万元）。

考点提炼

制造费用核算内容主要包括：

（1）车间物料消耗。

（2）车间管理人员的薪酬。

（3）车间管理用房屋和设备的折旧费、租赁费和保险费。

（4）车间管理用具摊销。

（5）车间管理用的照明费、水费、取暖费、劳动保护费、设计制图费、试验检验费、差旅费、办公费。

（6）季节性及修理期间停工损失等。

制造费用的归集和分配通常适合单选、多选、不定项选择题的考核，常见的考查情形：①以计算形式考查制造费用的总额【详见本题】，以及分配【详见 P16 单选 6】；②以分录形式考查分配的账务处理【详见 P29 不定项（一）3】；③以文字描述形式考查制造费用的核算内容【详见 P68 多选 9】。

5. 答案 ABCD	本题考点　在产品按定额成本计价法	难易程度　难

解析

生产费用在完工产品与在产品之间分配采用在产品按定额成本计价法，先按照直接材料定额成本、直接人工定额成本和定额制造费用确定在产品总成本，倒挤完工产品总成本。

（1）选项 D：月末在产品总成本，即直接材料定额成本 80 万元、直接人工定额成本 20 万元、定额制造费用 15 万元的合计，月末在产品总成本=80+20+15=115（万元）。

（2）选项 A：月末在产品 50 件，月末在产品单位成本=115/50=2.3（万元）。

（3）选项 C：因为月初无在产品，因而也没有期初成本，月末生产费用总额即为本月直接材料成本、直接人工成本和制造费用的合计：

①直接材料成本，结合第 1 小题，为 300 万元。

②直接人工成本，结合第 2 小题，为 116 万元。

③制造费用，结合第 4 小题，为 64 万元。

综上所述，月末生产费用总额=300+116+64=480（万元），月末完工产品总成本=月末生产费用总额-月末在产品总成本=480-115=365（万元）。

（4）选项 B：月末完工甲产品 100 件，月末完工产品单位成本=365/100=3.65（万元）。

考点提炼

在产品按定额成本计价法：

月末在产品成本=月末在产品数量×在产品单位定额成本

本月完工产品成本=（月初在产品成本+本月发生生产成本）-月末在产品成本

适用于各项消耗定额或成本定额比较准确、稳定，而且各月末在产品数量变化不是很大的产品。

（二）

1. 答案 ACD	本题考点　销售费用	难易程度　中

解析

销售费用主要核算与销售活动相关的支出。

（1）选项 ABD：电视广告费 500000 元、参加推介会的展览费 60000 元、专设销售机构人员薪酬 8000 元，均记入“销售费用”科目的借方。

（2）选项 C：作为接受服务一方，是取得发票，且取得的是增值税专用发票，应确认进项税额。取得增值税专用发票上注明的增值税税额 33600 元，记入“应交税费——应交增值税（进项税额）”科目的借方。如果是提供服务一方，则是开具增值税专用发票，应确认销项税额。

会计分录如下：

借：销售费用——电视广告费	500000
——展览费	60000
——销售机构人员薪酬	8000
应交税费——应交增值税（进项税额）	33600
贷：银行存款	593600
应付职工薪酬——工资	8000
借：应付职工薪酬——工资	8000
贷：银行存款	8000

考点提炼

销售费用的主要核算内容【详见P168多选8】。

2. 答案 C	本题考点　委托加工物资	难易程度　易

解析

委托加工物资收回后直接对外销售，由受托方代收代缴的消费税，应借记“委托加工物资”科目。

相关链接

与消费税相关的会计核算：

（1）应税消费品直接对外销售，消费税借记“税金及附加”科目。

（2）应税消费品用于在建工程等非生产机构，消费税借记“在建工程”科目。

（3）应税消费品用于对外投资、分配给职工及职工福利，消费税借记“税金及附加”科目。

（4）委托加工物资收回后，用于连续生产应税消费品，受托方代收代缴的消费税借记“应交税费——应交消费税”科目。

（5）进口应税物资，消费税借记“原材料”等科目。

3. 答案 A	本题考点　委托加工物资	难易程度　中

解析

委托加工物资成本的确定，关键在于消费税和增值税的处理。

（1）发出M产品实际成本为400000元，支付加工费50000元，均计入委托加工物资成本。

（2）一般纳税人，取得的增值税专用发票上注明的增值税税额6500元，应确认进项税额，不计入委托加工物资的成本。

（3）结合第 2 小题，由受托方代收代缴的消费税，计入委托加工物资成本。

综上所述，甲公司委托加工完成的 N 产品实际成本 = 400000+50000+110000 = 560000（元）。

会计分录如下：

借：委托加工物资——N 产品　560000

　应交税费——应交增值税（进项税额）　6500

　贷：库存商品——M 产品　400000

　　银行存款　166500

考点提炼

委托加工物资成本包括：实际耗用材料、加工费、运杂费、不可以抵扣的增值税，以及收回后直接用于销售情形下由受托方代收代缴的消费税。

委托加工物资适合各种题型的考核，常见的考查情形：①单独以计算形式考查委托加工物资成本金额【详见本题】；②以文字描述形式考查受托方代收代缴的消费税的处理【详见 P31 不定项（二）2】，以及委托加工物资成本的内容【详见 P45 多选 3】；③以分录形式结合计算考查账务处理【详见 P67 多选 4】。

易错易混

委托加工物资中增值税及消费税【详见 P159 单选 16】。

4. 答案 ABC	本题考点　一般销售商品业务收入的账务处理	难易程度　中

解析

销售商品，应确认主营业务收入及销项税额、结转主营业务成本。

（1）选项 BC：开具增值税专用发票上注明的价款 500000 元、增值税税额 65000 元，应按照价款贷记“主营业务收入”科目，按照增值税额，贷记“应交税费——应交增值税（销项税额）”科目。

（2）选项 A：该批产品生产成本为 360000 元，应借记“主营业务成本”科目。

（3）选项 D：收到面值为 565000 元、期限 3 个月的商业承兑汇票，应借记“应收票据”科目。

会计分录如下：

借：应收票据　565000

　贷：主营业务收入　500000

　　应交税费——应交增值税（销项税额）　65000

借：主营业务成本　360000

　贷：库存商品　360000

考点提炼

一般销售商品业务收入的账务处理通常适合不定项选择题的考核，常见的考查情形：①以文字描述形式结合具体交易或事项考查账务处理【详见本题】；②以文字描述形式结合计算考查应确认的收入和结转的成本金额【详见P59不定项（一）3】；③以分录形式考查账务处理【详见P104不定项（三）2】。

易错易混

应收（付）票据VS其他货币资金【详见P272单选13】。

相关链接

销售商品等收到银行汇票、银行本票，不通过“其他货币资金”科目核算，会计分录如下：

借：银行存款

　贷：主营业务收入

　　应交税费——应交增值税（销项税额）

借：主营业务成本

　贷：库存商品

5. 答案 A	本题考点 “税金及附加” 项目的填列	难易程度 中

解析

税金及附加主要核算日常经营活动的相关税费。

（1）资料（1），确认的增值税进项税额33600元，不计入税金及附加。

（2）资料（2），确认的增值税进项税额6500元，以及由受托方代收代缴的消费税110000元，不计入税金及附加。

（3）资料（3），确认的增值税销项税额65000元，不计入税金及附加。

（4）资料（4），本期应交城市维护建设税1743元、教育费附加747元，应计入税金及附加。

综上所述，甲公司利润表中“税金及附加”项目本期金额=1743+747=2490（元）。

易错易混

各项税费的借、贷方会计核算

		贷方	
		通过“应交税费”科目	不通过“应交税费”科目
借方	税金及附加	消费税（销售等）、城市维护建设税、教育费附加、资源税（销售）、土地增值税（房企）、房产税、城镇土地使用税、车船税等	印花税
	资产成本	消费税（用于在建工程）、资源税（自产自用）	消费税（委托加工物资收回直接出售、进口环节）、关税（进口环节）、契税、车辆购置税、耕地占用税

相关链接

（1）增值税、个人所得税、企业所得税，均不计入税金及附加。
（2）增值税如不可以抵扣，应计入资产成本；增值税如可以抵扣确认进项税额。

（三）

1. 答案 D	本题考点　资本公积的账务处理	难易程度　中

解析

发行股票方式筹集资金，关键在于“资本公积——股本溢价”的金额包含两部分：溢价收入（增加）、发行费用（冲减）。

（1）股本应按面值1元确认，发行价格4元与面值1元的差额（溢价收入），计入资本公积——股本溢价。

（2）手续费、佣金等发行费用从“发行收入”中扣除，发行收入指的是按照发行价格4元计算的总价款，不扣除股本总额；发行费用应冲减资本公积——股本溢价，不足的部分依次冲减盈余公积、未分配利润。

（3）如果一般纳税人取得增值税专用发票，发行费用涉及的增值税额应确认为进项税额。

（4）筹集的资金计入银行存款，银行存款的金额也包括两部分：发行收入-发行费用。

综上所述，该公司发行股票记入“资本公积——股本溢价”科目的金额=500×（4-1）-500×4×3%=1440（万元）。

会计分录如下：

借：银行存款　　1940
　贷：股本　　500
　　资本公积——股本溢价　　1440

2. 答案 BD	本题考点　实收资本（或股本）的减少	难易程度　中

解析

回购时，涉及“库存股”科目，库存股属于所有者权益备抵科目，增加记借方，减少记贷方。注销时，应区分回购价高于面值和回购价低于面值两种情况，高于时，应冲减资本公积下的“股本溢价”，不能冲减“其他资本公积”。

（1）回购时，应按照回购价格3元和回购股数600万股，借记“库存股”科目1800万元。

（2）选项B：注销时，因回购价格3元高于面值1元，贷记“库存股”1800万元，同时冲减，即借记“股本”600万元。

（3）选项ACD：库存股1800万元和股本600万元的差额，还应继续冲减1200万元，结合第1小题，确认了“资本公积——股本溢价”1440万元，先冲“资本公积——股本溢价”，足够冲减，因而不再冲减盈余公积。

（4）本题期初资料中，给定期初资本公积1000万元，未明确说是“股本溢价”还是“其他资本公积”，如是“其他资本公积”则不能用于冲减注销股票时的差额。
会计分录如下：
回购：
借：库存股　1800
　贷：银行存款　1800
注销：
借：股本　600
　　资本公积——股本溢价　1200
　贷：库存股　1800

易错易混

回购股票 VS 注销股票（低于 VS 高于）【详见 P224 单选 16】。

3. 答案 ACD	本题考点 留存收益的增减变动	难易程度 难

解析

利润分配业务，即结转净利润，提取盈余公积、宣告发放现金股利等事项，均应通过“利润分配”科目进行核算。
（1）实现净利润 1000 万元，应贷记“利润分配——未分配利润”科目。
（2）年初未分配利润 600 万元，未点明是“借方余额”，按照存在“贷方余额”考虑，直接按本期实现的净利润 1000 万元计提盈余公积。如点明存在“借方余额”，应先用“净利润”1000 万元弥补亏损，再计提盈余公积。
（3）选项 C：按净利润 1000 万元的 10% 和 5% 提取法定盈余公积及任意盈余公积，应贷记“盈余公积”科目。期末还应结转“利润分配”科目下的明细科目。
（4）选项 A：宣告发放现金股利 100 万元，应贷记“应付股利”科目。期末还应结转“利润分配”科目下的明细科目。
（5）选项 BD：
①净利润结转至“利润分配——未分配利润”科目贷方 1000 万元。
②提取法定盈余公积及任意盈余公积涉及的“利润分配”科目下的明细科目，结转至“利润分配——未分配利润”科目借方 150 万元。
③宣告发放现金股利涉及的“利润分配”科目下的明细科目，结转至“利润分配——未分配利润”科目借方 100 万元。
综上所述，“利润分配——未分配利润”科目借方和贷方合计，得出“利润分配——未分配利润”科目贷方增加 750（1000-150-100）万元。
会计分录如下：
结转实现的净利润：
借：本年利润　1000
　贷：利润分配——未分配利润　1000

提取盈余公积：

借：利润分配——提取法定盈余公积　100

　　　　　　——提取任意盈余公积　50

　贷：盈余公积——法定盈余公积　100

　　　　　　　——任意盈余公积　50

同时：

借：利润分配——未分配利润　150

　贷：利润分配——提取法定盈余公积　100

　　　　　　　——提取任意盈余公积　50

宣告发放现金股利：

借：利润分配——应付现金股利或利润　100

　贷：应付股利　100

同时：

借：利润分配——未分配利润　100

　贷：利润分配——应付现金股利或利润　100

考点提炼

期末净利润的结转，以及“利润分配”明细科目的结转【详见P143不定项（一）4】。

4. 答案 ABD	本题考点　所有者权益总额的增减变动	难易程度　难

解析

对所有者（股东）权益总额的影响，具体判断思路如下：

①借、贷方均涉及所有者权益类科目，总额不变（左口袋钱放在右口袋，钱数总额不变）。

②借方或贷方涉及所有者权益类科目，对应科目涉及资产或负债类科目等，总额变动，或增加或减少。

③借、贷方均不涉及所有者权益类科目，总额不变。

④损益类科目的增减变动，均导致所有者权益总额变动。

（1）所有者权益类科目，借方表示减少，贷方表示增加。“库存股”科目属于所有者权益科目的备抵科目，其变动和所有者权益类科目刚好相反，增加记借方（表明所有者权益减少），减少记贷方（表明所有者权益增加）。

（2）结合本题分录来看，强调总额“不变”：借方、贷方均涉及或均不涉及所有者权益类科目。

选项 A	选项 B
借：股本 　　资本公积——股本溢价 　贷：库存股	借：利润分配——提取任意盈余公积 　贷：盈余公积——任意盈余公积

续表

选项 C	选项 D
借：利润分配——应付现金股利或利润 贷：应付股利	借：利润分配——提取法定盈余公积 贷：盈余公积——法定盈余公积

综上所述：

①选项 ABD：所有者（股东）权益总额不变。

②选项 C：导致所有者权益总额减少、负债增加。

考点提炼

常见的所有者权益类科目【详见 P118 单选 1】。

易错易混

常见事项对所有者权益总额和留存收益总额的影响【详见 P125 单选 16】。

5. 答案 A | **本题考点** 所有者权益总额的计算 | **难易程度** 难

解析

所有者（股东）权益总额的计算，涉及两种思路：

①在期初总额基础上，结合题干中出现的事项，逐一判断事项“是否导致所有者权益总额增减变动”，如未变动，不用考虑，导致增加，应加上，导致减少，应减去，最终合计确定期末余额。

②在期初总额基础上（如期初资料直接按科目给定余额，更合适），结合资料事项，逐一判断事项“涉及的所有者权益科目”，先按科目来归集，最终将所涉及的科目余额合计，确定期末余额。

本题的计算两种思路都可以，参照如下：

（1）

①期初所有者权益总额共计 8600 万元。

②资料（1），发行股票，导致所有者权益增加 500 万元和 1440 万元。

③资料（2），回购并注销股票，回购导致所有者权益减少 1800 万元，注销时所有者权益总额不变。

④资料（3），实现净利润，导致所有者权益增加 1000 万元；提取盈余公积，所有者权益总额不变；宣告发放现金股利，导致所有者权益减少 100 万元。

综上所述，2019 年 12 月 31 日该公司资产负债表中股东权益总额＝8600+500+1440−1800+1000−100＝9640（万元）。

（2）

①“股本”总额＝5000［期初］+500［资料（1）发行股票］−600［资料（2）注

销股票］=4900（万元）。

②“资本公积”总额=1000［期初］+1440［资料（1）发行股票］-1200［资料（2）注销股票］=1240（万元）。

③“盈余公积”总额=2000［期初］+150［资料（3）提取］=2150（万元）。

④“未分配利润”总额=600［期初］+750［资料（3），实现净利润、提取盈余公积、宣告发放现金股利的最终结果，结合第3小题］=1350（万元）。

综上所述，2019年12月31日该公司资产负债表中股东权益总额=4900（股本）+1240（资本公积）+2150（盈余公积）+1350（未分配利润）=9640（万元）。

相关链接

留存收益期末余额的计算【详见P383不定项（一）5】。

2020 年会计专业技术资格考试《初级会计实务》试题（3）

参考答案及解析

扫码看答案

使用“微信”或“会计云课堂”App 扫描右侧二维码，即可查阅电子版答案及解析，“手机看答案更轻松”。

一、单项选择题

1. 答案 D	本题考点　管理费用	难易程度　中

解析

管理费用主要核算与管理活动相关以及兜底性质的支出。

（1）计提行政办公大楼折旧 40 万元，计入管理费用。

（2）支付会计师事务所审计费50 万元，计入管理费用。

（3）发生业务招待费60 万元，计入管理费用。

综上所述，该企业 2019 年 12 月份确认的管理费用金额＝40+50+60＝150（万元）。

考点提炼

管理费用的主要核算内容【详见 P168 多选 8】。

2. 答案 D	本题考点　营业外支出	难易程度　中

解析

营业外支出主要核算非日常活动的相关损失。

（1）选项 A：计入资产减值损失。

（2）选项 B：存货盘亏净损失应区别考虑：自然灾害等导致的非常损失记入“营业外支出”科目；管理不善等导致的一般经营损失记入“管理费用”科目。

（3）选项 C：计入资产处置损益。

（4）选项 D：计入营业外支出。

易错易混

（1）出售固定资产 VS 毁损固定资产【详见 P237 不定项（二）2】。

（2）主营业务成本 VS 其他业务成本 VS 营业外支出 VS 资产处置损益（损失）【详见 P162 多选 1】。

相关链接

存货的盘亏【详见 P136 多选 10】。

3. 答案 C	本题考点 其他应交税费	难易程度 易

解析

自产自用应税产品应交纳的资源税，应借记“生产成本”（选项 C）“制造费用”等科目，贷记“应交税费——应交资源税”科目。

考点提炼

其他应交税费通常适合单选、多选、判断题的考核，常见的考查情形：①以文字描述形式考查小税种的借、贷方核算科目【详见本题】；②以分录形式结合计算考查城市维护建设税、教育费附加的账务处理【详见 P68 多选 12】。

相关链接

（1）对外销售应税矿产品应交纳的资源税，应借记“税金及附加”科目，贷记“应交税费——应交资源税”科目。

（2）应交消费税：

①自产自用，用于在建工程等非生产机构，应借记“在建工程”科目，贷记“应交税费——应交消费税”科目。

②对外销售，应借记“税金及附加”科目，贷记“应交税费——应交消费税”科目。

4. 答案 D	本题考点 国库集中支付业务	难易程度 易

解析

财政直接支付方式下，收到“财政直接支付入账通知书”时，财务会计中应借记“库存物品”等科目，贷记“财政拨款收入”科目。

考点提炼

财政直接支付方式下，收到“财政直接支付入账通知书”时，预算会计：

借：事业支出等

　贷：财政拨款预算收入

相关链接

财政授权支付方式下，收到“授权支付到账通知书”时：

财务会计	借：零余额账户用款额度 　贷：财政拨款收入
预算会计	借：资金结存——零余额账户用款额度 　贷：财政拨款预算收入

5. 答案 B	本题考点 税金及附加	难易程度 易

解析

税金及附加主要核算日常经营活动的相关税费。

（1）选项A：个人所得税代扣代缴形式下，代扣时通过“应付职工薪酬”科目核算。

（2）选项B：通过“税金及附加”科目核算。

（3）选项C：通过“所得税费用”科目核算。

（4）选项D：通过“应交税费”科目核算。

易错易混

各项税费的借、贷方会计核算【详见P178不定项（二）5】。

6. 答案 D	本题考点 无形资产的账务处理	难易程度 中

解析

出售无形资产净损益，即确定“资产处置损益”科目的金额。

（1）按照取得价款40万元和应结转的无形资产账面价值（成本30万元-累计摊销15万元）的差额来确定。

（2）出售时开具增值税专用发票，增值税额2.4万元属于价外税，不影响净损益的计算，但出售时的账务处理应确认销项税额。

综上所述，转让该项专利权应确认的处置净损益=40-（30-15）=25（万元）。

会计分录如下：

借：银行存款等	42.4
累计摊销	15
贷：无形资产	30
应交税费——应交增值税（销项税额）	2.4
资产处置损益	25

相关链接

（1）无形资产报废净损失，计入营业外支出。

（2）转让无形资产使用权（出租），应确认其他业务收入、结转其他业务成本。

7. 答案 B	本题考点 所有者权益总额的计算	难易程度 难

解析

在期初总额基础上，结合题干中出现的事项，逐一判断事项“是否导致所有者权益总额增减变动”，如未变动，不用考虑，导致增加，应加上，导致减少，应减去，最终合计确定期末余额。

（1）当年实现净利润350万元，导致所有者权益总额增加350万元。

（2）提取盈余公积35万元，所有者权益总额不变。

（3）向投资者分配现金股利40万元，导致所有者权益总额减少40万元。

综上所述，该企业2019年末所有者权益总额=1150+350-40=1460（万元）。

会计分录如下：

结转实现的净利润：

借：本年利润	350	
贷：利润分配——未分配利润		350

提取盈余公积：

借：利润分配——提取法定/任意盈余公积	35	
贷：盈余公积		35

同时：

借：利润分配——未分配利润	35	
贷：利润分配——提取法定/任意盈余公积		35

宣告发放现金股利：

借：利润分配——应付现金股利或利润	40	
贷：应付股利		40

同时：

借：利润分配——未分配利润	40	
贷：利润分配——应付现金股利或利润		40

考点提炼

常见的所有者权益类科目【详见P118单选1】。

易错易混

常见事项对所有者权益总额和留存收益总额的影响【详见P125单选16】。

相关链接

留存收益期末余额的计算【详见P383不定项（一）5】。

8. 答案 B	本题考点　交易或事项对会计等式的影响	难易程度　难

解析

（1）资产类科目，借方表示增加，贷方表示减少。

（2）负债类科目，借方表示减少，贷方表示增加。

（3）结合本题分录来看，强调“资产和负债”“同时增加”：借方涉及资产类科目、贷方涉及负债类科目。

选项 A	选项 B
借：库存现金 　贷：银行存款	借：银行存款 　贷：短期借款
选项 C	选项 D
借：应付账款 　贷：应付票据	借：银行存款 　贷：实收资本

综上所述：

①选项 A：不涉及“负债”类科目，资产总额不变。

②选项 B：导致资产和负债同时增加。

③选项 C：不涉及“资产”类科目，负债总额不变。

④选项 D：导致资产和所有者权益同时增加。

考点提炼

常见资产类科目、常见负债类科目【详见 P118 单选 1、P154 单选 5】。

9. 答案 D | **本题考点　接受非现金资产投资** | **难易程度　中**

解析

接受非现金资产投资，关键在于确定“资本公积——资本溢价”科目金额。

（1）选项 AC：收到乙公司作为资本投入的原材料，合同约定该批材料不含增值税的价值为 100 万元，增值税税额 13 万元（由乙公司支付），应按价值 100 万元借记“原材料”科目，增值税额13 万元借记“应交税费——应交增值税（进项税额）”科目。

（2）选项 BD：乙公司享有甲公司注册资本的份额为 80 万元，应按 80 万元贷记“实收资本”科目，差额33 万元（借方 100+13-贷方 80）贷记“资本公积——资本溢价”科目。

会计分录如下：

借：原材料	100
应交税费——应交增值税（进项税额）	13
贷：实收资本	80
资本公积——资本溢价	33

相关链接

（1）接受固定资产、无形资产投资：

借：固定资产、无形资产

　　应交税费——应交增值税（进项税额）

　贷：实收资本/股本

　　　资本公积——资本溢价/股本溢价

（2）接受现金资产投资：

借：银行存款

　贷：实收资本/股本

　　资本公积——资本溢价/股本溢价

10. 答案 A	本题考点 “应付账款” 项目的填列	难易程度 易

解析

“预付账款”科目所属明细科目的期末贷方余额，应填列在“应付账款”项目。

易错易混

应付账款 VS 预付款项 VS 应收账款 VS 预收款项

	填列规则
应付账款	“应付账款”和“预付账款”科目所属各明细科目的期末贷方余额合计数填列
预付款项	“预付账款”和“应付账款”科目所属各明细科目的期末借方余额合计数，减去相关“坏账准备”科目期末余额后的净额填列
应收账款	“应收账款”和“预收账款”科目所属各明细科目的期末借方余额合计数，减去相关“坏账准备”科目期末余额后的净额填列
预收款项	“预收账款”和“应收账款”科目所属各明细科目的期末贷方余额合计数填列

11. 答案 B	本题考点 会计账簿	难易程度 中

解析

会计账簿，可以按“账页格式”“用途”和“外形特征”进行分类，而每种类别下还涉及明细分类。

（1）选项AD，适合采用多栏式账簿。

（2）选项C，适合采用三栏式账簿。

易错易混

账页格式 VS 用途 VS 外形特征

分类		适用范围
账页格式	三栏式账簿	①各种日记账、总账 ②资本、债权、债务明细账
	多栏式账簿	①收入（主营业务收入等）明细账 ②成本（生产成本、制造费用等）明细账 ③费用（管理费用等）明细账
	数量金额式账簿	①原材料明细账 ②库存商品等明细账

续表

分类		适用范围
用途	序时账簿	①库存现金日记账 ②银行存款日记账
	分类账簿	①总分类账簿（三栏式） ②明细分类账簿 a. 三栏式 b. 多栏式：收入、成本、费用明细账 c. 数量金额式：原材料、库存商品等明细账
	备查账簿	①出租、出借包装物备查簿 ②临时租入固定资产备查簿等
外形特征	订本式账簿	①重要的和具有统驭性的总分类账 ②库存现金日记账 ③银行存款日记账
	活页式账簿	明细分类账
	卡片式账簿	①固定资产 ②材料［少数企业］

12. 答案 A | **本题考点** 所得税费用 | **难易程度** 难

解析

确认所得税费用，应在当期税前会计利润，即利润总额基础上考虑纳税调整；同时，还应考虑递延所得税，除非题目没有相关信息或者明确说明无需考虑。

（1）国债利息收入 45 万元，会计核算记入“投资收益”科目，计算当期所得税时，应在利润总额基础上纳税调减，即“-45”。

（2）税收滞纳金 10 万元，会计核算记入“营业外支出”科目，计算当期所得税时，应在利润总额基础上纳税调增，即“+10”。

（3）题干明确说明不考虑其他因素，直接在全年实现的利润总额 6035 万元基础上进行纳税调整后，结合给出的所得税税率 25%，即可计算出所得税费用。

综上所述，该企业 2019 年度所得税费用 =（6035-45+10）×25% = 1500（万元）。

易错易混

纳税调增 VS 纳税调减【详见 P142 不定项（一）3】。

相关链接

递延所得税的计算及账务处理【详见 P142 不定项（一）3】。

13. 答案 A	本题考点　应付票据	难易程度　易

解析

到期无力支付票款的银行承兑汇票转销时，借记“应付票据”科目，贷记“短期借款”科目。

易错易混

转销应付票据 VS 转销应付账款

	应付票据	应付账款
事项	无力支付的应付票据	无法支付的应付账款
结转科目	短期借款（银行承兑汇票）/应付账款（商业承兑汇票）	营业外收入

14. 答案 A	本题考点　商业折扣、现金折扣和销售退回的账务处理	难易程度　中

解析

在某一时点履行的履约义务，需在控制权转移时确认收入，即常见的销售商品交易；销售业务中涉及商业折扣，应按照扣除商业折扣后的金额确认收入及销项税额，商业折扣不影响成本的结转金额。

（1）选项 AD：销售 M 商品 1000 件并开具了增值税专用发票，每件商品的标价为 200 元（不含增值税），给予客户 10%的商业折扣，应在打九折的基础上确认收入 180000 元，以及计算增值税销项税额 23400（180000×13%）元。

（2）选项 C：每件商品的实际成本为 120 元，据此结转主营业务成本 120000 元。

（3）选项 B：题干未提及“现金折扣”条件，因而无需考虑，如果给出条件，现金折扣实际发生时，即收款时确认为财务费用。同时注意，商业折扣不涉及专门的账务处理，折扣金额不计入财务费用。

会计分录如下：

10 月 2 日发出商品时：

借：应收账款　203400

　贷：主营业务收入　180000

　　　应交税费——应交增值税（销项税额）　23400

同时：

借：主营业务成本　120000

　贷：库存商品　120000

10 月 9 日收到款项时：

借：银行存款　203400

　贷：应收账款　203400

考点提炼

商业折扣、现金折扣和销售退回的账务处理通常适合单选、多选、不定项选择题的考核，常见的考查情形：①以文字描述形式结合计算考查确认的收入、应收账款的金额【详见本题】，以及涉及退回时冲减的金额【详见 P94 不定项（三）3】；②单独以计算形式考查确认收入金额【详见 P16 单选 7】；③以分录形式结合计算考查账务处理【详见 P50 不定项（三）2】；④以文字描述形式考查现金折扣的处理，及对应收账款、收入的影响【详见 P99 多选 6】。

易错易混

商业折扣 VS 现金折扣 VS 销售退回【详见 P239 不定项（三）2】。

相关链接

在某一时段内履行的履约义务，在该段时间内按照履约进度确认收入【详见 P164 多选 2】。

15. 答案 C	本题考点 “一年内到期的非流动负债” 项目的填列	难易程度 易

解析

资产负债表日起一年内到期且企业不能自主地将清偿义务展期的长期借款，应填列在“一年内到期的非流动负债”项目。

相关链接

“递延收益”项目，摊销期限只剩一年或不足一年的，或预计在一年内（含一年）进行摊销的部分，不得归类为流动负债，仍在该项目中填列，不转入“一年内到期的非流动负债”项目。

16. 答案 D	本题考点 收入核算应设置的会计科目	难易程度 中

解析

主营业务收入主要核算日常主营收入；其他业务收入核算除了主营业务活动以外的其他日常经营活动的收入。

（1）选项 AB：属于制造业企业其他业务收入。

（2）选项 C：属于制造业企业资产处置损益。

考点提炼

收入核算应设置的会计科目通常适合单选、多选、不定项选择题的考核，常见的考查情形：①以文字描述形式结合具体交易或事项考查是否属于主营业务收入、其他业务收入【详见本题】；②以分录形式结合计算考查账务处理【详见 P104 不定项（三）1】。

易错易混

主营业务收入 VS 其他业务收入 VS 营业外收入 VS 资产处置损益（收益）

	主要核算内容
主营业务收入	①销售商品收入 ②提供服务（劳务）收入
其他业务收入	①出租固定资产收入 ②出租无形资产收入 ③出租商品收入 ④出租包装物收入 ⑤随同商品出售单独计价的包装物收入 ⑥销售材料收入
营业外收入	①非流动资产（固定资产等）毁损报废收益 ②与企业日常活动无关的政府补助 ③盘盈利得（现金盘盈） ④（现金和非现金）捐赠利得 ⑤无法支付的应付账款
资产处置损益（收益）	①出售固定资产利得 ②出售无形资产利得 ③出售持有待售的非流动资产利得

相关链接

“营业收入”项目，根据“主营业务收入”和“其他业务收入”科目的发生额分析填列。

17. 答案 A	本题考点　政府会计负债业务	难易程度　易

解析

采用财政授权支付方式上缴代扣的个人所得税，财务会计中应借记“其他应交税费——应交个人所得税”科目，贷记“零余额账户用款额度”科目。

相关链接

（1）采用财政直接支付方式上缴代扣的个人所得税，财务会计：

借：其他应交税费——应交个人所得税

　贷：财政拨款收入

（2）采用非财政支付方式上缴代扣的个人所得税，财务会计：

借：其他应交税费——应交个人所得税

　贷：银行存款等

18. 答案 A	本题考点　应收款项减值	难易程度　难

解析

应收账款计提坏账准备，应结合题干给出的事项，确定“坏账准备”本年发生额及借、贷方向，结合期初、期末余额，计算出应计提金额。

（1）计提坏账准备前，坏账准备余额＝年初余额+本年增加额－本年减少额。年初“坏账准备”科目的贷方余额为10万元。

（2）实际发生坏账损失5万元，应借记“坏账准备”科目5万元，即本期减少5万元。

（3）至此，“坏账准备”科目贷方余额＝年初余额－本年减少额＝10－5＝5（万元）。

（4）因年末“坏账准备”科目贷方余额应为16万元，即年末应有余额为16万元，年末应计提坏账准备金额，是在年末应有余额的基础上，结合年初余额、本年发生额（借方减少，贷方增加），也就是计提坏账准备前“坏账准备”科目贷方余额5万元，倒挤得出。

综上所述，年末该企业应计提坏账准备的金额＝16－5＝11（万元）。

计算应计提坏账准备金额的题目，可以结合“T”型账户，简单、快捷得出结论，参照如下：

坏账准备

5（本年减少额）	10（年初余额）
	？＝11（年末应计提）
	16（年末余额）

考点提炼

应收款项减值适合各种题型的考核，常见的考查情形：①以计算形式考查期末应计提的坏账准备金额【详见本题】；②以文字描述形式考查坏账准备常见的几种账务处理【详见P20判断2】，以及计提坏账准备对应的核算科目【详见P26单选17】，以及坏账相关处理对应收账款账面价值的影响【详见P98多选1】；③以分录形式考查账务处理【详见P62不定项（三）3】；④以文字描述形式结合计算考查计提前坏账准备余额、应计提的坏账准备金额【详见P62不定项（三）4】。

易错易混

坏账准备增加 VS 坏账准备减少

	坏账准备增加	坏账准备减少	对应收账款账面价值的影响
计提（补提）	借：信用减值损失 　贷：坏账准备	—	账面价值减少
转回（冲减）	—	借：坏账准备 　贷：信用减值损失	账面价值增加

续表

	坏账准备增加	坏账准备减少	对应收账款账面价值的影响
实际发生坏账损失	—	借：坏账准备 贷：应收账款	账面价值不变
收回已确认并转销的应收账款	借：应收账款 贷：坏账准备 借：银行存款 贷：应收账款	—	第一笔分录，账面价值不变 第二笔分录，账面价值减少 综上，账面价值减少

19. 答案 A　　本题考点　其他应付款　　难易程度　中

解析

（1）选项 B：通过“应付账款”科目核算。

（2）选项 C：通过“应付职工薪酬”科目核算。

（3）选项 D：通过“应付股利”科目核算。

考点提炼

其他应付款通常适合单选、多选题的考核，常见的考查情形：①以文字描述形式考查核算内容【详见本题】；②以分录形式考查应付租金的账务处理【详见 P53 单选 12】。

易错易混

存入保证金 VS 存出保证金

	存入保证金	存出保证金
要点	先“收”后“返”	先“付”后“收”
性质	收取押金	支付押金
主体	收款方	付款方
科目	其他应付款	其他应收款
账务处理	①收取时： 借：银行存款等 贷：其他应付款	①支付时： 借：其他应收款 贷：银行存款等
	②退还时： 借：其他应付款 贷：银行存款等	②收回时： 借：银行存款等 贷：其他应收款

应付账款 VS 其他应付款

	常见的考查事项
应付账款	①应付购买材料价款 ②应付购买商品价款 ③应付接受服务（劳务）价款 ④销货方垫付的包装费、运杂费等 ⑤增值税进项税额
其他应付款	①应付短期租赁固定资产租金 ②租入包装物租金 ③向社保机构等缴纳职工个人应负担部分的住房公积金、社会保险费 ④存入保证金 ⑤应付违约金、赔偿款

相关链接

"其他应付款"项目，根据"应付利息""应付股利"和"其他应付款"科目的期末余额合计数填列。

20. 答案 D	本题考点 财务报告	难易程度 易

解析

利润表（损益表），是反映企业在一定会计期间的经营成果的报表。

相关链接

企业财务报表

	定义
资产负债表	反映企业在某一特定日期的财务状况的会计报表，是企业经营活动的静态反映
现金流量表	反映企业一定会计期间的现金和现金等价物流入和流出的报表
所有者（股东）权益变动表	反映构成所有者（股东）权益各组成部分当期增减变动情况的报表
附注	对资产负债表、利润表、现金流量表和所有者（股东）权益变动表等报表中列示项目的文字描述或明细资料，以及对未能在这些报表中列示项目的说明等

二、多项选择题

1. 答案 CD	本题考点 营业成本	难易程度 中

解析

主营业务成本主要核算日常主营成本；其他业务成本核算除了主营业务活动以外的其他日常经营活动的成本。

（1）选项 AB：属于制造业企业销售费用核算内容。

（2）选项 CD：属于制造业企业其他业务成本核算内容。

考点提炼

营业成本通常适合单选、多选、不定项选择题的考核，常见的考查情形：①以文字描述形式结合具体交易或事项考查主营业务成本核算内容、其他业务成本核算内容【详见本题】；②以分录形式考查出租设备摊销额的账务处理【详见 P75 单选 9】；③以文字描述形式结合计算考查期末营业成本金额【详见 P105 不定项（三）5】。

易错易混

“单独计价”包装物 VS“不单独计价”包装物、出租包装物 VS 出借包装物【详见 P240 不定项（三）3】。

2. 答案 AD	本题考点　营业外收入	难易程度　中

解析

营业外收入主要核算非日常活动相关利得。

（1）选项 AD：计入营业外收入。

（2）选项 B：存货盘盈，通常是因为收发计量差错造成（管理不善），报经批准后需冲减管理费用(计入其贷方)。

（3）选项 C：计入其他业务收入。

易错易混

（1）主营业务收入 VS 其他业务收入 VS 营业外收入 VS 资产处置损益（收益）【详见 P193 单选 16】。

（2）库存现金、存货和固定资产的盘盈与盘亏【详见 P136 多选 10】。

3. 答案 BC	本题考点　税金及附加	难易程度　易

解析

税金及附加主要核算日常经营活动的相关税费。按照现行准则规定没有任何一个税种通过“管理费用”科目核算。

（1）选项 A：计算（确认）城镇土地使用税，借记“税金及附加”科目。

（2）选项 B：计算（确认）城市维护建设税，借记“税金及附加”科目。

（3）选项 C：计算（确认）教育费附加，借记“税金及附加”科目。

（4）选项 D：计算（确认）车船税，借记“税金及附加”科目。

考点提炼

（1）计算应交城市维护建设税、教育费附加、城镇土地使用税、车船税：

借：税金及附加

　贷：应交税费——应交城市维护建设税

　　　　　　——应交教育费附加

　　　　　　——应交城镇土地使用税

　　　　　　——应交车船税

（2）交纳税款：

借：应交税费——应交城市维护建设税

——应交教育费附加

——应交城镇土地使用税

——应交车船税

贷：银行存款

易错易混

各项税费的借、贷方会计核算【详见P178不定项（二）5】。

4. 答案 BD	本题考点 财务费用	难易程度 中

解析

财务费用主要核算与筹资相关的费用。

（1）选项A：应冲减资本公积——股本溢价，不足冲减的部分，依次冲减盈余公积和未分配利润。

（2）选项BD：属于“财务费用”科目核算内容。

（3）选项C：财务部门属于企业行政管理部门，其人员薪酬属于“管理费用”科目核算内容。

考点提炼

财务费用的主要核算内容【详见P168多选8】。

相关链接

实务中涉及单独的财务部门，就会计核算来说，归入管理部门，因而财务部门发生的人员薪酬、固定资产折旧费、固定资产日常维修费等，均属于“管理费用”科目核算内容。

5. 答案 BC	本题考点 会计职能	难易程度 易

解析

选项AD，属于会计拓展职能。

考点提炼

	内容
基本职能	①会计核算 ②会计监督

续表

	内容
拓展职能	①预测经济前景 ②参与经济决策 ③评价经营业绩

6. 答案 BD	本题考点 政府会计资产业务	难易程度 中

解析

选项AC，事业单位不应计提折旧，从折旧范围来直接考虑。

易错易混

企业固定资产折旧时间VS政府固定资产折旧时间

	企业固定资产	政府固定资产
当月增加	当月不提	当月计提
当月减少	当月计提	当月不提

企业固定资产折旧范围VS政府固定资产折旧范围【详见P158单选13】。

7. 答案 BD	本题考点 存货成本的确定	难易程度 中

解析

存货的采购成本的确定，包括价款等必要支出，关键在于税的处理。

（1）选项A：连续生产，消费税计入应交税费——应交消费税。

（2）选项B：直接销售，消费税计入委托加工物资（属于存货）。

（3）选项C：可抵扣的进项税额，计入应交税费——应交增值税（进项税额）。

（4）选项D：关税，计入原材料（属于存货）。

考点提炼

存货的采购成本主要包括：

（1）购买价款。

（2）相关税费（购买存货发生的进口关税、消费税、资源税和不能抵扣的增值税进项税额以及相应的教育费附加等应计入存货采购成本的税费）。

（3）运输费、装卸费、保险费。

（4）其他可归属于存货采购成本的费用（存货采购过程中发生的仓储费、包装费、运输途中的合理损耗、入库前的挑选整理费用等）。

存货成本的确定适合各种题型的考核，常见的考查情形：①以文字描述形式考查存货成本包含的内容、应计入的税费【详见本题】，以及商品流通企业的特殊处理【详见P110判断6】；②单独以计算形式考查外购存货入账成本金额【详见P84单选3】。

易错易混

存货采购成本增值税的确定

	增值税专用发票	增值税普通发票
一般纳税人	不计入存货成本、确认进项税额	计入存货成本
小规模纳税人	计入存货成本	

委托加工物资中增值税及消费税【详见 P159 单选 16】。

相关链接

(1) 存货的加工成本，包括直接人工成本（直接从事产品生产人员的职工薪酬）和制造费用（为产品生产而发生的各项间接费用）。

(2) 存货的其他成本，比如设计费用是为特定客户设计产品所发生的、可直接确定的，应计入存货的成本，否则设计费用通常计入当期损益。

8. 答案 CD | 本题考点 实收资本（或股本）的减少 | 难易程度 中

解析

回购时，涉及“库存股”科目，库存股属于所有者权益备抵科目，增加记借方，减少记贷方。注销时，应区分回购价高于面值和回购价低于面值两种情况，高于时，应冲减资本公积下的“股本溢价”，不能冲减“其他资本公积”。

(1) 回购时，应按照回购价格 4 元和回购股数 1000 万股，借记“库存股”科目 4000 万元。

(2) 选项 CD：注销时，因回购价格 4 元高于面值 1 元，贷记“库存股”科目 4000 万元，同时冲减，即借记“股本”科目 1000 万元。

(3) 选项 AB：库存股 4000 万元和股本 1000 万元的差额，还应继续冲减 3000 万元，结合题干信息，先冲“资本公积——股本溢价”2000 万元，全额冲减后还剩余 1000 万元，继续冲减盈余公积 1000 万元。

会计分录如下：

回购时：

借：库存股　　4000

　贷：银行存款　　4000

注销时：

借：股本　　1000

　　资本公积——股本溢价　　2000

　　盈余公积　　1000

　贷：库存股　　4000

易错易混

回购股票 VS 注销股票（低于 VS 高于）【详见 P224 单选 16】。

9. 答案 ABCD	本题考点 “应交税费”项目的填列	难易程度 易

解析

“应交税费”项目填列，通常从计算（确认）时，通过“应交税费”科目核算的税种入手考虑。

（1）选项 ABC：消费税、资源税和车船税的期末贷方余额，填列在“应交税费”项目。

（2）选项 D：个人所得税的期末借方余额，以“-”号填列在“应交税费”项目。

考点提炼

“应交税费”项目，反映的税费包括增值税、消费税、城市维护建设税、教育费附加、企业所得税、个人所得税、资源税、土地增值税、房产税、城镇土地使用税、车船税等。

相关链接

（1）印花税、契税、车辆购置税、耕地占用税不需要预计应交税金，不通过“应交税费”科目核算，因而不列入“应交税费”项目。

（2）“应交税费”科目下的“应交增值税”“未交增值税”“待转销项税额”“未交增值税”等明细科目的期末余额应区分借、贷方余额特殊考虑及填列。

10. 答案 ABC	本题考点 销售费用	难易程度 易

解析

销售费用主要核算与销售活动相关的支出。

（1）选项 ABC：销售商品过程中发生的装卸费、保险费、包装费，应通过“销售费用”科目核算。

（2）选项 D：代垫运费，虽然是销售商品过程中发生的支出，但是其性质是“垫付”，可以收回，而非实质上的支出，因而应通过“应收账款”科目核算。

考点提炼

销售费用的主要核算内容【详见 P168 多选 8】。

销售费用通常适合单选、多选、不定项选择题的考核，常见的考查情形：①以文字描述形式考查“销售费用”科目核算的内容【详见本题】；②以文字描述形式结合计算考查账务处理【详见 P30 不定项（二）1】；③单独以计算形式考查期末销售费用总额【详见 P70 不定项（一）5】。

相关链接

（1）存货采购过程中，发生的运输费、装卸费、保险费、包装费应计入存货采购成本。

（2）销售过程中涉及的运杂费等垫付款，直接计入应收账款；如果是企业垫付职工医药费等，应计入其他应收款。

三、判断题

1. 答案 ×	本题考点 合同成本	难易程度 易

解析

企业为取得合同发生的增量成本（销售佣金等）预期能够收回的，应作为合同取得成本确认为一项资产。

相关链接

企业为履行合同可能会发生各种成本，应当对这些成本进行分析，属于收入准则且同时满足下列条件的，应当作为合同履约成本确认为一项资产：

（1）该成本与一份当前或预期取得的合同直接相关。

（2）该成本增加了企业未来用于履行（包括持续履行）履约义务的资源。

（3）该成本预期能够收回。

2. 答案 ×	本题考点 现金管理制度	难易程度 易

解析

企业发生经济业务需要支付现金时，通常不可以从本单位的现金收入中直接安排支付，在特殊情况下，事先报经开户银行审查批准才可以。

考点提炼

（1）开户单位支付现金，可以从本单位库存现金限额中支付或从开户银行提取，不得从本单位的现金收入中直接支付（即坐支）。

（2）因特殊情况需要坐支现金的，应当事先报经开户银行审查批准，由开户银行核定坐支范围和限额。

3. 答案 ×	本题考点 固定资产的清查	难易程度 易

解析

企业固定资产盘盈利得报经批准后，应调整期初留存收益（盈余公积和未分配利润）。

易错易混

库存现金、存货和固定资产的盘盈与盘亏【详见 P136 多选 10】。

4. 答案 √	本题考点 非货币性职工薪酬	难易程度 易

相关链接

如果无法可靠区分研究阶段和开发阶段的支出，应当将其所发生的研发支出全部费用化，计入当期损益（管理费用）。

5. 答案 √	本题考点 长期待摊费用	难易程度 易

相关链接 长期待摊费用核算内容包括因生产经营需要、以租赁方式租入的使用权资产发生的改良支出等。

6. 答案 ×	本题考点 在某一时段内履行履约义务确认收入	难易程度 易

解析 对于在某一时段内履行的履约义务，当履约进度不能合理确定时，企业已经发生的成本预计能够得到补偿的，应当按照已经发生的成本金额确认收入。

相关链接 (1) 对于在某一时段内履行的履约义务，当履约进度不能合理确定时，企业已经发生的成本预计不能够得到补偿的，不应确认收入。

(2) 当履约进度能够合理确定时，资产负债表日企业按照合同的交易价格总额乘以履约进度扣除以前会计期间累计已确认的收入后的金额，确认当期收入。

7. 答案 √	本题考点 单位会计核算概述	难易程度 易

易错易混

现金业务核算 VS 非现金业务核算

业务类型		核算	
		财务会计	预算会计
现金收支业务	纳入年度部门预算管理	√	√
	未纳入年初批复的预算但纳入决算报表编制范围的非财政拨款收支	√	√
	受托代理的、不属于本年度部门预算	√	—
	应上缴财政的、应转拨的、应退回的	√	—
	其他	√	—
不涉及现金收支的业务		√	—

8. 答案 ×	本题考点 采用实际成本核算	难易程度 易

解析 已验收入库但至月末尚未收到增值税扣税凭证的赊购货物，应在期末按货物的暂估价值入账，无需暂估增值税进项税额。

考点提炼 (1) 月末，仍未收到发票账单时材料按暂估价值入账：

借：原材料

　贷：应付账款——暂估应付账款

（2）下月初，用红字冲销原暂估入账金额。

（3）待收到发票账单后，再按“单货同时到”正常进行账务处理。

采用实际成本核算通常适合单选、不定项选择题的考核，常见的考查情形：①以文字描述形式考查“货到单未到”的处理【详见本题】，以及发出材料的核算科目【详见 P91 不定项（一）2】；②以分录形式结合计算考查购入材料的账务处理【详见 P23 不定项（三）1】，以及发出材料的账务处理【详见 P71 不定项（二）2】。

9. 答案 √	本题考点　记账凭证	难易程度　易

考点提炼

记账凭证填制的基本要求【详见 P157 单选 12】。

10. 答案 √	本题考点　应付股利	难易程度　易

解析

董事会或类似机构通过的利润分配方案中拟分配的现金股利或利润，不需要进行账务处理，但应在附注中披露。

相关链接

股东大会或类似机构审议批准（通过）利润分配方案

	账务处理
宣告时	借：利润分配——应付现金股利或利润 贷：应付股利
实际支付时	借：应付股利 贷：银行存款等

四、不定项选择题

（一）

1. 答案 D	本题考点　取得交易性金融资产	难易程度　中

解析

取得交易性金融资产涉及诸多支出，应逐一区分计入不同会计科目进行核算。

（1）支付价款 2500 万元，包含已宣告但尚未发放的现金股利 50 万元，因而扣除现金股利的部分 2450 万元计入交易性金融资产初始投资成本，已宣告但尚未发放的现金股利 50 万元单独核算，计入应收股利。

（2）另支付相关交易费用 0.5 万元，取得的增值税专用发票注明的增值税税额 0.03

万元，交易费用应借记“投资收益”科目，对应的增值税税额应确认进项税额，不计入投资收益，也不计入交易性金融资产初始投资成本。

（3）总支出 2500.53 万元应计入其他货币资金。

综上所述，甲公司购入乙公司股票记入“交易性金融资产——成本”科目的金额为 2450 万元。

会计分录如下：

借：交易性金融资产——成本	2450	
应收股利	50	
投资收益	0.5	
应交税费——应交增值税（进项税额）	0.03	
贷：其他货币资金——存出投资款		2500.53

易错易混

投资涉及交易费用 VS 筹资涉及交易费用

	交易或事项	具体核算
投资	交易性金融资产	投资收益（借方）
筹资	发行股票方式筹资	依次冲减资本公积——股本溢价、盈余公积和未分配利润

考点提炼

交易性金融资产取得时的账务处理【详见 P122 单选 10】。

2. 答案 B | **本题考点** 取得交易性金融资产 | **难易程度** 易

解析

（1）选项 CD：结合第 1 小题，确认了垫付款性质的应收股利 50 万元，此时收到，应冲减（贷记）“应收股利”科目，而不能冲减“交易性金融资产——成本”科目。

（2）选项 AB：收到乙公司发放的现金股利并存入投资款专户，明确点明存入了“投资款专户”，借方应通过“其他货币资金——存出投资款”科目核算，同时应贷记应收股利，而不是投资收益。

会计分录如下：

借：其他货币资金——存出投资款	50	
贷：应收股利		50

易错易混

现金股利 VS 股票股利【详见 P140 不定项（一）1】。

相关链接

(1) 持有期间，被投资单位宣告发放现金股利，投资单位账务处理：

借：应收股利

　贷：投资收益

(2) 收到被投资单位发放的现金股利，投资单位账务处理：

借：其他货币资金——存出投资款

　贷：应收股利

3. 答案 CD	本题考点 持有交易性金融资产	难易程度 易

解析

(1) 选项BC：6月30日，持有上述乙公司股票的公允价值为2550万元，应和第1小题确认的“交易性金融资产——成本”2450万元进行比较确定公允价值变动，因为是高于且差额为100万元，所以借记“交易性金融资产——公允价值变动”科目100万元。

(2) 选项AD：对应分录贷方为“公允价值变动损益”科目100万元。

会计分录如下：

借：交易性金融资产——公允价值变动　　100

　贷：公允价值变动损益　　100

考点提炼

交易性金融资产采用公允价值进行后续计量，在资产负债表日公允价值的变动计入公允价值变动损益：

	账务处理
公允价值大于账面价值	借：交易性金融资产——公允价值变动 　贷：公允价值变动损益
公允价值小于账面价值	借：公允价值变动损益 　贷：交易性金融资产——公允价值变动

4. 答案 AD	本题考点 出售交易性金融资产	难易程度 难

解析

出售交易性金融资产，关键在于“投资收益”金额的确定，以及“公允价值变动损益”与“投资收益”不互相结转。“公允价值变动”二级明细科目应结转。

(1) 选项A：全部转让取得价款2700万元，存入投资款专户，应借记“其他货币资金——存出投资款”科目2700万元。

(2) 选项C：出售时，应将“交易性金融资产”下面的明细科目全部冲减，“成本”二级明细科目初始入账时计入2450万元，此时贷记“交易性金融资产——成本”科目2450万元；“公允价值变动”二级明细科目6月30日计入100万元，此时贷记“交易性金融资产——公允价值变动”科目100万元。

（3）选项D：因出售确认转让该金融商品应交增值税为11.32万元，应借记（冲减）“投资收益”科目11.32万元，贷方确认转让金融商品应交增值税11.32万元（增加）。

（4）选项B：投资收益包含两部分：出售时售价2700万元与结转的账面价值（2450万元+100万元）的差额150万元，以及应交增值税11.32万元，只不过差额对应的投资收益在贷方，应交增值税对应的投资收益在借方，两者合计，投资净收益增加138.68万元。

会计分录如下：

借：其他货币资金——存出投资款 2700
　贷：交易性金融资产——成本 2450
　　　　　　　　　——公允价值变动 100
　　　投资收益 150
借：投资收益 11.32
　贷：应交税费——转让金融商品应交增值税 11.32

考点提炼

		账务处理
出售差额		借：其他货币资金［扣除交易费用后的净额］ 　贷：交易性金融资产——成本 　　　　　　　　　——公允价值变动［或借方］ 　　　投资收益［差额，或借方］
应交增值税	转让收益	借：投资收益 　贷：应交税费——转让金融商品应交增值税
	转让损失	借：应交税费——转让金融商品应交增值税 　贷：投资收益

5. 答案 C　　本题考点　“营业利润”项目的填列　　难易程度　难

解析

确定“营业利润”项目本期金额增加的金额，即考虑涉及的损益类科目：公允价值变动损益和投资收益。借方“-”、贷方“+”，将其合计即可。

（1）结合第1小题，投资收益借方0.5万元。

（2）结合第3小题，公允价值变动损益贷方100万元。

（3）结合第4小题，投资收益贷方150万元、借方11.32万元。

综上所述，该股票投资业务导致甲公司2019年度利润表“营业利润”项目本期金额增加的金额=-0.5+100+150-11.32=238.18（万元）。

考点提炼

投资收益和公允价值变动损益，均属于损益类科目，借方表示减少，贷方表示增加。两者均影响当期损益（营业利润）。

相关链接

营业利润的计算公式【详见P217单选3】。

（二）

1. 答案 B	本题考点 材料、燃料、动力费用的归集和分配	难易程度 中

解析

材料费用的分配，应根据题干给定的分配方法、及分配标准，确定分配率，进而结合分配标准，计算不同产品应负担的直接材料成本。

采用材料定额消耗量比例分配，E产品2000件、F产品1000件，两种产品共同耗用M材料4800千克，E、F产品材料消耗定额分别为15千克和10千克。

E、F产品耗用材料计算的材料消耗量分配率=4800÷（15×2000+10×1000）=0.12。

2. 答案 ABCD	本题考点 材料、燃料、动力费用的归集和分配	难易程度 中

解析

结合第1小题，E、F产品耗用材料计算的材料消耗量分配率为0.12。

（1）选项AD：F产品1000件、材料消耗定额10千克，生产F产品负担的直接材料=0.12×10×1000=1200（千克）；每千克80元，生产F产品负担直接材料成本=1200×80=96000（元）。

（2）选项BC：E产品2000件、材料消耗定额15千克，生产E产品负担的直接材料=0.12×15×2000=3600（千克）；每千克80元，生产E产品负担直接材料成本=3600×80=288000（元）。

考点提炼

通用分配公式：

分配率=待分配材料费用/分配标准之和

某产品应分配的材料费用金额=分配率×该产品的分配标准

分配标准：产品重量、消耗定额、生产工时、产品产量、产值比例等

材料、燃料、动力费用的归集和分配通常适合单选、不定项选择题的考核，常见的考查情形：①单独以计算形式考查材料费用的分配【详见本题】；②以分录形式结合计算考查账务处理【详见P29不定项（一）1】。

3. 答案 ACD	本题考点 职工薪酬的归集和分配	难易程度 中

解析

职工薪酬的分配，应根据题干给定的分配方法、及分配标准，确定分配率，进而结合分配标准，计算不同产品应负担的直接人工成本。

采用生产工时比例分配，E、F 两种产品共发生生产工人薪酬 270000 元，E、F 产品生产工时分别为 500 小时和 400 小时。

（1）选项 AB：E、F 产品直接人工分配率 = 270000÷（500+400）= 300（元/小时）。

（2）选项 C：F 产品应负担的直接人工 = 400×300 = 120000（元）。

（3）选项 D：E 产品应负担的直接人工 = 500×300 = 150000（元）。

考点提炼

通用分配公式：

分配率 = 待分配职工薪酬/分配标准之和

某产品应分配的职工薪酬 = 分配率×该产品的分配标准

分配标准：生产工时、产品产量、产值比例、定额工时等

4. 答案 BC	本题考点　制造费用的归集和分配	难易程度　中

解析

制造费用的分配，应根据题干给定的分配方法、及分配标准，确定分配率，进而结合分配标准，计算不同产品应负担的制造费用。

生产车间一般耗用材料 16000 元、车间管理人员薪酬 100000 元、车间固定资产折旧费 24000 元、车间发生其他费用（没有特别说明、直接归入制造费用）40000 元，共计 180000 元，均记入“制造费用”科目。

采用生产工时比例分配，E、F 两种产品共发生制造费用 180000 元，E、F 产品生产工时分别为 500 小时和 400 小时［资料（2）给出］。

（1）E、F 产品制造费用分配率 = 180000÷（500+400）= 200（元/小时）。

（2）选项 AB：E 产品应负担的制造费用 = 200×500 = 100000（元）。

（3）选项 CD：F 产品应负担的制造费用 = 200×400 = 80000（元）。

考点提炼

通用分配公式：

分配率 = 待分配制造费用/分配标准之和

某产品应分配的制造费用 = 分配率×该产品的分配标准

分配标准：生产工人工时、生产工人工资、机器工时、定额工时等

5. 答案 ABCD	本题考点　材料、燃料、动力费用的归集和分配、职工薪酬的归集和分配、制造费用的归集和分配	难易程度　难

解析

计算产品总成本，考虑三部分：直接材料成本、直接人工成本和制造费用。单位成本根据总成本和数量确定。

（1）选项 AD：结合第 2、3、4 小题，E 产品直接材料成本 288000 元、直接人工成本 150000 元、制造费用 100000 元，合计 E 产品生产成本总额为 538000 元；E 产品月初、月末无在产品，直接按照本月投产的 2000 件计算即可，E 产品单位成本 =

538000÷2000=269（元）。

（2）选项 BC：结合第 2、3、4 小题，F 产品直接材料成本 96000 元、直接人工成本 120000 元、制造费用 80000 元，合计 F 产品生产成本总额为 296000 元；F 产品月初、月末无在产品，直接按照本月投产的 1000 件，F 产品单位成本=296000÷1000=296（元）。

考点提炼

产品总成本由三部分构成：直接材料、直接人工和制造费用。

（1）直接材料：是指构成产品实体的原材料以及有助于产品形成的主要材料和辅助材料，包括原材料、辅助材料、备品配件、外购半成品、包装物、低值易耗品等费用。

（2）直接人工，是指直接从事产品生产的工人的职工薪酬。

（3）制造费用，是指企业为生产产品和提供劳务而发生的各项间接费用。

（三）

1. 答案 C	本题考点　外购固定资产	难易程度　易

解析

固定资产入账价值，包含价款、保险费等必要的支出。

（1）购入一台不需要安装的生产设备 N 并投入使用，说明无需通过“在建工程”科目，购入月份即固定资产增加的时点。

（2）取得的增值税专用发票上注明的价款为 120 万元，增值税税额为 15.6 万元，价款 120 万元应记入“固定资产”科目，增值税税额 15.6 万元应记入“应交税费——应交增值税（进项税额）”科目。

（3）购进设备发生保险费 2 万元，增值税税额为 0.12 万元，已取得增值税专用发票，保险费 2 万元应记入“固定资产”科目，增值税税额 0.12 万元应记入“应交税费——应交增值税（进项税额）”科目。

综上所述，设备 N 的入账价值=120+2=122（万元）。

会计分录如下：

借：固定资产　　122
　　应交税费——应交增值税（进项税额）　　15.72
　贷：银行存款　　137.72

考点提炼

外购固定资产成本确定：

	内容
计入	①实际支付的购买价款 ②相关税费（不含可抵扣增值税） ③运输费、装卸费、安装费 ④专业人员服务费等

续表

	内容
不计入	①内部员工的培训费 ②采购人员的差旅费 ③可抵扣的增值税

易错易混

专业人员服务费VS专业人员培训费

	专业人员服务费	专业人员培训费
要点	使固定资产达到预定可使用状态前发生的必不可少的支出	对企业员工培训某项新技能或技术等如何使用而发生的培训支出
核算	构成固定资产取得成本	不构成固定资产取得成本
科目	固定资产	当期损益（管理费用）

相关链接

（1）购入需要安装的固定资产，入账成本为购入的固定资产取得成本加上安装调试成本，购入时先通过“在建工程”科目归集其成本；待达到预定可使用状态时，再由“在建工程”科目转入“固定资产”科目。

（2）以一笔款项购入多项没有单独标价的固定资产，应将各项资产单独确认为固定资产，并按各项固定资产公允价值的比例对总成本进行分配，分别确定各项固定资产的成本。

2. 答案 ABD　**本题考点**　固定资产折旧概述　**难易程度**　中

解析

固定资产折旧额的计算，应考虑计提折旧的起始点，以及原值、预计使用年限，预计净残值、折旧方法，同时还要考虑会计年度和折旧年度是否一致。

（1）选项AC：6月28日购入一台不需要安装的生产设备N并投入使用，应从2019年7月开始计提折旧。

（2）选项D：结合第1小题，固定资产原值122万元，预计使用年限10年，预计净残值2万元，要求按年限平均法计提折旧，无需考虑会计年度和折旧年度的不一致。每月计提折旧额=（122-2）/10/12=1（万元）。

（3）选项B：因为是生产设备，计提的折旧费应记入“制造费用”科目。

考点提炼

固定资产当月增加，从下月开始计提折旧，当月减少，当月照提折旧。

相关链接

（1）固定资产折旧计算公式【详见P162单选20】。

（2）固定资产折旧的账务处理【详见P174不定项（一）3】。

3. 答案 ABC	本题考点 自建固定资产	难易程度 中

解析

以自营方式建造固定资产，相关支出等均先通过“在建工程”科目核算，最终转入固定资产。不论是动产、还是不动产，处理均是一致的。

（1）选项 A：建造该厂房领用本企业自产产品的实际成本为 30 万元，应按成本记入“在建工程”科目。

（2）选项 B：分配工程人员薪酬 40 万元，应记入“在建工程”科目。

（3）选项 D：支付工程费用 200 万元、增值税税额 18 万元，已取得增值税专用发票，应将工程费用 200 万元记入“在建工程”科目，增值税税额 18 万元记入“应交税费——应交增值税（进项税额）”。

相关会计分录如下：

借：在建工程　200

　　应交税费——应交增值税（进项税额）　18

　贷：银行存款　218

（4）选项 C：工程完工，将“在建工程”科目借、贷方余额合计 270 万元从相反方向，转入“固定资产”科目。

相关链接

（1）如涉及购入及领用工程物资：

购入工程物资时：

借：工程物资

　　应交税费——应交增值税（进项税额）

　贷：银行存款等

领用工程物资时：

借：在建工程

　贷：工程物资

（2）领用本企业外购的材料时：

借：在建工程

　贷：原材料［成本价］

4. 答案 ABC	本题考点 处置固定资产	难易程度 难

解析

自然灾害导致固定资产毁损，涉及的增值税进项税额无需转出，本题未给定，即使给定也不用考虑。通过“固定资产清理”结转固定资产的账面价值、核算清理费用、应收赔款、残料价值等。

（1）选项 A：12 月 20 日毁损，当月仍计提折旧，处置固定资产涉及“累计折旧”的结转，结合第 2 小题，7 月开始计提折旧，每月计提 1 万元，至 12 月共计 6 个月，合计 6 万元，按账面价值 116 万元（原值 122-折旧额 6）借记“固定资产清理”科目。

（2）选项C：清理设备N支付拆卸费1万元，增值税税额为0.09万元，清理费用1万借记“固定资产清理”科目，增值税税额为0.09万元借记“应交税费——应交增值税（进项税额）”科目。

（3）选项B：已确认应收保险公司赔款50万元，贷记“固定资产清理”科目，对应借记“其他应收款”科目。

（4）选项D：结转固定资产净损失，这是最后一步，将之前涉及的“固定资产清理”科目的借、贷方余额合计67万元从相反方向结转，借记“营业外支出”科目。

会计分录如下：

按账面价值转入固定资产清理：

借：固定资产清理　　116

　　累计折旧　　6

　贷：固定资产　　122

支付拆卸费：

借：固定资产清理　　1

　　应交税费——应交增值税（进项税额）　　0.09

　贷：银行存款　　1.09

应收赔款：

借：其他应收款　　50

　贷：固定资产清理　　50

结转净损失：

借：营业外支出　　67

　贷：固定资产清理　　67

易错易混

固定资产的处置、清查、更新改造和日常维修

	事项	科目
处置	①出售 ②报废 ③毁损 ④对外投资等	固定资产清理
清查	盘盈	以前年度损益调整
	盘亏	待处理财产损溢
更新改造	资本化	在建工程

续表

	事项	科目
日常维修	费用化	①管理费用［行政管理部门、车间管理部门］ ②销售费用［销售部门］ ③其他业务成本［出租］

相关链接

固定资产处置时，收回出售固定资产的价款、残料价值和变价收入等：

借：银行存款

　　原材料

　贷：固定资产清理

　　　应交税费——应交增值税（销项税额）

5. 答案 C | **本题考点　“固定资产”项目的填列** | **难易程度　难**

解析

“固定资产”项目期末余额，从“固定资产”“累计折旧”“固定资产减值准备”及“固定资产清理”科目入手考虑，借方余额应加、贷方余额应减。

（1）资料（1）和（3），针对生产设备 N，2019 年 6 月增加“固定资产——N 设备”科目 122 万元、12 月毁损（减少）“固定资产——N 设备”科目 122 万元（相关折旧包含在内考虑），因而“固定资产——N 设备”科目期末余额为 0。

（2）资料（2）针对厂房，结合第 3 小题，厂房入账价值 270 万元，增加“固定资产——厂房”科目 270 万元；10 月份开始计提折旧，至年末共计提 3 个月，采用年限平均法计提折旧，厂房 2019 年折旧额 = 270÷50÷12×3 = 1.35（万元），应贷记“累计折旧——厂房”科目 1.35 万元。

综上所述，上述业务导致年末资产负债表“固定资产”项目期末余额增加的金额 = 122－122+270－1.35 = 268.65（万元）。

考点提炼

“固定资产”项目的填列通常适合单选、不定项选择题的考核，常见的考查情形：①给定期初余额，应结合本期交易或事项，确定固定资产相关科目的增减变动余额，计算期末“固定资产”项目余额【详见本题】；②应结合直接给定的固定资产相关科目的借、贷方余额，计算期末“固定资产”项目金额【详见 P55 单选 20】。

易错易混

“固定资产”项目 VS “在建工程”项目

	涉及科目	填列规则
“固定资产”项目	①“固定资产”科目 ②“累计折旧”科目 ③“固定资产减值准备”科目 ④“固定资产清理”科目	借方余额“+” 贷方余额“-”
“在建工程”项目	①“在建工程”科目 ②“在建工程减值准备”科目 ③“工程物资”科目 ④“工程物资减值准备”科目	借方余额“+” 贷方余额“-”

相关链接

“固定资产”科目期末余额=期初余额+本期借方发生额-本期贷方发生额，不应考虑累计折旧、固定资产减值准备金额。

2020 年会计专业技术资格考试《初级会计实务》试题（4）

参考答案及解析

扫码看答案

使用“微信”或“会计云课堂”App 扫描右侧二维码，即可查阅电子版答案及解析，“手机看答案更轻松”。

一、单项选择题

1. 答案 D	本题考点　接受现金资产投资	难易程度　中

解析

（1）选项 AB：手续费等交易费用冲减资本公积——股本溢价，不计入财务费用。

（2）选项 CD：溢价金额 = 发行收入（20000000×3）- 股本（20000000×1）- 手续费 600000 = 39400000（元），计入资本公积——股本溢价。分录如下：

借：银行存款　　59400000

　贷：股本　　20000000

　　　资本公积　　39400000

考点提炼

股份有限公司溢价发行股票时，相关的手续费、佣金等交易费用应从溢价中抵扣，冲减资本公积——股本溢价，分录如下：

借：资本公积——股本溢价

　贷：银行存款等

发行股票手续费常见的考查情形：①溢价发行的会计处理【详见本题】；②溢价发行计入股本溢价的计算【详见 P21 不定项（一）2】。

2. 答案 D	本题考点　制造费用的归集和分配	难易程度　易

解析

一提到“共发生”就说明要按比例分配，本题是按照机器工时分配制造费用，所以 M 产品应分配的制造费用金额 = 1000/（1000+1500）×1000 = 400（万元）。

3. 答案 D	本题考点 “营业利润” 项目的填列	难易程度 易

解析

（1）选项AC：营业外收入和营业外支出影响利润表中“利润总额”项目和“净利润”项目，不影响“营业利润”项目。

（2）选项B：所得税费用影响利润表中“净利润”项目，不影响“营业利润”项目。

考点提炼

“营业利润”项目反映企业实现的营业利润，营业利润=营业收入-营业成本-税金及附加-销售费用-管理费用-研发费用-财务费用+其他收益+投资收益（-投资损失）+净敞口套期收益（-净敞口套期损失）+公允价值变动收益（-公允价值变动损失）-信用减值损失-资产减值损失+资产处置收益（-资产处置损失）。

营业利润常见的考查情形：①文字表述【详见本题】；②数据计算【详见P63单选2】；③具体的交易或事项对营业利润的影响情况【详见P18单选20】。

相关链接

除“营业利润”外，其他与利润相关的计算公式

利润总额	利润总额=营业利润+营业外收入-营业外支出
净利润	净利润=利润总额-所得税费用
应纳税所得额	应纳税所得额=税前会计利润（即利润总额）+纳税调整增加额-纳税调整减少额
应交所得税	应交所得税=应纳税所得额×所得税税率
所得税费用	所得税费用=当期所得税（即应交所得税）+递延所得税
递延所得税	递延所得税=（递延所得税负债期末余额-递延所得税负债期初余额）-（递延所得税资产期末余额-递延所得税资产期初余额）

4. 答案 D	本题考点 税金及附加	难易程度 难

解析

各选项分录如下：

选项A	选项B
借：应付职工薪酬 　贷：应交税费——应交个人所得税	借：所得税费用 　贷：应交税费——应交所得税
选项C	**选项D**
借：银行存款等 　贷：应交税费——应交增值税（销项税额）	借：税金及附加 　贷：应交税费——应交城市维护建设税

（1）选项A：企业从职工工资中代税务部门扣除职工应交纳的个人所得税，再由企业统一转交给税务部门，说明企业是“过路财神”，不通过“税金及附加”科目核算。

（2）选项C：增值税通过“应交税费——应交增值税”科目核算，不通过“税金及附加”科目核算。

考点提炼

税金及附加是指企业经营活动应负担的相关税费，主要包括：
（1）对生产应税消费品征收的消费税。
（2）对从事生产经营活动的单位和个人征收的城市维护建设税和教育费附加。
（3）对在我国境内开采国家规定的矿产资源和生产盐的单位、个人对外销售应税产品征收的资源税。
（4）房产税、车船税、城镇土地使用税。
（5）房地产开发经营企业销售房地产交纳的土地增值税。
（6）企业实际交纳的印花税等。
税金及附加常见的考查情形：①文字表述【详见本题】；②考查分录【详见P36多选3】。

相关链接

增值税虽然不计入税金及附加，但是在计算城市维护建设税和教育费附加时是以实际交纳的增值税、消费税为计税依据，即（增值税+消费税）×适用税率，所以在计算城市维护建设税和教育费附加的时候需要考虑增值税税额。

5. 答案 C	本题考点　政府财务会计要素	难易程度　易

解析

做题时应关注题目要求选择的是“属于”还是“不属于”的选项，以免选反。政府举借的债务包括政府发行的政府债券（选项B），向外国政府、国际经济组织等借入的款项（选项A），以及向上级政府借入转贷资金形成的借入转贷款（选项D）。

考点提炼

政府财务会计要素常见的考查情形：①资产、负债、净资产的内容【详见P16单选3】；②资产分类的内容、负债分类的内容【详见P24单选1】；③负债的计量属性【详见P27多选4】；④资产、收入的概念区分【详见P101判断4】。

6. 答案 D	本题考点　营业外支出	难易程度　中

解析

各选项分录如下：

选项A	选项B
借：销售费用 　贷：预计负债	借：管理费用 　贷：银行存款等
选项C	**选项D**
借：其他业务成本 　贷：原材料	借：营业外支出 　贷：银行存款等

营业外支出的核算内容是历年常考点，通常与营业成本、期间费用一起出现在选项中。其中营业外支出核算的是非日常活动发生的支出；营业成本和期间费用二者均为日常活动发生的经济利益流出。营业成本是销售产品、材料等结转的成本（选项C计入其他业务成本），期间费用是日常活动中发生的不能计入特定核算对象的成本，应在发生时计入当期损益（选项A计入销售费用、选项B计入管理费用）。

考点提炼

营业外支出是指企业发生的与其日常活动无直接关系的各项损失。常见的营业外支出核算内容：

(1) 设备、厂房、仓库等固定资产报废、毁损的净损失。

(2) 企业对外进行捐赠发生的支出。

(3) 固定资产盘亏报经批准后的净损失。

(4) 自然灾害等原因造成的损失，扣除保险公司赔偿后的净损失。

(5) 企业未及时缴纳税款支付的税收滞纳金。

(6) 违反法律法规、合同协议等而支付的罚款、违约金、赔偿金等支出。

营业外支出常见的考查情形：①核算内容【详见本题】；②会计处理【详见P69判断7】。

7. 答案 C	本题考点 政府财务报告和决算报告	难易程度 易

解析

注意区分政府决算报告和政府综合财务报告，二者经常放在一起进行考核。选项ABD属于政府综合财务报告的特点。

易错易混

政府决算报告与政府综合财务报告的主要区别

	政府决算报告	政府综合财务报告
编制主体	各级政府财政部门、各部门、各单位	各级政府财政部门、各部门、各单位
反映对象	政府年度预算收支执行情况	政府整体财务状况、运行情况和财政中长期可持续性
编制基础	收付实现制	权责发生制
数据来源	以预算会计核算生成的数据为准	以财务会计核算生成的数据为准
编制方法	汇总	合并
报送要求	本级人民代表大会常务委员会审查和批准	本级人民代表大会常务委员会备案

8. 答案 C	本题考点 应付票据	难易程度 中

解析

签发银行承兑汇票，是由承兑银行作为承兑人，当汇票到期，企业无力支付时，银行将钱给收款人，此时企业不再欠收款人的钱，而是欠“中间商”银行的钱，相当于向银行借了一笔短期借款，所以到期无力支付票款时需要将应付票据转入短期借款。分录如下：

借：应付票据

　贷：短期借款

考点提炼

转销应付票据重点考查转销银行承兑汇票，需重点关注转销时计入短期借款的会计处理。

易错易混

银行承兑汇票VS商业承兑汇票，到期无力支付时的会计处理

票据类型	会计处理
银行承兑汇票	借：应付票据 　贷：短期借款
商业承兑汇票	借：应付票据 　贷：应付账款

相关链接

（1）商业汇票包括银行承兑汇票和商业承兑汇票。

（2）其他货币资金包括银行汇票存款、银行本票存款、信用卡存款、信用证保证金存款、存出投资款和外埠存款等。

9. 答案 D	本题考点　已经发出商品但不能确认收入的账务处理	难易程度　易

解析

委托方应支付给受托方的代销手续费是为销售商品发生的，记入“销售费用”科目。

考点提炼

采用支付手续费方式委托代销商品——委托方的会计处理（初级会计实务中不涉及受托方的会计处理）：

发出商品	借：发出商品 　贷：库存商品	
收到受托方开具的代销清单	确认收入	借：应收账款 　贷：主营业务收入 　　　应交税费——应交增值税（销项税额）
	结转成本	借：主营业务成本 　贷：发出商品
	确认销售费用	借：销售费用 　　应交税费——应交增值税（进项税额） 　贷：应收账款

续表

收到货款	借：银行存款 　贷：应收账款

采用支付手续费方式委托代销商品常见的考查情形：①发出商品时，不符合收入确认条件，将已发出的商品确认为“发出商品”，不结转销售成本【详见 P18 单选 19】；②收到受托方开具的代销清单时，确认收入并结转成本【详见 P59 不定项（一）2】；③收到受托方开具的代销清单时，支付的代销手续费确认为销售费用【详见本题】。

10. 答案 D	本题考点　所有者权益变动表的编制	难易程度　中

解析

（1）盈余公积转增资本，二者均属于所有者权益科目，一借一贷，不影响所有者权益总额。

（2）向所有者分配现金股利，借记所有者权益科目，贷记“应付股利”科目，应付股利属于负债，会减少所有者权益，增加负债。

综上所述，该企业 2019 年度所有者权益变动表中所有者权益合计“本年年末余额”的列报金额 = 1120+300−15 = 1405（万元）。

考点提炼

“本年年末余额”项目根据所有者权益变动表中实收资本（或股本）、其他权益工具、资本公积、库存股、其他综合收益、专项储备、盈余公积、未分配利润的年末余额填列，即全部所有者权益科目年末余额之和。

11. 答案 B	本题考点　货币性职工薪酬	难易程度　中

解析

财务费用是为筹集生产经营所需资金等而发生的筹资费用，而财务部门是企业为组织和管理生产经营设立的，属于管理岗位，所以相应的职工薪酬计入管理费用。

考点提炼

货币性职工薪酬常见的考查情形：①不同部门职工工资的会计处理【详见本题】；②支付职工薪酬时代扣的个人所得税【详见 P70 不定项（一）2】；③职工薪酬的计算【详见 P47 不定项（一）2】。

12. 答案 C	本题考点　会计信息质量要求	难易程度　易

解析

本题属于可比性要求中的同一企业不同时期可比。

考点提炼

可比性要求企业提供的会计信息应当相互可比，主要包括两层含义：

纵向可比	同一企业不同时期发生的相同或者相似的交易或者事项，应当采用一致的会计政策，不得随意变更；确需变更的，应在附注中说明
横向可比	不同企业同一会计期间发生的相同或者相似的交易或者事项，应当采用规定的会计政策，确保会计信息口径一致、相互可比

相关链接

会计信息质量要求

可靠性	可靠性要求企业应当以实际发生的交易或者事项为依据进行确认、计量和报告，如实反映符合确认和计量要求的会计要素及其他相关信息，保证会计信息真实可靠、内容完整 举例：企业不得以虚假的交易或者事项进行确认、计量和报告
相关性	相关性要求企业提供的会计信息应当与投资者等财务报告使用者的经济决策需要相关，有助于投资者等财务报告使用者对企业过去、现在或未来的情况作出评价或者预测
可理解性	可理解性要求企业提供的会计信息应当清晰明了，便于投资者等财务报告使用者理解和使用
可比性	①同一企业不同时期可比 ②不同企业相同会计期间可比
实质重于形式	实质重于形式要求企业应当按照交易或者事项的经济实质进行会计确认、计量和报告，不应仅以交易或者事项的法律形式为依据 举例：企业长期租入的资产视同自有资产处理
重要性	重要性要求企业提供的会计信息应当反映与企业财务状况、经营成果和现金流量有关的所有重要交易或者事项
谨慎性	谨慎性要求企业对交易或者事项进行会计确认、计量和报告应当保持应有的谨慎，不应高估资产或者收益、低估负债或者费用 举例：企业对售出商品很可能发生的保修义务、很可能承担的环保责任确认预计负债
及时性	及时性要求企业对于已经发生的交易或者事项，应当及时进行确认、计量和报告，不得提前或延后 举例：企业及时收集会计信息，如各种原始单据或者凭证；及时对会计信息进行确认、计量、编制财务报告；及时将会计信息传递给财务报告使用者

13. 答案 D	本题考点　管理会计概念和目标	难易程度　易

解析

管理会计的目标是通过运用管理会计工具方法，参与单位规划、决策、控制、评价活动并为之提供有用信息，推动单位实现战略规划。

14. 答案 C	本题考点　年数总和法	难易程度　难

解析

（1）年数总和法计提折旧时需要考虑预计净残值，所以 2019 年计提的折旧额 =（60000－3000）×5/15 = 19000（元）。

（2）固定资产的账面价值 = 固定资产的原价－累计折旧－固定资产减值准备，所以 2019 年 12 月 31 日该设备的账面价值 = 60000－19000 = 41000（元）。

考点提炼

年数总和法计算公式如下：

年折旧率 = 尚可使用年限/预计使用寿命的年数总和×100%

年折旧额 =（固定资产原价－预计净残值）×年折旧率

易错易混

计算折旧时是否考虑预计净残值?

	年限平均法	工作量法	年数总和法	双倍余额递减法
计算折旧时是否考虑预计净残值	考虑	考虑	考虑	只有最后两年才考虑

相关链接

固定资产的其他几种折旧方法

折旧方法	计算过程
年限平均法	年折旧额 =（原价－预计净残值）÷预计使用寿命 =（60000－3000）÷5 = 11400（元）
双倍余额递减法	年折旧率 = 2÷预计使用寿命（年）×100% = 2÷5×100% = 40% 年折旧额 = 每个折旧年度年初固定资产账面净值×年折旧率 = 60000×40% = 24000（元）
工作量法	单位工作量折旧额 = [固定资产原价×（1－预计净残值率）] ÷预计总工作量 某项固定资产月折旧额 = 该项固定资产当月工作量×单位工作量折旧额 注：本题没有工作量的相关数据，不适合该公式，掌握计算方法即可

15. 答案 C	本题考点 其他货币资金	难易程度 易

解析

企业申领信用卡应填制“信用卡申请表”，连同支票和有关资料一并送存发卡银行，根据银行盖章退回的进账单第一联，做如下分录：

借：其他货币资金——信用卡

　贷：银行存款

考点提炼

其他货币资金的会计处理：

（1）为取得其他货币资金，填写“银行汇票申请书”“银行本票申请书”“信用卡申请表”“信用证申请书”“汇款委托书”等，将款项交存银行时：

借：其他货币资金——银行汇票/银行本票/信用卡/信用证保证金/存出投资款/外埠存款等

　贷：银行存款

（2）退回剩余款项时：

借：银行存款

　贷：其他货币资金——银行汇票/银行本票/信用卡/信用证保证金/存出投资款/外埠存款等

其他货币资金常见的考查情形：①核算内容【详见 P56 多选 7】；②会计处理【详见本题】。

16. 答案 C	本题考点 实收资本（或股本）的减少	难易程度 难

解析

回购股票支付价款低于股票面值总额，注销时差额全部计入资本公积——股本溢价，分录如下：

借：股本

　贷：库存股

　　资本公积——股本溢价

考点提炼

股本减少常见的考查情形：①回购股票的分录【详见 P111 判断 10】；②注销股票的分录【详见本题】；③注销股票的计算【详见 P32 不定项（三）2】。

易错易混

回购及注销股票的会计处理

回购	借：库存股 　贷：银行存款

续表

注销	回购股票支付的价款低于面值总额	借：股本［股票面值总额］ 　贷：库存股［注销的库存股账面余额］ 　　资本公积——股本溢价［差额］
	回购股票支付的价款高于面值总额	借：股本 　资本公积——股本溢价　① 　盈余公积　② 　利润分配——未分配利润　③ 　贷：库存股 差额先冲减资本公积——股本溢价①，股本溢价不足冲减的部分依次冲减盈余公积②、未分配利润③

17. 答案 A	本题考点　固定资产折旧的账务处理	难易程度　易

解析

专设销售机构的固定资产计提的折旧应借记“销售费用”科目，贷记“累计折旧”科目。

考点提炼

关于固定资产折旧的会计处理常见的情形：

（1）销售部门使用的固定资产计提的折旧计入销售费用。

（2）管理部门使用的固定资产计提的折旧计入管理费用。

（3）财务部门使用的固定资产计提的折旧计入管理费用。

（4）生产车间使用的固定资产计提的折旧计入制造费用。

18. 答案 A	本题考点　留存收益的账务处理	难易程度　中

解析

（1）本题不涉及纳税调整事项，净利润 = 800－800×25% = 600（万元），未分配利润增加，进而导致留存收益增加。

（2）提取法定盈余公积和任意盈余公积属于留存收益内部的增减变动，不影响留存收益总额。

（3）盈余公积转增资本会导致盈余公积减少，进而导致留存收益减少。

（4）盈余公积发放现金股利会导致盈余公积减少，进而导致留存收益减少。

综上所述，A 企业留存收益年末余额 = 100+600－20－30 = 650（万元）。

考点提炼

留存收益是指企业从历年实现的利润中提取或形成的留存于企业的内部积累，包括盈余公积和未分配利润两类。常见的影响留存收益增减变动的情况如下：

增加	减少	不影响
①实现净利润 ②盘盈固定资产等	①发生净亏损 ②盈余公积转增资本 ③以盈余公积或未分配利润宣告发放现金股利 ④以盈余公积或未分配利润派送新股/发放股票股利等	①盈余公积弥补亏损 ②税后利润补亏 ③提取法定/任意盈余公积 ④资本公积转增资本等

留存收益常见的考查情形：①数据计算【详见本题】；②通过给出的交易或事项判断是否影响留存收益总额【详见P63单选3】。

相关链接

本题还可能从“影响所有者权益总额”的角度考查【详见P75单选7】，此时盈余公积转增资本不影响所有者权益总额，但是发放的现金股利会减少所有者权益总额。

易错易混

常见事项对所有者权益总额和留存收益总额的影响【详见P125单选16】。

19. 答案 D	本题考点　委托加工物资	难易程度　中

解析

委托加工物资收回后用于连续生产应税消费品的，代收代缴的消费税计入应交税费——应交消费税的借方，不计入委托加工物资成本，分录如下：

借：应交税费——应交消费税

　贷：应付账款/银行存款等

考点提炼

委托加工物资——委托方的会计处理

<table>
<tr><td>发出物资</td><td colspan="2">借：委托加工物资
　贷：原材料</td></tr>
<tr><td>支付加工费、运费等</td><td colspan="2">借：委托加工物资
　　应交税费——应交增值税（进项税额）
　贷：银行存款等</td></tr>
<tr><td rowspan="2">受托方代收代缴的消费税</td><td>收回后直接销售</td><td>借：委托加工物资
　贷：银行存款等</td></tr>
<tr><td>收回后用于连续生产应税消费品</td><td>借：应交税费——应交消费税
　贷：银行存款等</td></tr>
<tr><td>加工完成验收入库</td><td colspan="2">借：库存商品等
　贷：委托加工物资</td></tr>
</table>

受托方代收代缴的消费税常见的考查情形：①收回后直接销售时消费税的会计处理【详见 P87 单选 20】；②收回后连续生产应税消费品时消费税的会计处理【详见本题】。

20. 答案 C	本题考点 “存货” 项目的填列	难易程度 中

解析

生产成本是成本类科目，但是属于资产要素，期末填列在“存货”项目中，所以“存货”项目的期末余额 = 80+10+30+60 = 180（万元）。

考点提炼

“存货”项目应根据“材料采购”“原材料”“库存商品”“周转材料”“委托加工物资”“发出商品”“生产成本”“受托代销商品”等科目的期末余额合计数，减去“受托代销商品款”“存货跌价准备”科目期末余额后的净额填列。材料采用计划成本核算，以及库存商品采用计划成本核算或售价核算的企业，还应按加或减材料成本差异、商品进销差价后的金额填列。

二、多项选择题

1. 答案 ACD	本题考点 库存商品的内容	难易程度 易

解析

存货的确认通常是以是否拥有实际控制权作为判断标准。

（1）选项 A：准备出售，说明还没有卖出，控制权还属于企业，属于企业的库存商品。

（2）选项 B：已完成销售手续说明产品控制权发生转移，即便采购方没有及时提取，也只能作为本企业代为保管的商品，不属于本企业的库存商品。

（3）选项 C：发出展览说明是暂时供别人观看，控制权并没有发生转移。

（4）选项 D：企业接受来料加工的代制品，制造和修理完成后，视同企业的产成品（“视同”企业的产成品，即企业为加工或修理产品发生的材料、人工费等作为受托企业存货核算）。

考点提炼

库存商品具体包括库存产成品、外购商品、存放在门市部准备出售的商品，发出展览的商品、寄存在外的商品、接受来料加工制造的代制品和为外单位加工修理的代修品等。

2. 答案 ABC	本题考点 政府预算会计要素	难易程度 易

解析

选项 D 属于政府财务会计要素。

易错易混

企业会计要素VS政府会计要素

企业会计要素		政府会计要素	
财务状况要素	经营成果要素	财务会计要素	预算会计要素
①资产 ②负债 ③所有者权益	①收入 ②费用 ③利润	①资产 ②负债 ③净资产 ④收入 ⑤费用	①预算收入 ②预算支出 ③预算结余

3. 答案 AB | **本题考点** 委托加工物资 | **难易程度** 易

解析

（1）选项C：增值税一般纳税人支付的可以抵扣的增值税是单独核算的，计入应交税费——应交增值税（进项税额），不计入资产成本。

（2）选项D：委托加工物资收回后连续生产应税消费品，消费税计入应交税费——应交消费税，如果收回后直接对外出售，消费税计入委托加工物资成本。

相关链接

如本题为小规模纳税人，增值税不可以抵扣，应计入委托加工物资成本。

4. 答案 ABCD | **本题考点** 管理会计要素及具体内容 | **难易程度** 易

解析

单位应用管理会计，应包括应用环境（选项D）、管理会计活动（选项B）、工具方法（选项A）、信息与报告（选项C）四项管理会计要素。

5. 答案 AD | **本题考点** 资产负债表的结构 | **难易程度** 易

解析

选项BC属于利润表的项目。

考点提炼

资产负债表中所有者权益项目包括实收资本（或股本）、其他权益工具、资本公积、其他综合收益、专项储备、盈余公积、未分配利润等，库存股属于所有者权益的抵减项，所以也属于所有者权益项目。

6. 答案 BD	本题考点　营业外收入	难易程度　中

解析

（1）选项 A：盘盈周转材料冲减管理费用。

（2）选项 C：转让商品使用权相当于出租，使用费收入计入其他业务收入。

考点提炼

常见的营业外收入核算内容：

（1）设备、厂房、仓库等固定资产的毁损、报废净收益。

（2）与企业日常活动无关的政府补助。

（3）现金溢余利得。

（4）接受捐赠利得。

（5）由于债权单位撤销等原因转销确实无法支付的应付账款等。

营业外收入常见的考查情形：①核算内容【详见本题】；②会计处理【详见 P20 判断 8】。

易错易混

主营业务收入 VS 其他业务收入 VS 营业外收入 VS 资产处置损益（收益）【详见 P193 单选 16】。

7. 答案 ABCD	本题考点　持有交易性金融资产	难易程度　易

考点提炼

交易性金融资产的会计处理

<table>
<tr><th>阶段</th><th colspan="3">会计处理</th></tr>
<tr><td>取得</td><td colspan="3">借：交易性金融资产——成本
应收股利/应收利息
投资收益
应交税费——应交增值税（进项税额）
贷：其他货币资金等</td></tr>
<tr><td rowspan="4">持有</td><td>收到购买价款中包含的股利或利息</td><td colspan="2">借：其他货币资金等
贷：应收股利/应收利息</td></tr>
<tr><td rowspan="2">期末公允价值变动</td><td>上升</td><td>借：交易性金融资产——公允价值变动
贷：公允价值变动损益</td></tr>
<tr><td>下降</td><td>借：公允价值变动损益
贷：交易性金融资产——公允价值变动</td></tr>
<tr><td>宣告发放现金股利或利息</td><td colspan="2">借：应收股利/应收利息
贷：投资收益</td></tr>
</table>

续表

阶段	会计处理
出售	借：其他货币资金等 贷：交易性金融资产——成本 ——公允价值变动［或借方］ 投资收益［差额，或借方］
	借：投资收益 贷：应交税费——转让金融商品应交增值税 或： 借：应交税费——转让金融商品应交增值税 贷：投资收益

交易性金融资产常见的考查情形：①取得、持有、出售各阶段会计处理的文字表述【详见本题】；②持有期间公允价值及股利的变动的计算【详见 P69 判断 3】。每年必考，需重点掌握会计处理。

8. 答案 ABCD	本题考点　原始凭证	难易程度　易

解析

（1）选项 A：属于审核原始凭证的合法性、合理性。
（2）选项 B：属于审核原始凭证的真实性。
（3）选项 C：属于审核原始凭证的正确性。
（4）选项 D：属于审核原始凭证的完整性。

考点提炼

原始凭证审核的内容

真实性	①凭证日期是否真实 ②业务内容是否真实 ③数据是否真实等
合法性、合理性	①记录的经济业务是否符合国家法律法规，是否履行了规定的凭证传递和审核程序 ②记录的经济业务是否符合企业经济活动的需要、是否符合有关的计划和预算等
完整性	①各项基本要素是否齐全，是否有漏项情况 ②日期是否完整 ③数字是否清晰、文字是否工整 ④有关人员签章是否齐全 ⑤凭证联次是否正确等
正确性	①接受原始凭证单位的名称是否正确 ②金额的填写和计算是否正确 ③凭证记载的各项内容更正是否正确等

9. 答案 ACD	本题考点　其他应收款	难易程度　易

解析

选项B计入应收账款。

考点提炼

其他应收款主要包括：

（1）应收的各种赔款、罚款。

（2）应收的出租包装物租金。

（3）应向职工收取的各种垫付款项。

（4）存出保证金等。

其他应收款常见的考查情形：①核算内容【详见本题】；②会计处理【详见P29判断10】。

相关链接

应收账款主要包括企业销售商品或提供服务等应向有关债务人收取的价款（包括增值税）及代购货单位垫付的包装费、运杂费等。

10. 答案 ABC	本题考点　周转材料概述	难易程度　易

解析

选项D：为工程购入的材料通过“工程物资”科目核算。

考点提炼

企业的周转材料包括包装物和低值易耗品，其中低值易耗品一般划分为一般工具、专用工具、替换设备、管理用具、劳动保护用品和其他用具等。

三、判断题

1. 答案 √	本题考点　“短期借款”项目的填列	难易程度　易

易错易混

资产负债表“期末余额”栏的填列方法

填列方法		常见的报表项目
根据总账科目余额填列	直接填列	短期借款、资本公积
	计算填列	货币资金
根据明细账科目余额计算填列		应付账款、预付款项、预收款项、开发支出、应付职工薪酬、一年内到期的非流动资产、一年内到期的非流动负债

续表

填列方法	常见的报表项目
根据总账科目和明细账科目余额分析计算填列	长期借款、其他非流动资产、其他非流动负债
根据有关科目余额减去其备抵科目余额后的净额填列	应收票据、应收账款、长期股权投资、在建工程、投资性房地产（采用成本模式计量）、固定资产、无形资产
综合运用上述填列方法分析填列	存货

2. 答案 √	本题考点 结转本年利润的账务处理	难易程度 易

考点提炼

年度终了，企业应将“利润分配”科目所属各明细科目的余额，全部转入“利润分配——未分配利润”这一科目中。分录如下：

借：利润分配——未分配利润

　贷：利润分配——提取法定盈余公积

　　　　　　——提取任意盈余公积

　　　　　　——应付现金股利或利润

借：利润分配——盈余公积补亏

　贷：利润分配——未分配利润

利润分配常见的考查情形：①将各损益类科目转入利润分配——未分配利润的会计处理【详见P20判断4】；②结转“利润分配”各明细科目到未分配利润的会计处理【详见本题】。

3. 答案 √	本题考点 管理会计体系	难易程度 易

4. 答案 ×	本题考点 固定资产的清查	难易程度 中

解析

固定资产盘盈按前期会计差错处理，在按管理权限报经批准处理前，应通过“以前年度损益调整”科目核算，不通过“待处理财产损溢”科目核算，需要格外注意。

易错易混

库存现金、存货和固定资产的盘盈和盘亏【详见P136多选10】。

5. 答案 ×	本题考点 错账更正的方法	难易程度 易

解析

账簿有误、凭证无误，采用划线更正法处理。

易错易混

错账更正的方法【详见 P248 单选 13】。

6. 答案 √	本题考点 固定资产折旧概述	难易程度 易

考点提炼

已达到预定可使用状态但尚未办理竣工决算的固定资产，应当按照估计价值确定其成本，并计提折旧；待办理竣工决算后，再按实际成本调整原来的暂估价值，但不需要调整原已计提的折旧额。

7. 答案 ×	本题考点 停工损失的核算	难易程度 易

解析

季节性原因导致的停工是可预见的，比如北方冬天工地停工、春季开工，所以该季节性停工属于产品成本核算范围，计入产品成本，不影响损益。

易错易混

正常停工 VS 非正常停工

停工类型	举例	计入
正常停工	季节性停工、正常生产周期内的修理期间的停工、计划内减产停工等	产品成本
非正常停工	原材料或工具等短缺停工、设备故障停工、电力中断停工、自然灾害停工等	当期损益

相关链接

不单独核算停工损失的企业，不设置“停工损失”科目，直接反映在“制造费用”或“营业外支出”等科目中。辅助生产一般不单独核算停工损失。

8. 答案 √	本题考点 会计信息质量要求	难易程度 易

9. 答案 √	本题考点 政府会计资产业务	难易程度 易

10. 答案 ×	本题考点　固定资产发生的后续支出	难易程度　易

解析

企业生产车间发生的固定资产日常修理费是为了使其能维持原有的生产能力继续生产或原有经济利益的实现能力，且这种维修是经常性的，不符合资本化的条件，所以应计入管理费用。

相关链接

企业生产车间发生的固定资产折旧费计入制造费用。

四、不定项选择题

（一）

1. 答案 ACD	本题考点　货币性职工薪酬	难易程度　中

解析

代扣的个人所得税和代职工垫付的费用从应发放的职工薪酬中扣除，所以实际支付上月工资的分录如下：

借：应付职工薪酬	210	
贷：应交税费——应交个人所得税		18
其他应收款		12
银行存款		180

2. 答案 BCD	本题考点　货币性职工薪酬	难易程度　易

解析

基本生产车间工人薪酬计入生产成本（选项 D），车间管理人员薪酬计入制造费用（选项 A），行政管理人员薪酬计入管理费用（选项 B），专设销售机构人员薪酬计入销售费用（选项 C），所以本月分配职工薪酬分录如下：

借：生产成本	120	
制造费用	50	
管理费用	40	
销售费用	30	
贷：应付职工薪酬		240

3. 答案 ABD	本题考点　非货币性职工薪酬	难易程度　难

解析

（1）选项 ABC：将自产产品作为福利发放给职工，需要视同销售，实际发放时确认收入并结转成本，确认主营业务收入金额 = 500×200÷10000 = 10（万元），确认主营业务成本金额 = 400×200÷10000 = 8（万元）。

（2）选项D：将自产加湿器作为福利发放给生产车间生产工人，确认非货币性职工薪酬金额＝200×500×（1+13%）÷10000＝11.3（万元），计入生产成本。

易错易混

以自产产品VS外购商品作为职工福利发放的会计处理

	自产产品	外购产品	
		增值税不单独确认	增值税单独确认
购入	—	借：库存商品［含税价］ 贷：银行存款等	借：库存商品 应交税费——应交增值税（进项税额） 贷：银行存款等
确认	借：生产成本等 贷：应付职工薪酬		
发放	借：应付职工薪酬 贷：主营业务收入 应交税费——应交增值税（销项税额） 借：主营业务成本 贷：库存商品	借：应付职工薪酬 贷：库存商品［含税价］	借：应付职工薪酬 贷：库存商品 应交税费——应交增值税（进项税额转出）

4. 答案 C | **本题考点** 短期带薪缺勤 | **难易程度** 中

解析

累积带薪缺勤说明未使用的带薪休假可以结转到下一年，本年未使用也不会作废。确认累积带薪缺勤的分录如下：

借：管理费用/销售费用等

　贷：应付职工薪酬

易错易混

累积带薪缺勤VS非累积带薪缺勤

	累积带薪缺勤	非累积带薪缺勤
区别点	带薪权利可结转到下期使用	带薪权利不能结转到下期使用，本期未使用，带薪权利将取消
常见	年假	婚假、产假、丧假、探亲假、病假
确认时点	年末确认预期将行使权利： 借：管理费用/生产成本/销售费用等 贷：应付职工薪酬	未缺勤时不确认，实际发生缺勤时视同出勤处理： 借：管理费用/生产成本等 贷：应付职工薪酬 不用单独进行会计处理

5. 答案 A	本题考点 货币性职工薪酬	难易程度 中

解析

产品成本包括产品的直接人工、直接材料和制造费用。资料（2）中生产车间生产工人的职工薪酬属于直接人工、车间管理人员薪酬属于制造费用，所以2019年12月该企业应计入产品成本的职工薪酬金额=120［资料（2）］+50［资料（2）］+11.3［资料（3）］=181.3（万元）。

（二）

1. 答案 A	本题考点 接受非现金资产投资	难易程度 中

解析

（1）增值税一般纳税人取得增值税专用发票，说明设备增值税可以抵扣，应确认为应交税费——应交增值税（进项税额）。

（2）按合同约定，乙公司在甲公司注册资本中享有的份额为300万元，投入资本额=400+52=452（万元），超出应享有份额300万元的差额152万元（452-300）计入资本公积——资本溢价。

综上所述，选项A的会计处理正确。

考点提炼

企业接受投资者作价投入的固定资产，应按投资合同或协议约定的价值（不公允的除外）作为固定资产的入账价值，按投资合同或协议约定的投资者在企业注册资本或股本中所占份额的部分作为实收资本或股本入账，投资合同或协议约定的价值（不公允的除外）超过投资者在企业注册资本或股本中所占份额的部分，计入资本公积——资本溢价/股本溢价。

2. 答案 D	本题考点 处置固定资产	难易程度 难

解析

甲公司报废固定资产发生的净损失=报废时账面价值（80-76）-零部件作价（0.4）=3.6（万元）。

考点提炼

处置固定资产的账务处理

将固定资产转入固定资产清理	借：固定资产清理 　　累计折旧 　　固定资产减值准备 　贷：固定资产
发生清理费用	借：固定资产清理 　　应交税费——应交增值税（进项税额） 　贷：银行存款等

续表

收回出售价款	借：银行存款 　贷：固定资产清理 　　　应交税费——应交增值税（销项税额）
残料入库	借：原材料等 　贷：固定资产清理
保险公司或过失人赔偿	借：其他应收款等 　贷：固定资产清理
结转清理净损益	两种情况的会计处理详见本题【易错易混】

处置固定资产常见的考查情形：①毁损或报废的计算【详见本题】；②毁损或报废的会计处理【详见 P41 不定项（三）4】；③出售或转让的会计处理【详见 P69 判断 2】。

易错易混

固定资产清理完成后，对清理净损益的两种不同会计处理

情形	利得/净收益	损失/净损失
已丧失使用功能/自然灾害发生毁损等原因报废清理	借：固定资产清理 　贷：营业外收入	借：营业外支出 　贷：固定资产清理
出售、转让	借：固定资产清理 　贷：资产处置损益	借：资产处置损益 　贷：固定资产清理

3. 答案 CD　　本题考点　无形资产的账务处理　　难易程度　中

解析

（1）选项 A：非专利技术当月摊销额 = 90÷5÷12 = 1.5（万元）。

（2）选项 BC：甲公司为增值税一般纳税人，购入该非专利技术取得增值税专用发票，增值税进项税额可以抵扣，确认为应交税费——应交增值税（进项税额），因此该非专利技术的入账成本为 90 万元。

（3）选项 D：对于使用寿命有限的无形资产，企业应当按月进行摊销。

考点提炼

（1）外购无形资产的成本包括购买价款、相关税费（不含可以抵扣的增值税）以及直接归属于使该项资产达到预定用途所发生的其他支出。

（2）企业应当于取得无形资产时分析判断其使用寿命。使用寿命有限的无形资产应按月进行摊销，自可供使用（即其达到预定用途）当月起开始摊销，处置当月不再摊销；使用寿命不确定的无形资产不应摊销。

4. 答案 B	本题考点 "管理费用"项目的填列	难易程度 难

解析

管理用非专利技术的摊销额计入管理费用，列报在"管理费用"项目中，所以对甲公司 2019 年 9 月利润表中"管理费用"项目的影响金额 = 90÷5÷12 = 1.5（万元）。

相关链接

（1）"管理费用"项目，反映企业为组织和管理生产经营发生的管理费用。本项目应根据"管理费用"科目的发生额分析填列。

（2）"研发费用"项目，反映企业进行研究与开发过程中发生的费用化支出以及计入管理费用的自行开发无形资产的摊销。本项目应根据"管理费用"科目下的"研发费用"明细科目的发生额以及"管理费用"科目下的"无形资产摊销"明细科目的发生额分析填列。

5. 答案 BD	本题考点 处置固定资产	难易程度 难

解析

（1）选项 AD：固定资产账面余额增加 = 400（资料 1）-80（资料 2）= 320（万元）。

（2）选项 BC：无形资产账面价值增加 = 90-1.5 = 88.5（万元）。

易错易混

账面余额 VS 账面净值 VS 账面价值

	固定资产	无形资产
账面余额	账面余额 = 账面原值 = 账面原价	账面余额 = 账面原值 = 账面原价
账面净值	账面净值 = 账面余额 - 累计折旧	账面净值 = 账面余额 - 累计摊销
账面价值	账面价值 = 账面净值 - 固定资产减值准备 = 账面余额 - 累计折旧 - 固定资产减值准备	账面价值 = 账面净值 - 无形资产减值准备 = 账面余额 - 累计摊销 - 无形资产减值准备

（三）

1. 答案 AD	本题考点 出租固定资产的账务处理	难易程度 中

解析

甲公司出租固定资产，租金一次性收取且提供后续服务，根据权责发生制，收入不能一次全部确认，要按月确认收入。

（1）10 月 1 日收到预收款项：

借：银行存款　33.9

　贷：预收账款　30

　　　应交税费——应交增值税（销项税额）　3.9

（2）10 月 31 日，确认收入结转成本：

借：预收账款　5

　贷：其他业务收入　5

借：其他业务成本　　4

　贷：累计折旧　　4

2. 答案 CD	本题考点	商业折扣、现金折扣和销售退回的账务处理	难易程度 中

解析

(1) 选项 BC：应按照扣除商业折扣后的金额确认收入和增值税，售出商品收入＝10000×1000×（1－10%）＝9000000（元）＝900（万元），分录如下：

借：银行存款　　1017

　贷：主营业务收入　　900

　　应交税费——应交增值税（销项税额）　　117

(2) 选项 AD：售出商品成本＝10000×800＝8000000（元）＝800（万元），分录如下：

借：主营业务成本　　800

　贷：库存商品　　800

考点提炼

商业折扣是企业为促进商品销售而给予的价格扣除，如企业为鼓励客户多买商品或尽快出售一些残次、陈旧、冷背的商品给予的折扣。商业折扣在销售前即已发生，并不构成最终成交价格的一部分，企业应当按照扣除商业折扣后的金额确定销售商品收入的金额。

易错易混

商业折扣 VS 现金折扣 VS 销售退回

	区别点	关注点	
商业折扣	为促进销售，对采购量大或陈旧商品给予的优惠	按扣除商业折扣后的金额确认收入、增值税	
现金折扣	为了提前收回款项给予的优惠	按照扣除现金折扣前的金额确认收入	
		现金折扣发生时计入财务费用，计算时需明确是否考虑增值税	
		销售方	借：银行存款 　财务费用 　贷：应收账款
		采购方	借：应付账款 　贷：银行存款 　　财务费用

续表

<table>
<tr><th></th><th>区别点</th><th colspan="2">关注点</th></tr>
<tr><td rowspan="3">销售退回</td><td rowspan="3">质量、规格等方面不符合要求发生退货</td><td colspan="2">发生退回时，如为非资产负债表日后事项，则冲减退回当月的收入和成本（如6月销售7月退回，那么冲减7月）
【提示】资产负债表日后事项的会计处理，在初级会计中不用掌握</td></tr>
<tr><td>未确认收入</td><td>借：库存商品
　贷：发出商品
已发生纳税义务：
借：应交税费——应交增值税（销项税额）
　贷：应收账款</td></tr>
<tr><td>已确认收入</td><td>借：主营业务收入
　　应交税费——应交增值税（销项税额）
　贷：银行存款/应收账款
借：库存商品
　贷：主营业务成本
既涉及收入的减少、增值税税额的调整，也涉及成本、存货的调整</td></tr>
</table>

3. 答案 A　　本题考点　包装物的账务处理　　难易程度　中

解析

随同商品出售而单独计价的包装物的销售收入计入其他业务收入的贷方，结转的成本计入其他业务成本的借方。

易错易混

包装物的会计处理

（1）出售包装物。

	单独计价（确认收入、结转成本）	不单独计价
出售	借：银行存款等 　贷：其他业务收入 　　应交税费——应交增值税（销项税额） 借：其他业务成本 　贷：周转材料——包装物	借：销售费用 　贷：周转材料——包装物

（2）出租、出借包装物。

	租金	收取的押金
出租	借：银行存款等 贷：其他业务收入 应交税费——应交增值税（销项税额） 借：其他业务成本 贷：周转材料——包装物	借：银行存款等 贷：其他应付款
出借	出借不涉及租金，但应摊销成本： 借：销售费用 贷：周转材料——包装物	

4. 答案 BC | **本题考点 销售材料等存货的账务处理** | **难易程度 易**

解析

（1）选项 BD：销售原材料确认收入的会计分录如下：

借：银行存款 4.52

贷：其他业务收入 4

应交税费——应交增值税（销项税额） 0.52

（2）选项 AC：销售原材料结转成本的会计分录如下：

借：其他业务成本 3

贷：原材料 3

5. 答案 B | **本题考点 “营业成本” 项目的填列** | **难易程度 中**

解析

甲公司 2019 年 10 月利润表“营业成本”项目的本期金额 = 4［资料（1）］+800［资料（2）］+1［资料（3）］+3［资料（4）］=808（万元）。

考点提炼

“营业成本”项目反映企业经营主要业务和其他业务所发生的成本总额。本项目应根据“主营业务成本”和“其他业务成本”科目的发生额分析填列。

2019 年会计专业技术资格考试《初级会计实务》试题（1）

参考答案及解析

扫码看答案

使用“微信”或“会计云课堂”App 扫描右侧二维码，即可查阅电子版答案及解析，“手机看答案更轻松”。

一、单项选择题

1. 答案 B	本题考点　自行研发无形资产	难易程度　中

解析

（1）确定题中事项分别计入的会计科目。

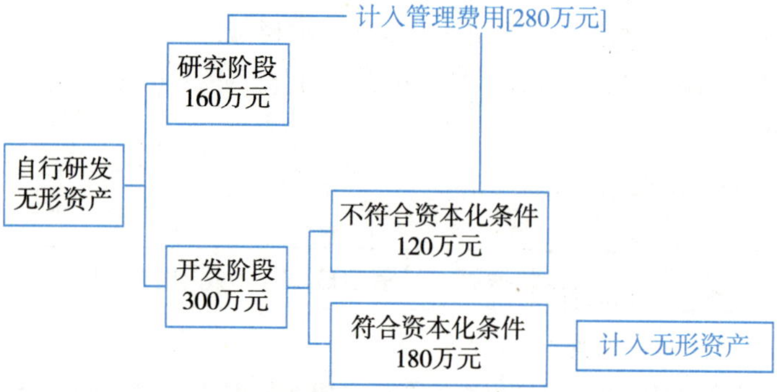

（2）确定题中影响当期损益的项目。

影响当期损益的有：主营业务收入、其他业务收入、主营业务成本、其他业务成本、税金及附加、销售费用、管理费用、研发费用、财务费用、其他收益、投资收益、公允价值变动损益、信用减值损失、资产减值损失、资产处置损益、营业外收入、营业外支出、所得税费用等。题中只有管理费用影响当期损益。

综上所述，该研发活动应计入当期损益的金额 = 160+（300−180）= 280（万元）。

易错易混

自行研发无形资产涉及的会计科目和报表项目【详见 P167 多选 6】。

相关链接

如无法可靠区分研究阶段的支出和开发阶段的支出，应将发生的研发支出全部费用化，计入管理费用。

2. 答案 B	本题考点 其他应交税费	难易程度 难

解析

车船税不按照使用的部门进行区分，确认当期销售部门使用车辆应交纳的车船税时：

借：税金及附加

　贷：应交税费——应交车船税

易错易混

应交税费 VS 税金及附加

税种	应交税费	税金及附加
消费税	√	√
房产税	√	√
车船税	√	√
资源税	√	√
城镇土地使用税	√	√
城市维护建设税	√	√
教育费附加	√	√
增值税	√	×
企业所得税	√	×
个人所得税	√	×
土地增值税	√	×
印花税	×	√

【提示】房地产开发企业销售商品房缴纳的土地增值税通过“税金及附加”科目核算。

相关链接

印花税、耕地占用税、契税、车辆购置税等不需要预计应交数的税金，不通过“应交税费”科目核算。

税种	账务处理
印花税	借：税金及附加 　贷：银行存款
耕地占用税	借：无形资产等 　贷：银行存款

续表

税种	账务处理
契税	借：无形资产、固定资产等 　贷：银行存款
车辆购置税	借：固定资产 　贷：银行存款

3. 答案 D	本题考点　交易或事项对会计等式的影响	难易程度　易

解析

以银行存款偿还所欠货款会计分录如下：

借：应付账款

　贷：银行存款

根据分录，属于一项资产与一项负债等额减少。

4. 答案 C	本题考点　应付职工薪酬的内容	难易程度　中

解析

应付职工薪酬属于负债类账户，借方登记减少额，表示已支付的薪酬；贷方登记增加额，表示未支付的薪酬。支付（选项A）、发放（选项B）、缴存（选项D）均为已支付的薪酬；“确认……补偿”（选项C）为确认但未支付的薪酬。

相关分录如下：

选项ABD	选项C
借：应付职工薪酬 　贷：银行存款等	借：管理费用 　贷：应付职工薪酬

综上所述，选项C记入“应付职工薪酬”科目贷方。

5. 答案 A	本题考点　营业利润	难易程度　难

解析

（1）确认选项ABCD分别计入的会计科目。

选项A计入其他业务成本；选项BCD均计入营业外支出。

（2）确认影响营业利润的项目。

营业利润=营业收入-营业成本-税金及附加-销售费用-管理费用-研发费用-财务费用+其他收益+投资收益（-投资损失）+净敞口套期收益（-净敞口套期损失）+公允价值变动收益（-公允价值变动损失）-信用减值损失-资产减值损失+资产处置收益（-资产处置损失）

综上所述，营业外支出不影响营业利润，其他业务成本在“营业成本”项目列示，营业成本增加，导致营业利润减少。

相关链接

营业外支出核算内容及相关账务处理

项目	账务处理
非流动资产毁损、报废损失	借：营业外支出 贷：固定资产清理、无形资产等
盘亏损失 （非常原因导致的存货盘亏、固定资产盘亏）	借：营业外支出 贷：待处理财产损溢
捐赠支出	借：营业外支出 贷：库存现金、原材料、库存商品等 应交税费——应交增值税（销项税额）
罚款支出	借：营业外支出 贷：银行存款等

6. 答案 D | **本题考点** 实收资本（或股本）的减少 | **难易程度** 易

解析

注销分录如下：

借：股本　1000［1000×1］

　资本公积——股本溢价［差额］　500

　贷：库存股　1500［1000×1.5］

易错易混

回购及注销股票的会计处理【详见 P224 单选 16】。

7. 答案 D | **本题考点** 取得交易性金融资产 | **难易程度** 中

解析

已宣告但尚未发放的现金股利计入应收股利，支付相关交易费用冲减“投资收益”，取得股票时借记“交易性金融资产”科目的金额（即交易性金融资产的入账成本）= 3600000－100000 = 3500000（元）。

购入时分录如下：

借：交易性金融资产——成本　3500000

　应收股利［已宣告但尚未发放的现金股利］　100000

　投资收益［交易费用］　10000

　应交税费——应交增值税（进项税额）［交易费用所产生的增值税］　600

　贷：其他货币资金　3610600

8. 答案 A	本题考点 应收票据	难易程度 易

解析

（1）选项 A：收到商业承兑汇票通过“应收票据”科目核算。
（2）选项 BC：销货单位收到银行汇票、银行本票通过“银行存款”科目核算。
（3）选项 D：转账支票通过“银行存款”科目核算。

9. 答案 A	本题考点 财务费用	难易程度 中

解析

现金折扣对于销售方和购货方账务处理上存在差异，销售方实际发生的现金折扣计入财务费用，增加财务费用；购货方实际获得的现金折扣，冲减财务费用。题中为购货现金折扣，对于购货方应冲减财务费用，2018 年该企业列入利润表“财务费用”项目的本期金额＝120－10－30＝80（万元）。

易错易混

销售方 VS 购货方的现金折扣辨析

主体	账务处理	
销售方	销售发生时	收到货款时
	借：应收账款 贷：主营业务收入［不扣除现金折扣］ 应交税费——应交增值税（销项税额） 借：主营业务成本 贷：库存商品	借：银行存款［扣除现金折扣后的金额］ 财务费用［现金折扣，增加］ 贷：应收账款
购货方	购买时	实际付款时
	借：库存商品等 应交税费——应交增值税（进项税额） 贷：应付账款	借：应付账款 贷：银行存款 财务费用［现金折扣，减少］

10. 答案 D	本题考点 所得税费用	难易程度 易

解析

（1）递延所得税＝（递延所得税负债的期末余额－递延所得税负债的期初余额）－（递延所得税资产的期末余额－递延所得税资产的期初余额）＝（35－30）－（18－20）＝7（万元）。
（2）所得税费用＝应交所得税＋递延所得税＝100＋7＝107（万元）。

11. 答案 B	本题考点　利润总额	难易程度　中

解析

（1）确认选项 ABCD 分别计入的会计科目。
①选项 A 计入应付股利。
②选项 B 计入营业外支出。
③选项 C 计入资本公积。
④选项 D 计入所得税费用。
（2）确认影响利润总额的项目。
利润总额=营业利润+营业外收入-营业外支出
综上所述，选项 B 影响利润总额。

相关链接

利润的相关计算公式【详见 P217 单选 3】。

12. 答案 D	本题考点　其他应付款	难易程度　难

解析

其他应付款是指企业除应付票据、应付账款、预收账款、应付职工薪酬、应交税费、应付利息、应付股利等经营活动以外的其他各项应付、暂收的款项。应付短期租赁固定资产租金，计入其他应付款。
每季度末支付本季度租金，那么季度内的每一个月要先计提租金，属于还未付的款项，其他应付款增加，所以在贷方。因是管理用办公设备，管理费用增加，记入“管理费用”科目借方。

相关链接

其他应收款 VS 其他应付款 VS 应收账款

	其他应收款	其他应付款	应收账款
应收的出租包装物租金	√		
应付的租入包装物租金		√	
应付短期租赁固定资产租金		√	
收取的出租包装物押金		√	
支付的租入包装物押金	√		
为职工垫付的水电费、医药费、房租费等	√		
垫付包装费、运杂费等			√
存入保证金		√	
存出保证金	√		

13. 答案 B	本题考点 错账更正的方法	难易程度 中

解析

在结账前发现账簿记录有文字或数字错误，而记账凭证没有错误，应当采用划线更正法。

易错易混

错账更正的方法

类型	适用情形	更正方法
划线更正法	结账前发现错误，而记账凭证没错	在错误的文字或数字上划一条红线，在红线的上方填写正确的文字或数字
红字更正法	记账后发现记账凭证中会计科目错误	用红字填写一张与原记账凭证完全相同的记账凭证，在摘要栏内写明“注销某月某日某号凭证”，并据以用红字登记入账，再用蓝字填写一张正确的记账凭证，并据以用蓝字登记入账
	会计科目无误，金额写多了	按多记的金额用红字编制一张与原记账凭证完全相同的记账凭证，在摘要栏内写明“冲销某月某日第×号记账凭证多记金额”，并据以用红字登记入账
补充登记法	记账后发现会计科目无误，金额记少了	按少记的金额用蓝字填制一张与原记账凭证完全相同的记账凭证，在摘要栏内写明“补记某月某日第×号记账凭证少记金额”，并据以用蓝字登记入账

14. 答案 D	本题考点 未分配利润	难易程度 易

解析

年终结转后，“利润分配——未分配利润”科目借方余额反映企业历年累积未弥补的亏损金额。

考点提炼

(1) 企业应通过“利润分配”科目，核算企业利润的分配（或亏损的弥补）和历年分配（或弥补）后的未分配利润（或未弥补亏损）。

(2) 年度终了，企业应将全年实现的净利润或发生的净亏损，自“本年利润”科目转入“利润分配——未分配利润”科目，并将“利润分配”科目所属其他明细科目的余额，转入“未分配利润”明细科目。

(3) 结转后，“利润分配——未分配利润”科目如为贷方余额，表示累积未分配的利润金额；如为借方余额，则表示累积未弥补的亏损金额。

15. 答案 C	本题考点 持有交易性金融资产	难易程度 中

解析

资产负债表日，交易性金融资产应当按照公允价值计量，公允价值与账面余额之间的差额计入当期损益，即公允价值变动损益。12月1日账面余额为1000000元，12月31日公允价值为1050000元，公允价值上升50000元，所以交易性金融资产增加（借方）。2018年12月31日分录如下：

借：交易性金融资产——公允价值变动 50000

贷：公允价值变动损益 50000

考点提炼

公允价值变动的账务处理

情形	账务处理
公允价值上升时	借：交易性金融资产——公允价值变动 贷：公允价值变动损益
公允价值下降时	借：公允价值变动损益 贷：交易性金融资产——公允价值变动

相关链接

交易性金融资产“差额”的处理

事项	账务处理
持有交易性金融资产	资产负债表日，交易性金融资产应当按照公允价值计量，公允价值与账面余额之间的差额计入公允价值变动损益
出售交易性金融资产	将交易性金融资产出售时的公允价值与其账面余额之间的差额计入投资收益

16. 答案 D	本题考点 长期待摊费用	难易程度 易

解析

长期待摊费用是资产类科目，增加在借方，减少在贷方，期末余额在借方，2018年末该企业“长期待摊费用”科目的余额＝期初余额＋借方发生额－贷方发生额＝4000+3000−2000＝5000（元）。

17. 答案 A	本题考点 会计职能	难易程度 易

解析

会计的监督职能是指对特定主体经济活动和相关会计核算的真实性、合法性和合理性进行审查。

相关链接

会计职能汇总

职能	内容
基本职能	核算（确认、计量、记录、报告） 监督（真实性、合法性、合理性）
拓展职能	预测经济前景、参与经济决策、评价经营业绩

18. 答案 A | **本题考点** 预算结转结余及分配业务 | **难易程度** 中

解析

根据有关规定从本年度非财政拨款结余或经营结余中提取基金的分录如下：

借：非财政拨款结余分配

　贷：专用结余

考点提炼

专用结余是指事业单位按照规定从非财政拨款结余中提取的具有专门用途的资金。

事项	账务处理
根据有关规定从本年度非财政拨款结余或经营结余中提取基金的，按照提取金额	借：非财政拨款结余分配 　贷：专用结余
根据规定使用从非财政拨款结余或经营结余中提取的专用基金时，按照使用金额	借：专用结余 　贷：资金结存——货币资金

19. 答案 A | **本题考点** 现金的清查 | **难易程度** 中

解析

现金短缺通过“待处理财产损溢”科目过渡，按实际短缺相应调减账面金额，贷记“库存现金”科目。报经批准后，应收的赔偿计入其他应收款，无法查明原因的部分计入管理费用。相关会计分录如下：

发现短缺时：

借：待处理财产损溢　　351

　贷：库存现金　　351

报经批准后：

借：其他应收款　　200

　　管理费用　　151

　贷：待处理财产损溢　　351

易错易混

库存现金、存货和固定资产的盘盈和盘亏【详见P136多选10】。

20. 答案 A	本题考点 “固定资产” 项目的填列	难易程度 中

解析 “固定资产”项目期末应根据“固定资产”科目的期末余额，减去“累计折旧”和“固定资产减值准备”科目的期末余额后的金额，以及“固定资产清理”科目的期末余额填列，所以“固定资产”项目期末余额应列报的金额 = 1000 - 400 - 80 + 20 = 540（万元）。

易错易混 “工程物资”科目期末余额列示在“在建工程”项目，而非“固定资产”项目。

21. 答案 D	本题考点 非货币性职工薪酬	难易程度 难

解析 将自产产品作为非货币性福利发放给职工，应视同销售，按照商品的公允价值与增值税合计金额确认应付职工薪酬，应付职工薪酬金额 = 1000×100 + 1000×100×13% = 113000（元）。

易错易混 自产产品 VS 外购商品作为非货币性福利【详见 P235 不定项（一）3】。

22. 答案 C	本题考点 一般纳税人的账务处理	难易程度 易

解析 “待抵扣进项税额”明细科目，核算一般纳税人已取得增值税扣税凭证并经税务机关认证，按照现行增值税制度规定准予以后期间从销项税额中抵扣的进项税额。

23. 答案 A	本题考点 小规模纳税人的账务处理	难易程度 中

解析 小规模纳税人核算增值税采用简化的方法，购入材料取得增值税专用发票上注明的增值税进项税额一律不予抵扣，直接计入原材料成本；销售时按照不含税的销售额和规定的增值税征收率计算应交纳的增值税（即应纳税额），所以该企业 2020 年 8 月应交纳的增值税税额 = 123600/（1+3%）×3% = 3600（元）。

易错易混 存货采购成本增值税的确定【详见 P200 多选 7】。

24. 答案 B	本题考点 “存货” 项目的填列	难易程度 中

解析

“材料成本差异”科目，借方余额表示“超支差异（+）”，贷方余额表示“节约差异（-）”，题中贷方余额 20 万元，表示节约差，“-”列示；“工程物资”科目余额在“在建工程”项目中列示，不属于“存货”项目；“存货”项目=原材料+生产成本+库存商品+委托加工物资+周转材料+材料采购+在途物资+发出商品+（-）材料成本差异-存货跌价准备等。

综上所述，资产负债表中“存货”项目的金额=500+300-20-10=770（万元）。

二、多项选择题

1. 答案 ACD	本题考点 会计要素及其确认条件	难易程度 易

解析

（1）选项 A：计入应付账款，属于流动负债。

（2）选项 B：计入长期借款，属于非流动负债。

（3）选项 C：计入应交税费，属于流动负债。

（4）选项 D：计入合同负债，属于流动负债。

2. 答案 BD	本题考点 无形资产摊销	难易程度 易

解析

无形资产摊销应根据受益对象，将计提的摊销额计入相关资产成本或当期损益。题中摊销管理用无形资产，根据受益对象，应计入管理费用。

考点提炼

无形资产摊销的账务处理：

借：管理费用［管理用］

　　其他业务成本［出租］

　　制造费用等［生产用］

　贷：累计摊销

3. 答案 CD	本题考点 政府财务报告和决算报告	难易程度 中

解析

政府决算报告针对的是预算会计；政府综合财务报告针对的是财务会计。

（1）选项 AB：属于政府决算报告内容。

（2）选项 C：属于政府综合财务报告的编制基础。

（3）选项 D：既属于政府决算报告的编制主体也属于政府综合财务报告的编制主体。

易错易混

政府决算报告和政府综合财务报告的区别【详见 P219 单选 7】。

4. 答案 ABCD	本题考点 所有者权益变动表的结构	难易程度 易

解析

在所有者权益变动表上，企业至少应当单独列示反映下列信息的项目：

（1）综合收益总额（选项 B）。

（2）会计政策变更和差错更正的累积影响金额。

（3）所有者投入资本（选项 A）和向所有者分配利润（选项 C）等。

（4）提取的盈余公积（选项 D）。

（5）实收资本、其他权益工具、资本公积、其他综合收益、专项储备、盈余公积、未分配利润的期初和期末余额及其调节情况。

5. 答案 ABD	本题考点 留存收益的账务处理	难易程度 中

解析

相关分录如下：

选项 A	选项 B
借：利润分配——提取法定盈余公积 贷：盈余公积——法定盈余公积	借：利润分配——应付现金股利或利润 贷：应付股利
选项 C	选项 D
借：盈余公积 贷：实收资本/股本	借：盈余公积 贷：利润分配——盈余公积补亏

综上所述，选项 C 不通过“利润分配”科目核算。

6. 答案 ABCD	本题考点 固定资产折旧概述、固定资产的清查、固定资产减值	难易程度 中

解析

固定资产账面价值=账面原值-累计折旧-固定资产减值准备

（1）选项 A：增加累计折旧，账面价值减少。

（2）选项 BC：固定资产减少，账面价值减少。

（3）选项 D：增加固定资产减值准备，账面价值减少。

7. 答案 ABCD	**本题考点** 其他货币资金	**难易程度** 易

解析

“其他货币资金”科目的核算内容：

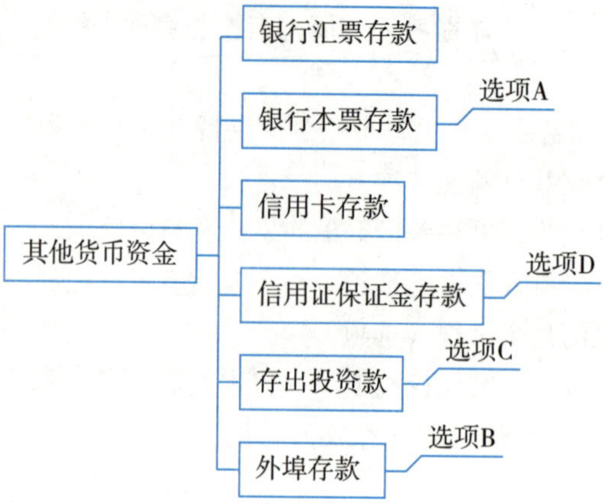

8. 答案 AC	**本题考点** 销售费用	**难易程度** 易

解析

选项 B：计入应收账款；选项 D：计入主营业务成本。

考点提炼

销售费用是与企业销售商品活动有关的费用，包括：

（1）销售商品过程中发生的保险费、包装费、展览费和广告费、商品维修费、预计产品质量保证损失、运输费、装卸费等。

（2）为销售商品而专设的销售机构的职工薪酬、业务费、折旧费等。

（3）与专设销售机构相关的固定资产修理费用等。

相关链接

随同商品出售单独计价的包装物成本计入其他业务成本。

9. 答案 AD	**本题考点** 短期借款	**难易程度** 易

解析

相关账务处理如下：

借：财务费用

　贷：应付利息

10. 答案 BD	本题考点 “资产处置收益” 项目的填列	难易程度 难

解析

（1）选项 AC：计入其他业务收入，在“营业收入”项目列示。
（2）选项 B 属于出售无形资产、选项 D 属于出售固定资产，二者产生的净收益均列入“资产处置收益”项目。

考点提炼

在初级考试中，通过“资产处置损益”科目核算的内容包括如下两项业务：
（1）出售、转让固定资产。
（2）出售无形资产。

易错易混

资产处置损益相关的账务处理

业务	账务处理
出售、转让等原因产生的固定资产处置净损益	借：资产处置损益［损失］ 贷：固定资产清理 或： 借：固定资产清理 贷：资产处置损益［收益］
出售无形资产净损益	借：银行存款 累计摊销 无形资产减值准备 贷：无形资产 应交税费——应交增值税（销项税额） 资产处置损益［差额，或借方］

11. 答案 ABD	本题考点 管理会计要素及具体内容	难易程度 易

解析

绩效管理领域应用的管理会计工具方法一般包括：关键绩效指标法、经济增加值法、平衡计分卡和绩效棱柱模型。选项 C 属于营运管理领域应用的工具方法。

相关链接

七大管理领域工具方法【详见 P132 多选 5】。

12. 答案 AD	本题考点 结转本年利润的账务处理	难易程度 难

解析

“利润分配——未分配利润”科目属于所有者权益类科目，借方登记减少额，贷方登记增加额。结转本年实现的净利润，是将净利润自“本年利润”科目转入“利润分配——未分配利润”科目，所以“本年利润”减少（借方），“利润分配——未分配利润”增加（贷方），选项 A 正确；结转“利润分配”科目所属明细科目余额，是将“利润分配”科目所属其他明细科目的余额转入“未分配利润”明细科目，本题涉及提取法定盈余公积和应付现金股利或利润，提取和宣告分配时在“利润分配”科目的借方，所以转出在贷方，选项 D 正确。

易错易混

利润分配账务处理汇总

项目	账务处理
结转净利润（或净亏损）	借：本年利润 　贷：利润分配——未分配利润［或相反分录］ 【提示】当年净利润弥补以前年度亏损时，无需另行编制会计分录
提取盈余公积	借：利润分配——提取法定盈余公积 　　　　　　——提取任意盈余公积 　贷：盈余公积——法定盈余公积 　　　　　　——任意盈余公积
盈余公积补亏	借：盈余公积 　贷：利润分配——盈余公积补亏
向投资者分配利润	借：利润分配——应付现金股利或利润 　贷：应付股利
利润分配其他明细科目余额转入未分配利润	借：利润分配——未分配利润 　贷：利润分配——提取法定盈余公积 　　　　　　——提取任意盈余公积 　　　　　　——应付现金股利或利润 借：利润分配——盈余公积补亏 　贷：利润分配——未分配利润

三、判断题

1. 答案 ×	本题考点　应付股利	难易程度　中

解析

应付股利是指企业根据股东大会或类似机构审议批准的利润分配方案确定分配给投资者的现金股利或利润。本题为宣告分配股票股利，宣告分配股票股利不作账务处理。

易错易混

现金股利 VS 股票股利【详见 P140 不定项（一）1】。

2. 答案 ×	本题考点　已经发出商品但不能确认收入的账务处理	难易程度　中

解析

赊销商品时知晓客户财务困难，不能确定能否收回货款，不满足收入确认条件，不能确认收入。但是已经开出发票应确认纳税义务。

发出商品时：

借：发出商品

　贷：库存商品

同时，因该企业销售该批商品的纳税义务已经发生，应确认增值税销项税额：

借：应收账款

　贷：应交税费——应交增值税（销项税额）

3. 答案 √	本题考点　原始凭证	难易程度　易

4. 答案 √	本题考点　采用计划成本核算	难易程度　易

5. 答案 √	本题考点　政府会计资产业务	难易程度　中

解析

除文物和陈列品、动植物、图书、档案、单独计价入账的土地和以名义金额计量的固定资产等固定资产外，单位应当按月对固定资产计提折旧。

相关链接

企业 VS 事业单位固定资产折旧时间【详见 P199 多选 6】。

6. 答案 √	本题考点 管理会计要素及其具体内容	难易程度 易

解析

变动成本法，是指企业以成本性态分析为前提条件，仅将生产过程中消耗的变动生产成本作为产品成本的构成内容，而将固定生产成本和非生产成本作为期间成本，直接由当期收益予以补偿的一种成本管理方法。

7. 答案 √	本题考点 财产清查的方法与处理	难易程度 易

8. 答案 ×	本题考点 借贷记账法下的试算平衡	难易程度 易

解析

“有借必有贷，借贷必相等”为发生额试算平衡的直接依据。

易错易混

发生额试算平衡 VS 余额试算平衡

类别	直接依据
发生额试算平衡	借贷记账法的记账规则，即：有借必有贷，借贷必相等
余额试算平衡	财务状况等式，即：资产=负债+所有者权益

9. 答案 ×	本题考点 应付账款	难易程度 中

解析

应付账款无法支付，即想还钱给对方单位，但是对方单位可能已经破产倒闭，或是不要了，这属于“天上掉馅饼”，不是日常业务，计入营业外收入。

考点提炼

企业对于确实无法支付的应付账款应予以转销，按其账面余额计入营业外收入，借记“应付账款”科目，贷记“营业外收入”科目。

易错易混

应收款项 VS 应付款项，无法收付的账务处理

业务情形		账务处理
无法收回	应收票据	借：应收账款 　贷：应收票据
	应收账款	借：坏账准备 　贷：应收账款

续表

<table>
<tr><th colspan="2">业务情形</th><th>账务处理</th></tr>
<tr><td rowspan="2">无法支付</td><td>应付票据</td><td>借：应付票据
　贷：应付账款［商业承兑汇票］
　　　短期借款［银行承兑汇票］</td></tr>
<tr><td>应付账款</td><td>借：应付账款
　贷：营业外收入</td></tr>
</table>

10. 答案 ×	本题考点　其他货币资金	难易程度　易

解析

其他货币资金属于资产类科目，借方表示增加，贷方表示减少；银行汇票通过“其他货币资金”科目核算，银行汇票退回，说明其他货币资金减少，银行存款增加，记入“其他货币资金”科目的贷方，分录如下：

借：银行存款

　贷：其他货币资金——银行汇票

四、不定项选择题

（一）

1. 答案 ACD	本题考点　商业折扣、现金折扣和销售退回的账务处理	难易程度　中

解析

计算现金折扣的题目，需要考虑以下三方面：

（1）计算还款天数，10 天内还款享受 2%的折扣，20 天内还款享受 1%的折扣，超过 20 天还款不享受折扣。

（2）计算现金折扣时是否考虑增值税，题中会给出条件。

（3）现金折扣计入财务费用，销售方增加财务费用，购买方冲减财务费用。

题中乙公司 10 月 24 日还款，在 20 日内，享受 1%的现金折扣，并且不考虑增值税，所以计入财务费用的金额 = 110×200×1% = 220（元）。

资料（1）甲公司账务处理如下：

10 月 10 日：

借：应收账款	24860	
贷：主营业务收入		22000
应交税费——应交增值税（销项税额）		2860
借：主营业务成本	14000	
贷：库存商品		14000

10月24日：

借：银行存款 24640

财务费用 220

贷：应收账款 24860

易错易混

现金折扣的计算

举例：销售商品总价款1000元，增值税税额130元，现金折扣1%

条件	现金折扣金额	银行存款金额
不考虑增值税	1000×1%＝10	1000+130－10＝1120
考虑增值税	（1000+130）×1%＝11.3	1000+130－11.3＝1118.7

2. 答案 CD	本题考点 已经发出商品但不能确认收入的账务处理	难易程度 中

解析

委托代销手续费计入销售费用，委托代销商品在收到代销清单时确认收入。

（1）选项AB：发出商品时，按照成本价计入发出商品，受托方没有获得对该商品的控制权，不能确认收入；

（2）选项CD：收到代销清单按照实际销售数量确认收入，结转成本。

资料（2）账务处理如下：

10月16日：

借：发出商品［成本价］ 28000［400×70］

贷：库存商品 28000

10月31日：

借：应收账款 24860

贷：主营业务收入［售价］ 22000［200×110］

应交税费——应交增值税（销项税额） 2860［200×110×13%］

借：主营业务成本［成本价］ 14000［200×70］

贷：发出商品 14000

借：销售费用［代销手续费］ 2200

应交税费——应交增值税（进项税额） 132

贷：应收账款 2332

3. 答案 BD	本题考点 商业折扣、现金折扣和销售退回的账务处理	难易程度 易

解析

本题考查商业折扣，商业折扣按照折扣后的金额确认收入，即主营业务收入的金额＝1000×110×（1－10%）＝99000（元）。对应的增值税税额也是按照折扣后的金额计算，即应交税费——应交增值税（销项税额）的金额＝99000×13%＝12870（元）。

11 月 29 日，相关分录如下：

借：应收账款	111870	
贷：主营业务收入		99000
应交税费——应交增值税（销项税额）		12870
借：主营业务成本	70000	
贷：库存商品		70000

4. 答案 AD	本题考点 —	难易程度 —

解析

本题考查销售折让，因发生销售折让的 M 商品已经确认收入，不属于资产负债表日后事项，应当冲减退回当月（12 月）的收入。

12 月 3 日，相关分录如下：

借：主营业务收入	9900	
应交税费——应交增值税（销项税额）	1287	
贷：应收账款		11187

5. 答案 B	本题考点 “营业收入” 项目的填列	难易程度 中

解析

“营业收入”项目应根据“主营业务收入”和“其他业务收入”科目的发生额分析填列。甲公司 2019 年利润表“营业收入”项目本期金额 = 22000（资料 1）+22000（资料 2）+99000（资料 3）−9900（资料 4）= 133100（元）。

（二）

1. 答案 ABCD	本题考点 材料、燃料、动力费用的分配	难易程度 难

解析

甲产品材料定额消耗量 = 600×10 = 6000（千克），乙产品材料定额消耗量 = 500×6 = 3000（千克）。

此类题型的通用公式：

分配率 = 待分配总额/分配标准之和 =（9000×50）/（600×10+500×6）= 50。

分配额 = 分配标准×分配率

甲产品应负担材料费用 = 甲产品分配标准×分配率 = 600×10×50 = 300000（元）。

乙产品应负担材料费用 = 乙产品分配标准×分配率 = 500×6×50 = 150000（元）。

2. 答案 CD	本题考点 职工薪酬的归集和分配、制造费用的归集和分配	难易程度 难

解析

此类题型的通用公式：

分配率 = 待分配总额/分配标准之和

分配额 = 分配标准×分配率

职工薪酬的分配：

厂部管理人员薪酬应计入管理费用，而非制造费用，该条件属于干扰项，不参与职工薪酬和制造费用的分配。

【提示】题干中要求分配的职工薪酬是指生产工人的薪酬，不包括车间管理人员薪酬，后者在制造费用中分配。

职工薪酬分配率＝待分配总额/分配标准之和＝180000/（9000+6000）＝12。

甲产品应负担的职工薪酬＝甲产品分配标准×分配率＝9000×12＝108000（元）。

乙产品应负担的职工薪酬＝乙产品分配标准×分配率＝6000×12＝72000（元）。

制造费用的分配：

制造费用分配率＝待分配总额/分配标准之和＝60000/（9000+6000）＝4。

甲产品应负担的制造费用＝甲产品分配标准×分配率＝9000×4＝36000（元）。

乙产品应负担的制造费用＝乙产品分配标准×分配率＝6000×4＝24000（元）。

3. 答案 AD	本题考点　约当产量比例法	难易程度　难

解析

根据第1题和第2题计算结果得出下列数据：

项目	材料费用	职工薪酬	制造费用
甲产品	300000元	108000元	36000元

此类题型的通用公式：

分配率＝待分配总额/分配标准之和

分配额＝分配标准×分配率

材料费用：

由于M材料在生产开始时一次性投入，在产品无论完工程度如何，都应和完工产品负担同样的材料成本，在产品不需要计算约当产量，约当产量即为实际产量。

甲产品直接材料分配率＝待分配总额/分配标准之和＝300000/（400+200）＝500。

甲完工产品应负担的直接材料＝甲完工产品件数×分配率＝400×500＝200000（元）。

甲在产品应负担的直接材料＝甲在产品件数×分配率＝200×500＝100000（元）。

职工薪酬：

因在产品完工程度为50%，所以分配人工费用时，在产品的约当产量为200×50%，分配制造费用同理。

甲产品直接人工分配率＝待分配总额/分配标准之和＝108000/（400＋200×50%）＝216。

甲完工产品应负担的直接人工＝甲完工产品件数×分配率＝400×216＝86400（元）。

甲在产品应负担的直接人工＝甲在产品约当产量×分配率＝200×50%×216＝21600（元）。

制造费用：

甲产品制造费用分配率=待分配总额/分配标准之和=36000/（400+200×50%）=72。

甲完工产品应负担的制造费用=甲完工产品件数×分配率=400×72=28800（元）。

甲在产品应负担的制造费用=甲在产品约当产量×分配率=200×50%×72=7200（元）。

综上所述，甲完工产品总成本=200000+86400+28800=315200（元），甲在产品总成本=100000+21600+7200=128800（元）。

月末，账务处理如下：

借：库存商品——甲产品　　315200

　贷：生产成本——甲产品　　315200

考点提炼

约当产量比例法常见的考查情形：①多道工序完工程度、约当产量计算【详见P63单选5】；②在产品约当产量计算——原材料一次投入【详见本题】；③在产品约当产量计算——原材料陆续投入【详见P112不定项（二）2】。

易错易混

在产品约当产量计算——直接材料

原材料投入程度	在产品数量计算
一次性投入/100%	在产品约当产量=在产品数量×100%
陆续投入/50%	在产品约当产量=在产品数量×50%
X%	在产品约当产量=在产品数量×X%

相关链接

完工程度计算

直接人工/制造费用	通常假定，即50%	某道工序完工程度=（前面各道工序工时定额之和+本道工序工时定额×50%）/产品工时定额×100%
	给定进度，如60%	某道工序完工程度=（前面各道工序工时定额之和+本道工序工时定额×60%）/产品工时定额×100%
	各工序在产品数量和单位工时定额相差不多，在产品的完工程度可按50%计算	

4. 答案 AB	本题考点　废品损失	难易程度　中

解析

本题为可修复废品损失，可修复废品净损失=修复费用-残值-赔款=1400（元）。

易错易混

可修复废品损失 VS 不可修复废品损失

<table>
<tr><th colspan="2">项目</th><th>可修复</th><th>不可修复</th></tr>
<tr><td colspan="2">废品净损失</td><td>废品净损失 = 修复费用 - 残值 - 赔款</td><td>废品净损失 = 不可修复成本 - 残值 - 赔款</td></tr>
<tr><td rowspan="4">账务处理</td><td>结转废品成本</td><td>借：废品损失
贷：原材料
应付职工薪酬
制造费用等</td><td>借：废品损失
贷：生产成本——基本生产成本</td></tr>
<tr><td>残料入库</td><td colspan="2">借：原材料
贷：废品损失</td></tr>
<tr><td>过失人赔偿</td><td colspan="2">借：其他应收款
贷：废品损失</td></tr>
<tr><td>结转废品净损失</td><td colspan="2">借：生产成本——基本生产成本
贷：废品损失</td></tr>
</table>

相关链接

不通过“废品损失”核算的情况

（1）经质量检验部门鉴定不需要返修、可以降价出售的不合格品。

（2）产品入库后由于保管不善等原因而损坏变质的产品。

（3）实行“三包”企业在产品出售后发现的废品。

5. 答案 CD	本题考点　产品成本核算	难易程度　易

解析

根据第 1、2 和 4 题计算结果得出下列数据：

项目	材料费用	职工薪酬	制造费用	生产成本
乙产品	150000 元	72000 元	24000 元	1400 元

乙产品生产总成本 = 150000+72000+24000+1400 = 247400（元），乙产品单位成本 = 247400/500 = 494.8（元/件）。

（三）

1. 答案 A	本题考点 一般销售商品业务收入的账务处理	难易程度 易

解析

为乙公司垫付运费计入应收账款。

分录如下：

借：应收账款 608600

贷：主营业务收入 500000

应交税费——应交增值税（销项税额） 65000

银行存款 43600

2. 答案 ABD	本题考点 采用实际成本核算	难易程度 易

解析

使用银行承兑汇票结算材料款，银行承兑汇票通过“应收票据”科目核算。资料已知将票据背书转让用于付款，所以贷记“应收票据”科目。

分录如下：

借：原材料 270000

应交税费——应交增值税（进项税额） 35100

贷：应收票据 300000

银行存款 5100

3. 答案 D	本题考点 应收款项减值	难易程度 中

解析

企业确实无法收回的应收账款按管理权限报经批准后作为坏账转销，应当冲减已计提的坏账准备，转销坏账分录如下：

借：坏账准备——应收账款 40000

贷：应收账款——丙公司 40000

易错易混

坏账准备增加 VS 坏账准备减少【详见 P194 单选 18】。

4. 答案 BC	本题考点 应收款项减值	难易程度 中

解析

（1）期初“坏账准备——应收账款”科目贷方余额 80000 元，本期确认坏账损失 40000 元，因此计提坏账准备前“坏账准备——应收账款”科目余额 = 80000 - 40000 = 40000（元），即贷方余额 40000 元（选项 A 错误，选项 C 正确）。

（2）题中给出期末“坏账准备——应收账款”科目应保持的贷方余额为 102400 元，

所以本年应计提的坏账准备金额=102400-（80000-40000）=62400（元）（选项B正确，选项D错误）。

考点提炼

坏账准备

借方	贷方
本期确认（40000）	期初（80000） 本期计提（?）
	期末（102400）

5. 答案 C	本题考点 “应收账款”项目的填列	难易程度 易

解析

“应收账款”项目期末余额=应收账款（借）期末余额+预收账款（借）期末余额-坏账准备。12月31日甲公司资产负债表“应收账款”项目期末余额应列示的金额=800000（期初）+608600（资料1）-40000（资料3）-102400（资料4）=1266200（元）。

2019 年会计专业技术资格考试《初级会计实务》试题（2）

参考答案及解析

扫码看答案

使用“微信”或“会计云课堂” App 扫描右侧二维码，即可查阅电子版答案及解析，“手机看答案更轻松”。

一、单项选择题

1. 答案 C	本题考点 “固定资产” 项目填列	难易程度 中

解析

“固定资产清理”是资产类账户。借方登记固定资产转入清理的价值和清理过程中发生的费用；贷方登记出售固定资产取得的价款、残料价值和变价收入等。

（1）“在建工程”科目余额在“在建工程”项目中进行列报。

（2）“固定资产”项目应根据“固定资产”科目的期末余额，减去“累计折旧”和“固定资产减值准备”科目的期末余额后的金额，以及“固定资产清理”科目的期末余额填列。

综上所述，资产负债表中“固定资产”项目金额＝3000－800－200＋50＝2050（万元）。

2. 答案 A	本题考点 营业利润	难易程度 难

解析

（1）确认题中事项分别计入的会计科目。

销售商品收入计入主营业务收入；销售商品成本计入主营业务成本；广告宣传费用计入销售费用；管理人员工资费用计入管理费用；短期借款利息费用计入财务费用；股票投资收益计入投资收益；因自然灾害发生固定资产的净损失和因违约支付的罚款计入营业外支出。

（2）确定影响营业利润的项目。

营业利润＝营业收入－营业成本－税金及附加－销售费用－管理费用－研发费用－财务费用+其他收益+投资收益（－投资损失）+净敞口套期收益（－净敞口套期损失）+公允价值变动收益（－公允价值变动损失）－信用减值损失－资产减值损失+资产处置收益（－资产处置损失）

综上所述，该企业 2018 年的营业利润＝1000－600－20－50－10+40－70+80＝370（万元）。

相关链接 销售费用、管理费用和财务费用的核算内容【详见 P168 多选 8】。

3. 答案 D	本题考点 留存收益总额的增减变动	难易程度 难

解析 留存收益包括盈余公积和未分配利润。

选项 A	选项 B
股本溢价计入资本公积，不影响留存收益	借：利润分配——提取任意盈余公积 　贷：盈余公积——任意盈余公积 借：利润分配——未分配利润 　贷：利润分配——提取任意盈余公积
选项 C	**选项 D**
借：银行存款等 　贷：实收资本/股本 　　　资本公积——资本溢价/股本溢价	借：盈余公积 　贷：实收资本/股本

（1）选项 A：计入资本公积，不影响留存收益。

（2）选项 B：提取任意盈余公积，属于留存收益内部一增一减，不影响留存收益总额。

（3）选项 C：接受现金资产投资，实收资本和资本公积均不影响留存收益总额。

（4）选项 D：盈余公积减少，留存收益减少，会引起留存收益总额发生变动。

考点提炼

- 留存收益
  - 盈余公积
    - 内容：法定盈余公积和任意盈余公积
    - 用途：弥补亏损、转增资本、发放现金股利或利润等
  - 未分配利润：经过利润分配后留存在企业的、历年结存的利润

易错易混 常见事项对所有者权益总额和留存收益总额的影响【详见 P125 单选 16】。

4. 答案 C	本题考点 所有者权益总额的计算	难易程度 中

解析 （1）“本年利润及利润分配结转前的所有者权益总额”是不包括本年实现的净利润的，相当于“期初余额”。

（2）本年度实现净利润，利润分配——未分配利润增加，所有者权益增加，分录如下：

借：本年利润　　200

　贷：利润分配——未分配利润　　200

（3）提取盈余公积，所有者权益内部的一增一减，所有者权益总额不变，分录如下：

借：利润分配——提取盈余公积　　20

　贷：盈余公积　　20

综上所述，2018 年 12 月 31 日所有者权益总额 = 5150+200 = 5350（万元）。

考点提炼

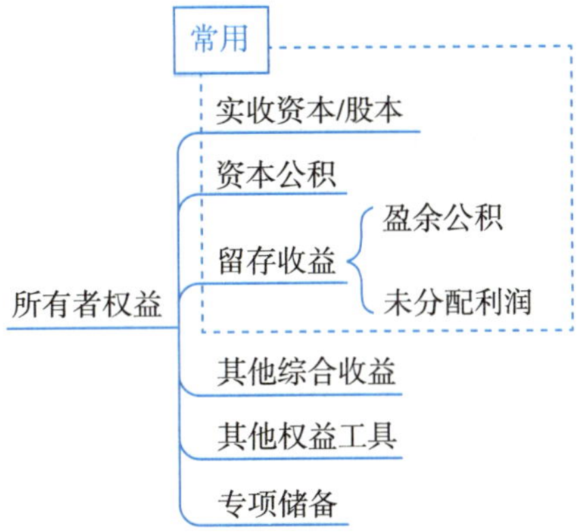

5. 答案 C	本题考点　约当产量比例法	难易程度　易

解析

涉及多道工序的，需要单独计算每道工序的完工程度。

每道工序完工程度 =（前面各道工序工时定额之和+本道工序工时定额×本道工序平均完工程度）÷产品工时定额×100%

第一道工序的完工程度 =（200×50%）/500×100% = 20%，第一道工序的约当产量 = 1000×20% = 200（件）。

6. 答案 D	本题考点　其他货币资金	难易程度　易

解析

销货企业收到银行汇票、填制进账单到开户银行办理款项入账手续时，根据进账单及销货发票等，借记“银行存款”科目，贷记“主营业务收入”“应交税费——应交增值税（销项税额）”等科目。本题收到银行汇票，且已经存入银行，说明银行存款增加，银行存款增加在借方。

7. 答案 C	本题考点　现金管理制度	难易程度　易

解析

企业可用现金支付的款项有：①职工工资、津贴；②个人劳务报酬；③根据国家规定颁发给个人的科学技术、文化艺术、体育比赛等各种奖金（选项 A）；④各种劳保、福利费用以及国家规定的对个人的其他支出（选项 B）；⑤向个人收购农副产品和其他物资的价款（选项 D）；⑥出差人员必须随身携带的差旅费；⑦结算起点（1000 元）以下的零星支出；⑧中国人民银行确定需要支付现金的其他支出。

8. 答案 A	本题考点 应付职工薪酬的内容	难易程度 易

解析

职工薪酬包括：短期薪酬、离职后福利、辞退福利和其他长期职工薪酬。

（1）选项 A：计入应交税费——应交个人所得税，不属于职工薪酬，但通过“应付职工薪酬”科目进行抵扣。

（2）选项 B：属于离职后福利。

（3）选项 C：属于辞退福利。

（4）选项 D：属于短期薪酬。

综上所述，选项 BCD 属于职工薪酬的组成内容。

考点提炼

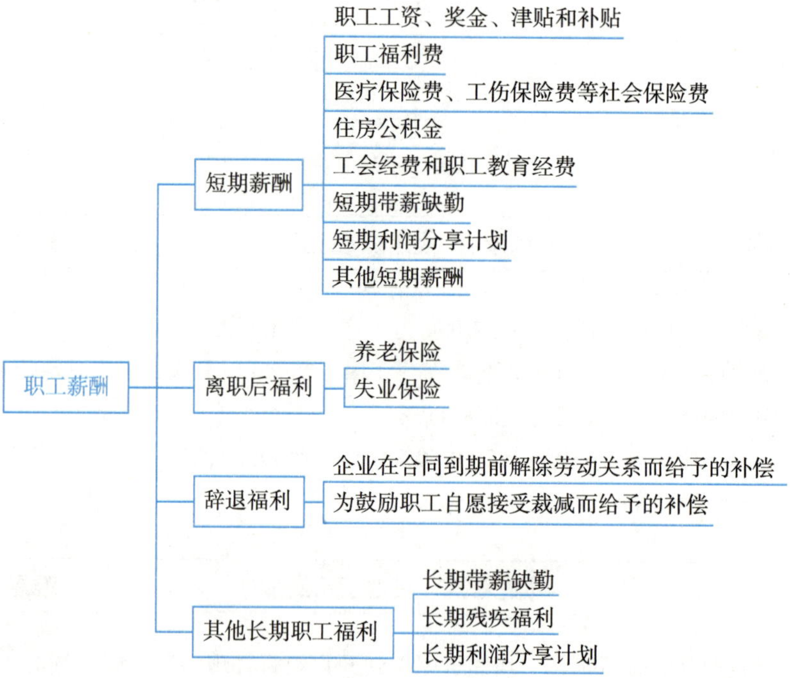

9. 答案 B	本题考点 双倍余额递减法	难易程度 难

解析

截至 2017 年 12 月 31 日已使用满 3 年，预计可使用 5 年，2018 年属于第 4 年，双倍余额递减法在设备使用寿命到期前 2 年，将设备的账面净值扣除预计净残值后的余额平均摊销。所以 2018 年应计提的折旧额 =（172.8−38.4）÷2 = 67.2（万元）。

易错易混

固定资产折旧方法【详见 P162 单选 20】。

相关链接

会计年度与折旧年度的比较

项目	会计年度	折旧年度
期间	起止日期与公历年度起止日期相同	从开始计提折旧月份起 12 个月
举例	2019. 3. 15 购入一项固定资产，计算 2020 年度折旧额的期间	
	2020. 1. 1—2020. 12. 31	第一个折旧年度：2019. 4. 1—2020. 3. 31 第二个折旧年度：2020. 4. 1—2021. 3. 31 双倍余额递减法和年数总和法计算 2020 年折旧额的期间为 2020. 1. 1—2020. 3. 31（第一个折旧年度）和 2020. 4. 1—2020. 12. 31（第二个折旧年度）

10. 答案 D　　本题考点　存货清查　　难易程度　中

解析

批准处理前：

借：待处理财产损溢　22600

　贷：原材料　20000

　　　应交税费——应交增值税（进项税额转出）　2600

批准处理后：

借：其他应收款　5000

　　原材料　1000

　　管理费用　16600

　贷：待处理财产损溢　22600

相关链接

存货盘亏及毁损的相关问题：

(1) 存货毁损：一般经营损失的部分（管理不善），计入管理费用；非常损失的部分，计入营业外支出。

(2) 因管理不善造成存货盘亏及毁损，增值税进项税额不得从销项税额中抵扣，需做进项税额转出处理；自然灾害等原因造成存货盘亏及毁损，增值税进项税额可以从销项税额中抵扣，进项税额无需转出。

11. 答案 B	本题考点 销售费用	难易程度 中

解析

销售费用是与企业销售商品活动有关的费用。

(1) 选项A：计入其他业务成本。

(2) 选项C：应当在发生时冲减当期销售商品收入（资产负债表日后事项除外），如按规定允许扣减增值税税额的，还应冲减已确认的增值税销项税额。

(3) 选项D：行政管理部门人员报销的差旅费计入管理费用中。

相关链接

随同商品出售不单独计价的包装物成本，计入销售费用。

12. 答案 D	本题考点 管理会计要素及具体内容	难易程度 易

解析

单位应用管理会计，应包括应用环境、管理会计活动（选项A）、工具方法（选项C）、信息与报告（选项B）四项管理会计要素。

13. 答案 D	本题考点 其他货币资金	难易程度 中

解析

选项A计入应收票据；选项BC计入银行存款。

易错易混

各种结算方式辨析

会计科目	库存现金	银行存款	其他货币资金	应收/应付票据
核算内容	现金	银行存款 支票	银行汇票存款 银行本票存款 信用卡存款 信用证保证金存款 存出投资款 外埠存款	商业承兑汇票 银行承兑汇票

14. 答案 B	本题考点 国库集中支付业务	难易程度 中

解析

单位购买办公用品，在财政授权支付方式下，按规定支用额度时，借记“库存物品”等科目，贷记“零余额账户用款额度”科目；同时，在预算会计中借记“行政支出”“事业支出”等科目，贷记“资金结存——零余额账户用款额度”科目。

15. 答案 C	本题考点 资本公积的账务处理	难易程度 中

解析

（1）选项ABD：发行股票相关的手续费、佣金等交易费用，如果是溢价发行股票的，应从溢价中抵扣，冲减资本公积（股本溢价），而不是计入当期损益。无溢价发行股票或溢价金额不足以抵扣的，应将不足抵扣的部分依次冲减盈余公积和未分配利润。

（2）选项C：在溢价发行股票的情况下，企业发行股票取得的收入，等于股票面值的部分作为股本处理，超出股票面值的溢价收入应作为资本公积——股本溢价处理。

考点提炼

资本公积账务处理常见的考查情形：①资本公积转增资本的账务处理【详见P111不定项（一）2】；②文字表述【详见本题】；③数据计算【详见P31不定项（三）1】。

易错易混

溢价发行股票，交易费用的处理：

（1）溢价总额不足以抵扣交易费用：差额依次冲减“资本公积——股本溢价”“盈余公积”和“利润分配——未分配利润”。

（2）溢价总额高于交易费用：差额冲减“资本公积——股本溢价”。

16. 答案 B	本题考点 持有交易性金融资产	难易程度 难

解析

本题主要掌握“公允价值变动损益”与“投资收益”的运用。

（1）交易性金融资产的账务处理中，资产负债表日，交易性金融资产公允价值与账面余额的差额计入公允价值变动损益。

（2）投资收益涉及多处，包括初始购入的交易费用、持有期间宣告发放现金股利或计提利息、出售时出售价款与账面余额之间的差额、转让金融商品应交增值税。

取得交易性金融资产时发生的相关交易费用，冲减投资收益（选项A错误）；交易性金融资产出售时的公允价值与其账面余额之间的差额计入投资收益（选项C错误）；资产负债表日，交易性金融资产公允价值与账面余额之间的差额计入公允价值变动损益（选项D错误）。

易错易混

手续费辨析

项目	处理原则
购买交易性金融资产的手续费	计入投资收益借方
银行承兑汇票的手续费	计入财务费用
申请专利权的手续费	计入无形资产成本

续表

项目	处理原则
发行股票支付的手续费、佣金	冲减资本公积——股本溢价，不足冲减，依次冲减盈余公积和未分配利润
委托代销商品的手续费	委托方计入销售费用，受托方计入其他业务收入等

相关链接

交易性金融资产相关会计处理的几处坑点须重点关注：

（1）购入时，已宣告但尚未发放的现金股利或已到付息期但尚未领取的债券利息计入到应收项目，不计入交易性金融资产的入账成本。

（2）取得时发生的交易费用冲减投资收益，不计入交易性金融资产的入账成本。

（3）转让金融商品应交增值税税额＝（卖出价－买入价）/（1+6%）×6%，其中买入价不需要扣除已宣告但尚未发放的现金股利和已到付息期但尚未领取的债券利息。

17. 答案 A	本题考点　所得税费用	难易程度　中

解析

递延所得税＝（递延所得税负债的期末余额－递延所得税负债的期初余额）－（递延所得税资产的期末余额－递延所得税资产的期初余额）＝80－160＝－80（万元）；

应交所得税＝应纳税所得额×所得税税率＝3200×25%＝800（万元）；

所得税费用＝当期所得税+递延所得税＝800－80＝720（万元）。

18. 答案 A	本题考点　库存商品——毛利率法	难易程度　中

解析

销售毛利＝300×20%＝60（万元）；本月销售成本＝300－60＝240（万元）；月末库存商品成本＝150+250－240＝160（万元）。

易错易混

毛利率法 VS 售价金额核算法

毛利率法	售价金额核算法
毛利率＝毛利÷销售净额×100%	商品进销差价率＝进销差价÷售价×100%
销售毛利＝销售净额×毛利率（上期实际或本期计划）	商品进销差价＝本期销售收入×商品进销差价率
销售成本＝销售净额－销售毛利	销售成本 ＝本期销售收入－本期销售分摊的商品进销差价 ＝本期销售收入×（1－商品进销差价率）

续表

毛利率法	售价金额核算法
期末存货成本＝期初存货成本+本期购货成本-本期销售成本	期末结存的成本 ＝期初进价成本+本期购进的进价成本-本期销售的成本 ＝（期初库存售价+本期购进售价-本期销售售价）×（1-商品进销差价率）

19. 答案 A	本题考点　采用计划成本核算	难易程度　中

解析

应编制如下会计分录：

借：材料采购　300000

　　应交税费——应交增值税（进项税额）　39000

　贷：银行存款　339000

同时：

借：原材料　320000

　贷：材料采购　300000

　　　材料成本差异　20000

材料的实际成本为 300000 元，计划成本为 320000 元，实际成本小于计划成本 20000 元（为节约差异），应记入“材料成本差异”科目的贷方。

易错易混

材料成本差异辨析：

材料成本差异（实际成本-计划成本）>0，表示超支，借方余额；

材料成本差异（实际成本-计划成本）<0，表示节约，贷方余额。

20. 答案 D	本题考点　出租无形资产	难易程度　中

解析

制造业企业出租无形资产的收入，通过“其他业务收入”科目核算；出租无形资产计提的摊销额，通过“其他业务成本”科目核算。

相关链接

固定资产折旧和无形资产摊销辨析

项目	固定资产	无形资产
规则	当月增加下月计提，当月减少本月仍提	当月增加当月摊销，当月减少当月不摊销

续表

项目	固定资产	无形资产
折旧/摊销范围	除以下情况外，企业应当对所有固定资产计提折旧： （1）已提足折旧仍继续使用的固定资产 （2）单独计价入账的土地	使用寿命有限的无形资产应进行摊销，使用寿命不确定的无形资产不应摊销
账务处理	借：制造费用［生产车间］ 销售费用［销售部门］ 管理费用［行政管理部门］ 在建工程［自行建造］ 其他业务成本［出租］ 贷：累计折旧	借：管理费用［管理用］ 其他业务成本［出租］ 制造费用［生产用］ 贷：累计摊销

21. 答案 C | **本题考点 “营业收入”项目的填列** | **难易程度 易**

解析

“营业收入”项目，反映企业经营主要业务和其他业务所确认的收入总额。本项目应根据“主营业务收入”和“其他业务收入”科目的发生额分析填列。故 2018 年 10 月利润表中“营业收入”项目“本期金额”的列报金额＝2000＋500＝2500（万元）。

22. 答案 D | **本题考点 会计科目和账户** | **难易程度 易**

解析

实收资本是所有者权益类科目，借方表示减少，贷方表示增加。所以“实收资本”账户的期末余额＝期初余额+本期贷方发生额−本期借方发生额。

易错易混

借贷记账法下的账户结构

账户性质		账户结构	期末余额	期末余额的计算
资产类、成本类		借↑贷↓	一般在借方	期末余额＝期初余额+本期借方发生额−本期贷方发生额
负债类、所有者权益类		借↓贷↑	一般在贷方	期末余额＝期初余额+本期贷方发生额−本期借方发生额
损益类	收入类	借↓贷↑	期末结转后无余额	—
	费用类	借↑贷↓		

23. 答案 B	本题考点 —	难易程度 —

解析

采用支付手续费委托代销方式销售商品的，在收到受托方开出的代销清单时确认收入，选项 B 正确。

24. 答案 B	本题考点 —	难易程度 —

解析

事业单位为开展管理活动内部领用库存物品，按照领用物品实际成本，借记“单位管理费用”科目，贷记“库存物品”科目。

二、多项选择题

1. 答案 ABC	本题考点 营业利润	难易程度 难

解析

（1）确定选项 ABCD 分别计入的会计科目。

选项 A，计入其他业务成本，在“营业成本”项目列示；选项 B，计入其他业务收入，在“营业收入”项目列示；选项 C，计入投资收益；选项 D，计入营业外收入。

（2）确定影响营业利润的项目。

营业利润=营业收入-营业成本-税金及附加-销售费用-管理费用-研发费用-财务费用+其他收益+投资收益（-投资损失）+净敞口套期收益（-净敞口套期损失）+公允价值变动收益（-公允价值变动损失）-信用减值损失-资产减值损失+资产处置收益（-资产处置损失）

综上所述，选项 ABC，影响营业利润。

2. 答案 AB	本题考点 其他应付款	难易程度 难

解析

其他应付款是指企业除应付账款、应付票据、预收账款、应付职工薪酬、应交税费、应付利息、应付股利等经营活动以外的其他各项应付、暂收的款项。关键点为“除……以外”（别人都不要的放这里）。选项 CD：通过“应付职工薪酬”科目核算，不通过“其他应付款”科目核算。

易错易混

其他应收款、其他应付款核算内容辨析

其他应收款核算的内容	其他应付款核算的内容
①应收的各种赔款、罚款，如因企业财产等遭受意外损失而应向有关保险公司收取的赔款等 ②应收的出租包装物租金 ③应向职工收取的各种垫付款项，如为职工垫付的水电费、应由职工负担的医药费、房租费等 ④存出保证金，如租入包装物支付的押金 ⑤其他各种应收、暂付款项	①应付短期租赁固定资产租金 ②租入包装物租金 ③存入保证金，如收取的出租包装物押金 ④支付的各种赔款、罚款

相关链接

代购货单位垫付的包装费、运杂费等计入应收账款。

3. 答案 AD	本题考点　政府会计资产业务	难易程度　难

解析

（1）选项 B：单位对外捐赠库存物品、固定资产等非现金资产的，在财务会计中应当将资产的账面价值转入“资产处置费用”科目，如未支付相关费用，预算会计则不作账务处理。

（2）选项 C：通常情况下，单位应当将被处置资产账面价值转销计入资产处置费用，并按照“收支两条线”将处置净收益上缴财政。

考点提炼

对于资产盘盈、盘亏、报废或毁损的，应当在报经批准前将相关资产账面价值转入“待处理财产损溢”科目，待报经批准后再进行资产处置。

相关链接

通过“待处理财产损溢”科目核算事项汇总

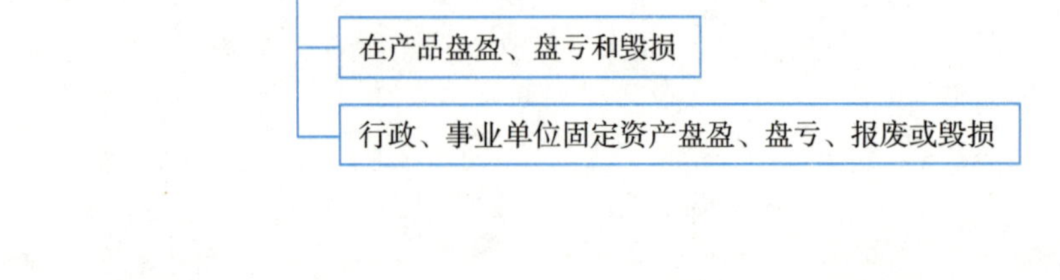

4. 答案 ACD	本题考点 委托加工物资	难易程度 中

解析

（1）选项 AB：委托加工应税消费品收回后继续加工，消费税记入“应交税费——应交消费税”科目。

（2）选项 C：因甲、乙企业均为增值税一般纳税人，所以加工费对应的增值税进项税额可以抵扣，记入“应交税费——应交增值税（进项税额）”科目。

（3）选项 D：支付的加工费记入“委托加工物资”科目。

甲企业的相关账务处理为：

发出材料时：

借：委托加工物资　1000000

　贷：原材料　1000000

支付手续费、消费税时：

借：委托加工物资　200000

　　应交税费——应交增值税（进项税额）　26000

　　　　　　——应交消费税　400000

　贷：银行存款　626000

考点提炼

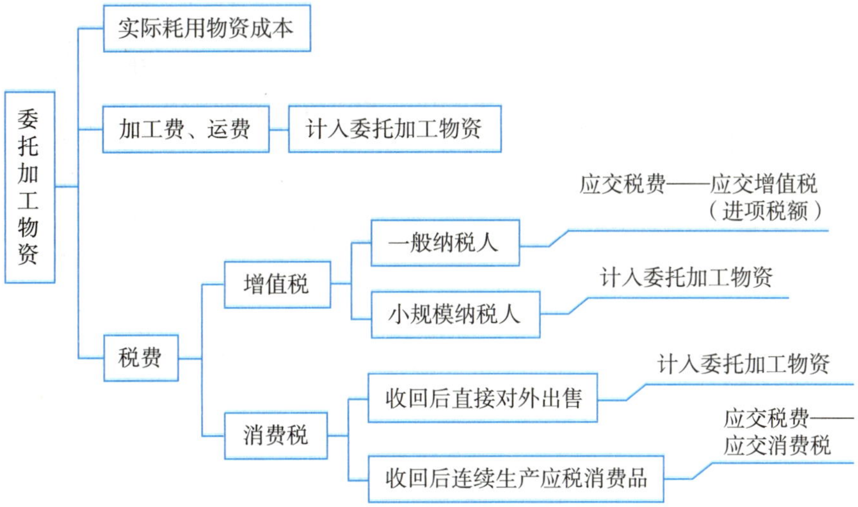

5. 答案 CD	本题考点 留存收益概述	难易程度 易

解析

留存收益是指企业从历年实现的利润中提取或形成的留存于企业的内部积累，包括盈余公积和未分配利润。

6. 答案 BCD	本题考点 收入核算应设置的会计科目	难易程度 易

解析

（1）选项A：出售固定资产取得残料变价收入，通过“固定资产清理”科目进行核算。

（2）选项D：转让专利使用权收入属于出租无形资产收入，计入其他业务收入。

考点提炼

常见的“其他业务收入”核算内容

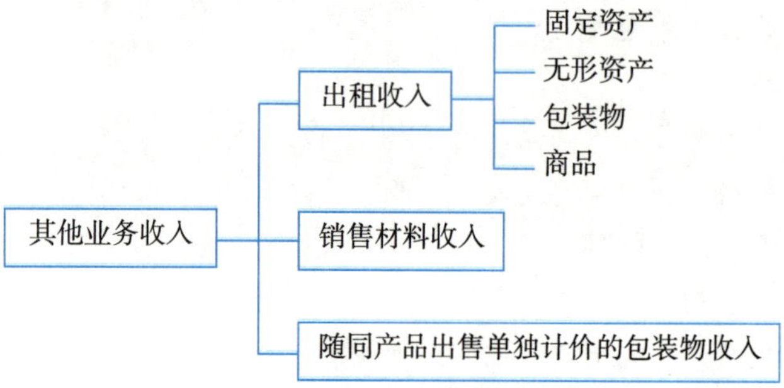

7. 答案 ABCD	本题考点 管理会计要素及具体内容	难易程度 易

解析

预算管理领域应用的管理会计工具方法，一般包括滚动预算（选项B）、零基预算（选项A）、弹性预算（选项D）、作业预算（选项C）。

相关链接

管理会计工具方法【详见P132多选5】。

8. 答案 ACD	本题考点 税金及附加	难易程度 中

解析

企业应当设置“税金及附加”科目，核算企业经营活动发生的消费税、城市维护建设税（选项D）、教育费附加（选项A）、资源税、房产税、城镇土地使用税、车船税、印花税（选项C）等相关税费。销售商品应交的增值税属于价外税，通过“应交税费”科目核算（选项B错误）。

易错易混

应交税费与税金及附加的辨析【详见P243单选2】。

9. 答案 ACD	本题考点　制造费用的归集和分配	难易程度　中

解析

制造费用的内容比较复杂，包括物料消耗（选项 A），车间管理人员的薪酬（选项 C），车间管理用房屋和设备的折旧费、租赁费和保险费，车间管理用具摊销，车间管理用的照明费、水费、取暖费、劳动保护费、设计制图费、试验检验费、差旅费、办公费以及季节性及修理期间停工损失（选项 D）等。生产工人的工资，直接计入产品成本的“生产成本——直接人工”科目，不计入制造费用（选项 B 错误）。

相关链接

企业生产车间（部门）的固定资产日常修理费用计入管理费用，不计入制造费用。

10. 答案 ABD	本题考点　品种法	难易程度　中

解析

选项 C：适用于分批法。

相关链接

产品成本计算方法辨析

产品成本计算方法	成本核算对象	生产类型			适用企业
		生产组织特点	生产工艺特点	成本管理	
品种法	产品品种	大量大批生产	单步骤生产		发电、供水、采掘等
			多步骤生产	不要求分步计算成本	
分批法	产品批别	单件小批生产	单步骤生产		造船、重型机器制造、精密仪器制造等
			多步骤生产	不要求分步计算成本	
分步法	生产步骤	大量大批生产	多步骤生产	要求分步计算成本	冶金、纺织、机械制造等

11. 答案 AC	本题考点　存货减值	难易程度　中

解析

存货减值计提原则：存货按成本与可变现净值孰低计量。

（1）成本高于可变现净值，按照可变现净值计量，计提存货跌价准备，选项 D 错误。

（2）成本低于可变现净值，依旧按照成本确认，不计提存货跌价准备，选项 B 错误。

易错易混

各类资产减值辨析

资产	计量基础	账务处理（计提）	是否允许转回
应收款项	预期信用损失模型	借：信用减值损失 贷：坏账准备	√
存货	成本与可变现净值孰低	借：资产减值损失 贷：存货跌价准备	√
固定资产	账面价值与可收回金额孰低	借：资产减值损失 贷：固定资产减值准备	×
无形资产	账面价值与可收回金额孰低	借：资产减值损失 贷：无形资产减值准备	×

相关链接

存货计提跌价准备后，以前减记存货价值的影响因素已经消失的，减记的金额应当予以恢复，并在原已计提的存货跌价准备金额内转回，转回的金额计入当期损益。

12. 答案 AB	本题考点 其他应交税费	难易程度 易

解析

城市维护建设税和教育费附加应纳税额＝（实际交纳的增值税+实际交纳的消费税）×适用税率。

（1）选项 B：应交教育费附加＝（50+20）×3%＝2.1（万元）。

（2）选项 C：应交城市维护建设税＝（50+20）×7%＝4.9（万元）。

（3）选项 AD：城市维护建设税以及教育费附加需要计入税金及附加，计入税金及附加的金额＝4.9+2.1＝7（万元）。

三、判断题

1. 答案 √	本题考点 “综合收益总额”项目的填列	难易程度 易

2. 答案 ×	本题考点 处置固定资产	难易程度 中

解析

因经营业务调整出售固定资产而发生的净损失，记入“资产处置损益”科目。

考点提炼

在初级考试中，“资产处置损益”科目核算的内容包括如下两项：

（1）出售、转让固定资产产生的净损益。

（2）出售无形资产产生的净损益。

易错易混

固定资产“出售、转让”VS“报废”

业务	账务处理	
出售、转让	净收益	借：固定资产清理 贷：资产处置损益
	净损失	借：资产处置损益 贷：固定资产清理
报废	净收益	借：固定资产清理 贷：营业外收入
	净损失	借：营业外支出 贷：固定资产清理

3. 答案 ×	本题考点　持有交易性金融资产	难易程度　易

解析

交易性金融资产持有期间，被投资单位宣告发放的现金股利，借记“应收股利”科目，贷记“投资收益”科目。

相关链接

企业取得交易性金融资产所支付价款中包含了已宣告但尚未发放的现金股利或已到付息期但尚未领取的债券利息，应当单独确认为应收项目，借记“应收股利”或“应收利息”科目，贷记“其他货币资金”科目等。

4. 答案 √	本题考点　预算结转结余及分配业务	难易程度　中

考点提炼

事业单位按照规定从科研项目预算收入中提取项目管理费或间接费时，按照提取金额，在预算会计中借记“非财政拨款结转——项目间接费用或管理费”科目，贷记“非财政拨款结余——项目间接费用或管理费”科目；同时，在财务会计中借记“单位管理费用”等科目，贷记“预提费用——项目间接费用或管理费”科目。

5. 答案 √	本题考点 记账凭证	难易程度 易

6. 答案 ×	本题考点 应付票据	难易程度 易

解析 企业向外单位开出的银行承兑汇票，通过“应付票据”科目核算。

相关链接 银行汇票存款、银行本票存款，通过“其他货币资金”科目核算。

7. 答案 ×	本题考点 营业外支出	难易程度 易

解析 企业未及时缴纳企业所得税所支付的税收滞纳金，借记“营业外支出”科目。

8. 答案 ×	本题考点 已经发出商品但不能确认收入的账务处理	难易程度 易

解析 未满足收入确认条件，不确认收入，也不结转成本，发生的商品退回，借记“库存商品”科目，贷记“发出商品”科目。

相关链接

已经发出商品但不能确认收入的账务处理

情况	账务处理
发出商品时	借：发出商品［成本价］ 　贷：库存商品［成本价］
退回商品时	借：库存商品 　贷：发出商品
收到货款或取得收取货款权利时	确认收入： 借：银行存款、应收账款等 　贷：主营业务收入 　　应交税费——应交增值税（销项税额）［发生纳税义务时］ 结转成本： 借：主营业务成本 　贷：发出商品

9. 答案 √	本题考点 短期带薪缺勤	难易程度 易

易错易混

累积带薪缺勤 VS 非累积带薪缺勤【详见 P235 不定项（一）4】。

10. 答案 √	本题考点 —	难易程度 —

四、不定项选择题

（一）

1. 答案 AC	本题考点 非货币性职工薪酬	难易程度 中

解析

宿舍专供销售人员免费居住，根据受益对象，应计入销售费用。

易错易混

自有房屋 VS 租赁住房供职工无偿使用

事项	账务处理	备注
自有房屋等资产无偿提供给职工使用	借：管理费用、销售费用、生产成本等 　贷：应付职工薪酬——非货币性福利 同时： 借：应付职工薪酬——非货币性福利 　贷：累计折旧	将住房每期计提的折旧计入相关资产成本或当期损益
租赁住房等资产供职工无偿使用	借：管理费用、销售费用、生产成本等 　贷：应付职工薪酬——非货币性福利 借：应付职工薪酬——非货币性福利 　贷：银行存款等	将每期支付的租金计入相关资产成本或当期损益

2. 答案 ABC	本题考点 货币性职工薪酬	难易程度 中

解析

（1）选项 A：代垫职工家属医药费计入其他应收款。

（2）选项 C：代扣个人所得税计入应交税费——应交个人所得税。

易错易混

代垫款项辨析

事项	会计科目	分录
代垫医药费	其他应收款	代垫时： 借：其他应收款 　贷：银行存款 扣回时： 借：应付职工薪酬 　贷：其他应收款——代垫医药费
代垫运杂费	应收账款	代垫时： 借：应收账款 　贷：银行存款 收回时： 借：银行存款 　贷：应收账款

3. 答案 AB	本题考点　短期带薪缺勤	难易程度　易

解析

（1）选项 C：因属于销售机构职工，按照受益对象，发生缺勤当期和当月工资一起处理，应借记“销售费用”科目。

（2）选项 D：本期尚未用完的带薪缺勤权利将予以取消，不可以结转下期。

4. 答案 C	本题考点　设定提存计划的核算	难易程度　易

解析

设定提存计划，是指向独立的基金缴存固定费用后，企业不再承担进一步支付义务的离职后福利计划。

（1）基本养老保险和失业保险属于离职后福利。

（2）职工工资、基本医疗保险费、工伤保险费、工会经费和职工教育经费属于短期薪酬。

综上所述，本题只有基本养老保险费计入“应付职工薪酬——设定提存计划”科目，金额为 112000 元。

考点提炼

设定提存计划的账务处理：

借：生产成本
　　制造费用
　　管理费用
　　销售费用等
　贷：应付职工薪酬——设定提存计划

本题按照受益对象，计入销售费用。

5. 答案 C	本题考点　销售费用	难易程度　易

解析

该企业 12 月销售费用增加的金额 = 16500（资料 1）+560000（资料 4）+112000（资料 4）+53200（资料 4）+25200（资料 4）= 766900（元）。

（二）

1. 答案 D	本题考点　采用实际成本核算	难易程度　中

解析

（1）选项 AB：因为原材料的收发采用实际成本核算，不涉及“材料采购”科目。原材料采用计划成本核算，涉及“材料采购”科目。

（2）该企业为增值税一般纳税人，购买材料和运费对应的增值税进项税额是可以抵扣的，计入应交税费——应交增值税（进项税额）。

资料（1）的分录如下：

借：原材料　157500［150000+7500］

　　应交税费——应交增值税（进项税额）　20175［19500+675］

　贷：应付账款　177675

2. 答案 ABCD	本题考点　采用实际成本核算	难易程度　易

解析

根据资料（1）可以算出 M 材料的单价 = 157500/1500 = 105（元）。

资料（2）分录如下：

借：生产成本——甲产品　63000［600×105］

　　　　　　——乙产品　42000［400×105］

　　制造费用　21000［200×105］

　　管理费用　10500［100×105］

　　销售费用　5250［50×105］

　贷：原材料　141750

3. 答案 ABD	本题考点　制造费用的归集和分配	难易程度　中

解析

制造费用总额 = 21000（资料 2）+60000（资料 3）= 81000（元）。

制造费用按甲、乙产品生产工人工资比例分配，所以分配标准之和 = 45000+30000 = 75000（元）。

制造费用分配率 = 制造费用总额÷各产品分配标准之和 =（21000+60000）/75000 = 1.08。

某种产品应分配的制造费用 = 该种产品分配标准×制造费用分配率。

甲产品应分配的制造费用 = 45000×1.08 = 48600（元）。

乙产品应分配的制造费用 = 30000×1.08 = 32400（元）。

4. 答案 ABD	本题考点 约当产量比例法	难易程度 中

解析

(1) 因为原材料在产品投产时一次投入，所以月末在产品中直接材料成本的完工程度按照 100%计算。

甲完工产品成本中应负担的直接材料=63000/（400+100）×400=50400（元）；

(2) 因在产品的平均完工程度为 50%，在产品 100 件需要约当成产成品，按照 50 件完工产品计算。

甲完工产品成本中应负担的直接人工＝45000/（400＋100×50%）×400＝40000（元）；

甲完工产品成本中应负担的制造费用＝48600/（400＋100×50%）×400＝43200（元）；

(3) 甲产品负担的总费用=63000+45000+48600=156600（元）；

(4) 甲完工产品的总成本=50400（直接材料）+40000（直接人工）+43200（制造费用）＝133600（元）；

(5) 甲完工产品的单位成本=133600/400=334（元）；

(6) 甲产品月末在产品的总成本=156600−133600=23000（元）。

5. 答案 D	本题考点 "存货" 项目的填列	难易程度 中

解析

乙完工产品的总成本＝42000（直接材料）＋30000（直接人工）＋32400（制造费用）＝104400（元）。

该企业年末资产负债表中"存货"项目的期末余额=0（期初余额）+157500（本期购入原材料）−141750（本期发出原材料）+156600（甲产品总成本）+104400（乙产品总成本）＝276750（元）。

（三）

1. 答案 BCD	本题考点 自行研发无形资产	难易程度 中

解析

(1) 选项 A：期末，将"研发支出——费用化支出"科目归集金额转入"管理费用"科目。

(2) 选项 B：研发无形资产，研究阶段的支出全部费用化，计入研发支出——费用化支出，金额共计 600000 元。

(3) 选项 C：研发项目达到预定用途形成无形资产时，将"研发支出——资本化支出"的金额转入"无形资产"科目，金额是 300000 元。

(4) 选项 D：开发阶段满足资本化条件的支出，计入研发支出——资本化支出，金额是 300000 元。

易错易混

自行研发无形资产涉及的会计科目和报表项目【详见 P167 多选 6】。

2. 答案 ABC	本题考点　无形资产摊销	难易程度　中

解析

（1）选项 AD：无形资产当月增加当月开始摊销，应自 2019 年 12 月开始计提摊销。

（2）选项 B：该无形资产为行政部门管理用无形资产，按照受益对象，计提的摊销额应计入管理费用。

（3）选项 C：2019 年 12 月开始计提摊销，2019 年只计提一个月的摊销额，2019 年 12 月该非专利技术摊销金额 = 300000/5/12 = 5000（元）。

相关链接

固定资产应当按月计提折旧，当月增加的固定资产，当月不计提折旧，从下月起计提折旧；当月减少的固定资产，当月仍计提折旧，从下月起不计提折旧。

3. 答案 AD	本题考点　外购固定资产	难易程度　中

解析

购入不需要安装的固定资产，购入时，按照购买的价款和运输费的价款，记入“固定资产”科目的借方(选项 AD 正确)，不通过“在建工程”科目核算（选项 BC 错误）。

4. 答案 B	本题考点　外购固定资产	难易程度　中

解析

本题购入机器设备的增值税包括两部分：一是购买价款对应的增值税；二是运输费对应的增值税。因购入机器设备取得了经税务机关认证的增值税专用发票，所以增值税可以全额抵扣。可抵扣的增值税记入“应交税费——应交增值税（进项税额）”科目的借方，增值税税额 = 104000+270 = 104270（元）。

5. 答案 B	本题考点　“固定资产”项目的填列、“无形资产”项目的填列	难易程度　中

解析

（1）“固定资产”项目根据“固定资产”科目的期末余额，减去“累计折旧”和“固定资产减值准备”科目的期末余额后的金额，以及“固定资产清理”科目的期末余额填列。固定资产当月增加当月不计提折旧，下月开始计提折旧，期末固定资产增加的金额是 803000 元。

（2）“无形资产”项目根据“无形资产”科目的期末余额，减去“累计摊销”和“无形资产减值准备”科目期末余额后的净额填列。无形资产当月增加当月摊销，当月无形资产摊销额 = 300000/5/12 = 5000（元），期末无形资产增加的金额 = 300000−5000 = 295000（元）。

2019 年会计专业技术资格考试《初级会计实务》试题（3）

参考答案及解析

扫码看答案

使用“微信”或“会计云课堂”App 扫描右侧二维码，即可查阅电子版答案及解析，“手机看答案更轻松”。

一、单项选择题

1. 答案 D	本题考点　实收资本（或股本）的减少	难易程度　难

解析

股票回购价和股本之间的差额大于题中给出的股本溢价 16000000 元，股本溢价不够冲减，还需顺次冲减盈余公积，所以该公司注销股票时记入“盈余公积”科目借方的金额＝20000000×（2－1）－16000000＝4000000（元）。

考点提炼

回购股票分录如下：

借：库存股　40000000

　贷：银行存款　40000000

注销股票（回购价大于股本）分录如下：

借：股本　20000000

　　资本公积　16000000

　　盈余公积　4000000

　贷：库存股　40000000

相关链接

如果注销股票时，回购价款小于股本面值，差额全部计入资本公积——股本溢价，会计分录如下：

借：股本

　贷：库存股

　　资本公积——股本溢价

2. 答案 D	本题考点　自行研发无形资产	难易程度　难

解析

自行研发无形资产的账务处理属于高频考点，常考的是入账金额的计算，偶尔也会结合当期损益出题（不符合资本化条件的计入管理费用，管理费用影响当期损益），关注开发阶段支出是否符合资本化条件，不符合资本化条件及无法可靠区分各阶段的支出全部费用化计入管理费用。

（1）非专利技术属于无形资产。

（2）研发无形资产过程中，研究阶段发生的支出 75 万元全部费用化，计入管理费用；开发阶段的支出全部符合资本化条件，不涉及费用化处理，全部计入无形资产成本。

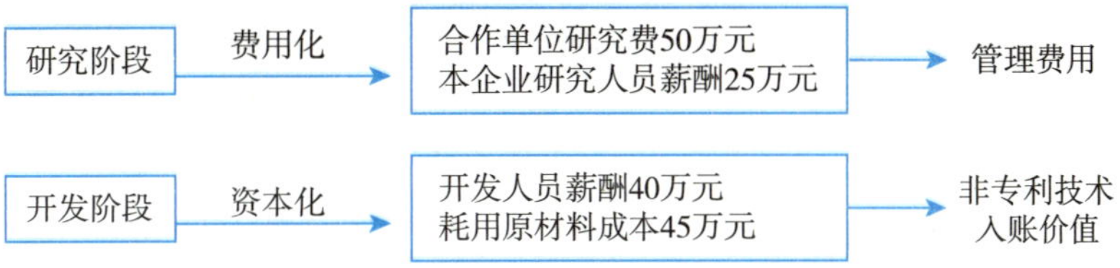

综上所述，该项非专利技术的入账价值 = 40+45 = 85（万元）。

考点提炼

自行研发无形资产各阶段的会计处理

<table>
<tr><th>阶段</th><th>关键点</th><th>会计处理</th></tr>
<tr><td>研究阶段</td><td>该阶段不符合资本化条件，全部费用化，计入管理费用</td><td rowspan="2">借：研发支出——费用化支出
　贷：银行存款/应付职工薪酬等
期（月）末：
借：管理费用
　贷：研发支出——费用化支出</td></tr>
<tr><td rowspan="2">开发阶段</td><td>不符合资本化条件，费用化处理，计入管理费用</td></tr>
<tr><td>符合资本化条件，资本化处理，计入无形资产成本</td><td>借：研发支出——资本化支出
　贷：原材料/银行存款等
达到预定用途时：
借：无形资产
　贷：研发支出——资本化支出</td></tr>
</table>

无法可靠区分研究阶段还是开发阶段，全部费用化，计入管理费用

3. 答案 A	本题考点　外购固定资产	难易程度　易

解析

考试中，如果题中没有提到是小规模纳税人，默认都是一般纳税人，增值税进项税额单独核算，不计入资产成本。M 设备的价值占比 = 100/（100+38+112）×100% = 40%，所以 M 设备的成本 = 240×40% = 96（万元）。

相关链接

如个别设备涉及安装费，在分配完设备金额后单独计算。比如 M 设备额外发生安装费 10 万元，则 M 设备的入账金额 = 96+10 = 106（万元），这个安装费是专门为 M 设备发生的，所以不用按比例分摊。

4. 答案 A	本题考点 应付票据	难易程度 中

解析

银行承兑汇票和商业承兑汇票经常放在一起考查到期无力支付时的会计处理。企业无法支付到期票款，说明企业欠别人钱但是暂时没有能力付款，因为开具的是银行承兑汇票，是由银行作为承兑人，当汇票到期、企业无力支付时，相当于银行将钱给了收款人，此时企业不再欠收款人的钱，而是欠“中间商”银行的钱，相当于向银行借了一笔短期借款，所以到期无力支付票款时需要将应付票据转入短期借款。

分录如下：

借：应付票据

　贷：短期借款

易错易混

商业汇票到期无力支付时的会计处理【详见 P220 单选 8】。

5. 答案 D	本题考点 净资产业务	难易程度 易

解析

单位净资产包括累计盈余、专用基金、无偿调拨净资产、权益法调整、本期盈余、本年盈余分配、以前年度盈余调整等。

6. 答案 A	本题考点 原始凭证	难易程度 易

解析

“外来”是相对于单位自制而言的，不能是本单位产生的原始凭证。选项 BCD 均为单位内部使用的凭证，不属于外来原始凭证。

考点提炼

原始凭证按照取得来源，可分为自制原始凭证和外来原始凭证。

(1) 自制原始凭证，是指由本单位有关部门和人员，在执行或完成某项经济业务时填制的原始凭证，如领料单、产品入库单、借款单等。

(2) 外来原始凭证，是指在经济业务发生或完成时，从其他单位或个人直接取得的原始凭证，如购买原材料取得的增值税专用发票、职工出差报销的飞机票、火车票和餐饮费发票等。

7. 答案 C	本题考点　所有者权益总额的增减变动	难易程度　难

解析

注意辨析题中说的方向，强调“所有者权益总额减少”，掌握所有者权益类科目的相关会计处理，即可迎刃而解。本题各选项会计分录如下：

选项 A	选项 B
借：盈余公积 　贷：利润分配——盈余公积补亏 借：利润分配——盈余公积补亏 　贷：利润分配——未分配利润	借：盈余公积 　贷：股本/实收资本
选项 C	**选项 D**
借：利润分配——应付现金股利或利润 　贷：应付股利 借：利润分配——未分配利润 　贷：利润分配——应付现金股利或利润	借：资本公积 　贷：股本/实收资本

综上所述，选项 ABD 不影响所有者权益总额，选项 C 减少所有者权益总额。

易错易混

常见事项对所有者权益总额和留存收益总额的影响【详见 P125 单选 16】。

8. 答案 D	本题考点　销售费用	难易程度　中

解析

（1）选项 AD：支付广告费和展览费应记入“销售费用”科目，金额为 35 万元。

（2）选项 B：增值税通过“应交税费——应交增值税”科目核算，不通过“税金及附加”科目核算。

（3）选项 C：结转销售产品成本记入“主营业务成本”科目，金额为 1200 万元。

9. 答案 B	本题考点　营业成本	难易程度　易

解析

出租固定资产属于企业的日常经营活动，但不是主要经营业务，所以收到的价款计入其他业务收入，对应期间设备的折旧额计入其他业务成本。

10. 答案 C	本题考点　存货减值	难易程度　易

解析

（1）选项 A：资产负债表日，存货应当按照成本与可变现净值孰低计量。当存货成本低于可变现净值时，存货按成本计价；当存货成本高于可变现净值时，存货按可变现净值计价。

（2）选项 BC：以前减记存货价值的影响因素已经消失的，减记的金额应当予以恢复，并在原已计提的存货跌价准备金额内转回，转回的金额计入资产减值损失。

（3）选项 D：当存货成本高于其可变现净值时，表明存货可能发生损失，借记“资产减值损失”科目，贷记“存货跌价准备”科目，资产减值损失是损益类科目，会减少当期营业利润。

11. 答案 D	本题考点　约当产量比例法	难易程度　中

解析

第一、二道工序在产品的完工程度各为 50%，注意只是本工序的 50%，不是整个生产线；只有第一道工序完工程度为 100% 时，才可以进入第二道工序。所以第二道工序在产品的完工率 =（120+80×50%）÷200×100% = 80%。

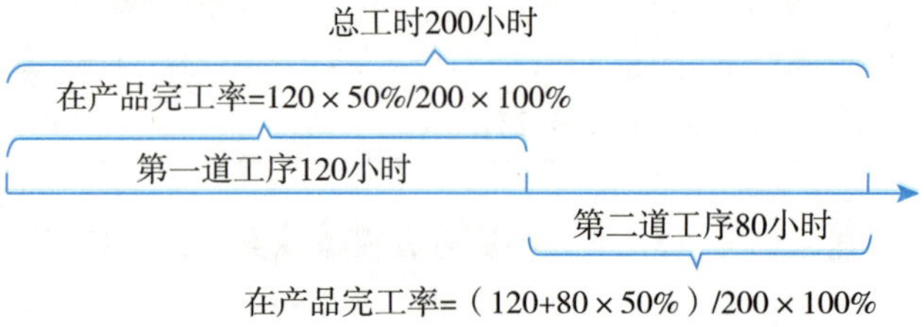

12. 答案 D	本题考点　已经发出商品但不能确认收入的账务处理	难易程度　难

解析

（1）选项 AB：因发出商品时不符合收入确认条件，所以按照成本价借记“发出商品”科目，贷记“库存商品”科目，收到受托方开具的代销清单时，再冲减原借记的“发出商品”科目。

（2）选项 CD：采用支付手续费方式委托代销商品时，应在收到代销清单时确认销售商品收入，并将支付给受托方的手续费确认为销售费用。

考点提炼

采用支付手续费方式委托代销商品——委托方的会计处理【详见 P220 单选 9】。

13. 答案 B	本题考点　资本公积概述	难易程度　易

解析

其他综合收益是指企业根据企业会计准则规定未在当期损益中确认的各项利得和损失，部分其他综合收益项目在满足企业会计准则规定的条件时，可以重分类进损益，从而成为企业利润的一部分。

14. 答案 A	本题考点　营业外收入	难易程度　中

解析

各选项会计分录如下：

选项 A	选项 B
借：固定资产 　　应交税费——应交增值税（进项税额） 　贷：营业外收入	借：银行存款等 　贷：其他业务收入 　　应交税费——应交增值税（销项税额）
选项 C	**选项 D**
借：交易性金融资产——公允价值变动 　贷：公允价值变动损益	借：银行存款等 　贷：其他业务收入 　　应交税费——应交增值税（销项税额）

15. 答案 C	本题考点　其他应付款	难易程度　易

解析

各选项分录如下：

选项 A	选项 B
借：利润分配——应付现金股利或利润 　贷：应付股利	借：银行存款 　贷：合同负债
选项 C	**选项 D**
借：销售费用等 　贷：其他应付款	借：材料采购等 　　应交税费——应交增值税（进项税额） 　贷：应付账款

考点提炼

其他应付款是一个“兜底儿”科目，除应付票据、应付账款、预收账款、应付职工薪酬、应交税费、应付利息、应付股利等经营活动以外的其他各项应付、暂收的款项，如应付租入包装物租金、存入保证金等，均计入其他应付款。

相关链接

“其他应付款”项目根据“其他应付款”科目、“应付利息”科目、“应付股利”科目期末余额合计填列，不只考虑“其他应付款”科目余额。

16. 答案 A	本题考点　分批法	难易程度　易

解析

分批法的特点主要包括如下三个方面：（1）成本核算对象是产品的批别；（2）产品成本计算是不定期的，成本计算期与产品生产周期基本一致，但与财务报告期不一致（选项 B）；（3）在计算月末在产品成本时，一般不存在在完工产品和在产品之间分配成本的问题（选项 AD）。选项 C，按步骤结转是分步法的特点。

易错易混

品种法 VS 分批法 VS 分步法

项目	品种法	分批法	分步法
适用范围	单步骤、大量大批	单件、小批	多步骤、大量大批
适用企业	发电、供水、采掘等	造船、重型机器制造、精密仪器制造等	冶金、纺织、机械制造等
对象	品种	批次	生产步骤
成本计算	定期（成本计算期=财务报告期≠生产周期）	不定期（成本计算期=生产周期≠财务报告期）	定期（成本计算期=财务报告期≠生产周期）
完工产品和在产品成本分配	要分配	一般不分配	要分配

17. 答案 A | **本题考点 先进先出法** | **难易程度 易**

解析

采用先进先出法核算发出材料成本时，先购进的先发出，后购进的后发出，当物价上升时，说明后面采购的单价是越来越高的，但是由于先发出的是先购入的，即购入时单价低，所以先发出的成本偏低，结存成本偏高，即期末存货成本比较接近于市场价值，当期利润偏高。举例如下：

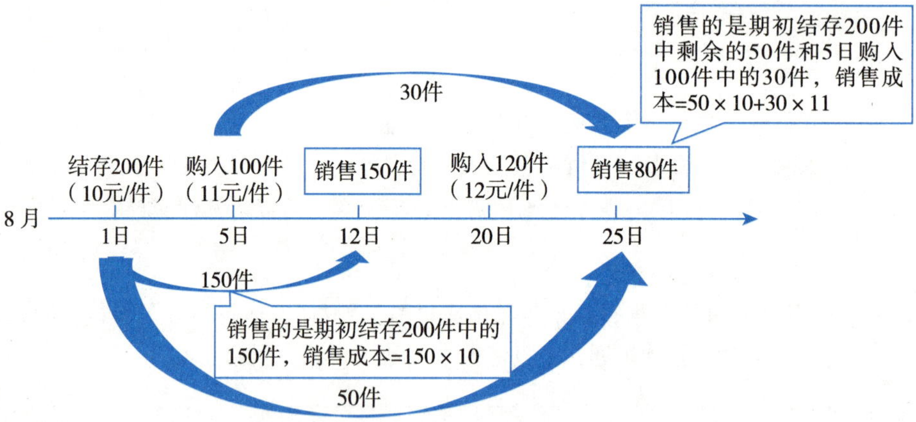

18. 答案 C | **本题考点 持有交易性金融资产** | **难易程度 易**

解析

12 月 31 日分录如下：

借：交易性金融资产——公允价值变动　　50000

　贷：公允价值变动损益　　50000

19. 答案 B	本题考点　净利润	难易程度　难

解析

（1）发生的国债利息收入计入投资收益，属于税法规定的免税事项，但是会计在计算营业利润时加上了国债利息收入，所以按照税法规定计算应纳税所得额时要做纳税调减；同理，税收滞纳金计入营业外支出，属于纳税调增事项，会计在计算利润总额的时候减去了税收滞纳金，计算应纳税所得额时需要加回来。

（2）利润总额＝6000+150－70＝6080（万元）。

（3）所得税费用＝（6080+20－100）×25%＝1500（万元）。

综上所述，该企业 2018 年实现净利润＝6080－1500＝4580（万元）。

考点提炼

（1）会计中常见的纳税调整事项。

纳税调增事项	纳税调减事项
①已计入当期费用但超过税法规定扣除标准的项目：职工福利费（14%）、工会经费（2%）、职工教育经费（8%）；业务招待费、广告费和业务宣传费；公益性捐赠支出等 ②已计入当期损失但税法规定不允许扣除的项目：税收滞纳金；罚款、罚金等	①按税法规定允许弥补的亏损，如前五年内未弥补亏损等 ②准予免税的项目，如国债利息收入等

（2）净利润的计算过程推导。

净利润＝利润总额－所得税费用

⇩

＝应纳税所得额×所得税税率

⇩

＝税前会计利润+纳税调整增加额－纳税调整减少额

‖

利润总额＝营业利润+营业外收入－营业外支出

⇩

＝营业收入－营业成本－税金及附加－期间费用－研发费用－信用减值损失－资产减值损失+资产处置收益（－资产处置损失）+其他收益+投资收益（－投资损失）+公允价值变动收益（－公允价值变动损失）+净敞口套期收益（－净敞口套期损失）

20. 答案 D	本题考点　采用计划成本核算	难易程度　中

解析

（1）节约差异说明月初材料成本差异金额为负数，所以本月材料成本差异率＝［－60+（150－140）］/（260+140）×100%＝－12.5%。

（2）结存材料计划成本＝260+140－200＝200（万元）。

综上所述，结存材料的实际成本＝200×（1－12.5%）＝175（万元）。

21. 答案 C	本题考点 收入核算应设置的会计科目	难易程度 中

解析

"使用权"三个字是本题的"坑"，让渡使用权相当于出租，不是出售，所有权还在出租方。

（1）选项 A：转让使用权不是所有权，还应计提摊销。

（2）选项 BCD：转让使用权的收入计入其他业务收入，摊销额计入其他业务成本。

22. 答案 B	本题考点 辅助生产费用的归集和分配	难易程度 易

解析

计划成本分配法的特点是辅助生产为各受益单位提供的劳务或产品，都按劳务或产品的计划单位成本进行分配，辅助生产车间实际发生的费用与按计划单位成本分配转出的费用之间的差额采用简化计算方法全部计入管理费用。

23. 答案 A	本题考点 净资产业务	难易程度 中

解析

本期盈余金额=40+100-30-20=90（万元）。

考点提炼

"本期盈余"科目核算单位本期各项收入、费用相抵后的余额。期末，单位应当将各类收入科目和各类费用科目本期发生额转入"本期盈余"科目。

24. 答案 D	本题考点 —	难易程度 —

解析

普通年金现值是指将在一定时期内按相同时间间隔在每期期末收付的相等金额折算到第一期期初的现值之和。本题中，相当于一次性存入的金额=10×年金现值系数=10×7.3601=73.601（万元）。

二、多项选择题

1. 答案 ABD	本题考点 存货成本的确定	难易程度 易

解析

采购存货享有的商业折扣不影响存货入账金额，商业折扣是由于批量采购给予的优惠，不影响存货成本的确定。

考点提炼

存货成本的确定

计入存货成本	计入当期损益
①采购成本：购买价款+相关税费（不包括可以抵扣的增值税进项税额）+仓储费、包装费、运输费、装卸费、保险费、运输途中的合理损耗、入库前的挑选整理费等 ②加工成本：直接人工+制造费用 ③其他成本：如为特定客户设计产品所发生的、可直接确定的设计费用 ④在生产过程中为达到下一个生产阶段所必需的仓储费用等	①非正常消耗的直接材料、直接人工和制造费用 ②入库后发生的挑选整理费 ③企业在存货采购入库后发生的储存费用 ④不能归属于使存货达到目前场所和状态的其他支出等

2. 答案 BCD	本题考点 会计要素及其确认条件	难易程度 易

解析

（1）属于或不属于，要注意区分。

（2）非流动资产可以理解为不容易“移动”的资产，比如厂房、建筑物、施工中的工程、没有实物形态的无形资产等。

（3）流动资产是比较容易“移动”的资产，如随时可以销售的存货，可以随时带走的“钱”等，这个“钱”可以是货币资金，也可以是应收账款、应收票据、其他应收款，短期持有为了出售的交易性金融资产等。

综上所述，本题只有其他应收款属于流动资产。

考点提炼

资产按流动性分类

流动资产	货币资金、应收票据、应收账款、预付款项、其他应收款、交易性金融资产、存货、合同资产、持有待售资产、衍生金融资产、应收款项融资、一年内到期的非流动资产、其他流动资产
非流动资产	固定资产、在建工程、无形资产、商誉、开发支出、长期待摊费用、长期应收款、长期股权投资、投资性房地产、递延所得税资产、债权投资、其他债权投资、其他权益工具投资、其他非流动金融资产、生产性生物资产、油气资产、使用权资产、其他非流动资产

相关链接

负债按流动性分类

流动负债	短期借款、应付票据、应付账款、预收款项、其他应付款、应付职工薪酬、应交税费、合同负债、交易性金融负债、衍生金融负债、持有待售负债、一年内到期的非流动负债、其他流动负债
非流动负债	长期借款、应付债券、长期应付款、预计负债、递延收益、递延所得税负债、租赁负债、其他非流动负债

3. 答案 AB	本题考点 一般纳税人的账务处理	难易程度 中

解析

一般纳税人月末转出多交增值税的会计处理为：

借：应交税费——未交增值税

　贷：应交税费——应交增值税（转出多交增值税）

相关链接

月末增值税的几种会计处理

交纳当月应交的增值税	借：应交税费——应交增值税（已交税金） 　贷：银行存款
交纳以前期间的增值税	借：应交税费——未交增值税 　贷：银行存款
转出当月未交的增值税	借：应交税费——应交增值税（转出未交增值税） 　贷：应交税费——未交增值税
转出当月多交的增值税	借：应交税费——未交增值税 　贷：应交税费——应交增值税（转出多交增值税）

4. 答案 ABCD	本题考点 附注的主要内容	难易程度 易

解析

选项 D：一定要是重要的会计政策和会计估计，不重要的可以不披露。

考点提炼

根据企业会计准则的规定，企业应当按顺序披露附注的内容：

（1）企业的基本情况。

（2）财务报表的编制基础。

（3）遵循企业会计准则的声明。

（4）重要会计政策和会计估计。

（5）会计政策和会计估计变更以及差错更正的说明。

（6）报表重要项目的说明。

（7）或有和承诺事项、资产负债表日后非调整事项、关联方关系及其交易等需要说明的事项。

（8）有助于财务报表使用者评价企业管理资本的目标、政策及程序的信息。

5. 答案 BD	本题考点　无形资产摊销	难易程度　易

解析

（1）选项 A：对于使用寿命有限的无形资产达到预定用途的当月开始摊销，处置当月不再摊销。

（2）选项 C：根据受益对象确认，比如企业生产用无形资产的摊销额计入产品成本，不影响当期损益。

考点提炼

企业选择的无形资产的摊销方法，应当反映与该项无形资产有关的经济利益的预期实现方式，使用寿命有限的无形资产应自可供使用的当月开始摊销，使用寿命不确定的无形资产不应摊销。

相关链接

企业固定资产自可供使用的次月开始计提折旧，处置当月仍计提折旧。

6. 答案 ABD	本题考点　其他应收款	难易程度　易

解析

“通过……核算”或“不通过……核算”，注意题目要求。选项 C：销售商品代客户垫付的运输费，“垫付”说明还会收回来，而该笔款项是和销售相关的，所以合并到对方支付的款项中核算即可，即通过“应收账款”科目核算。

相关链接

应收账款主要包括企业销售商品或提供服务等应向有关债务人收取的价款（包括增值税）及代购货单位垫付的包装费、运杂费等。

7. 答案 ABC	本题考点　结转本年利润的账务处理	难易程度　易

解析

损益类科目期末都会结转至“本年利润”科目，损益类科目可以理解为：凡是影响净利润的科目，或所有反映在利润表中的项目。

（1）选项 ABC：均为损益类科目，期末转入本年利润。

（2）选项 D：制造费用是成本类科目，期末按一定比例分摊结转至“生产成本”科目。

考点提炼

结转损益类科目

会计期末，企业应将各损益类科目转入“本年利润”科目	借：主营业务收入/其他业务收入/其他收益/营业外收入/投资收益/公允价值变动损益/资产处置损益等 贷：本年利润
	借：本年利润 贷：主营业务成本/其他业务成本/税金及附加/销售费用/管理费用/财务费用/信用减值损失/资产减值损失/营业外支出/所得税费用/投资收益/公允价值变动损益/资产处置损益等

相关链接

年度终了，企业应将“本年利润”科目的本年累计余额转入“利润分配——未分配利润”科目：

借：本年利润

贷：利润分配——未分配利润［或相反分录］

8. 答案 ABCD	本题考点 产品成本核算的要求	难易程度 易

解析

为正确计算产品成本，必须正确划分以下五个方面的费用界限：（1）正确划分收益性支出和资本性支出的界限（选项A）；（2）正确划分成本费用、期间费用和营业外支出的界限；（3）正确划分本期成本费用与以后期间成本费用的界限（选项D）；（4）正确划分各种产品成本费用的界限（选项B）；（5）正确划分本期完工产品与期末在产品成本的界限（选项C）。

9. 答案 BCD	本题考点 “存货”项目的填列	难易程度 易

解析

（1）材料（原材料）、商品（库存商品）、在产品（生产成本）、包装物（周转材料）、已经发出但不满足收入确认条件的商品（发出商品）、在途物品（材料采购、在途物资）、加工中的物品（委托加工物资）等，从形式上都属于企业的存货，如果该存货涉及减值，还需考虑“存货跌价准备”科目的金额。

（2）工程物资是为建造工程专门购入的一笔物资，期末反映在“在建工程”项目中，不属于企业的存货。

考点提炼

“存货”应根据“材料采购”“原材料”“库存商品”“周转材料”“委托加工物资”“发出商品”“生产成本”“受托代销商品”等科目的期末余额合计数，减去“受托代销商品款”“存货跌价准备”科目期末余额后的净额填列。

10. 答案 AC	本题考点 “资产处置收益” 项目的填列	难易程度 易

解析 选项 B 计入其他业务收入；选项 D 计入主营业务收入。

易错易混 主营业务收入 VS 其他业务收入 VS 营业外收入 VS 资产处置损益（收益）【详见 P193 单选 16】。

11. 答案 ACD	本题考点 记账凭证	难易程度 易

解析 选项 B：填制记账凭证时若发生错误，应当重新填制。

12. 答案 ABCD	本题考点 结转本年利润的账务处理	难易程度 易

解析 各选项结转分录如下：

选项 A	选项 B
借：本年利润 　贷：利润分配——未分配利润［或相反分录］	借：利润分配——未分配利润 　贷：利润分配——应付现金股利或利润
选项 C	**选项 D**
借：利润分配——盈余公积补亏 　贷：利润分配——未分配利润	借：利润分配——未分配利润 　贷：利润分配——提取法定盈余公积

综上所述，除本年利润年末需将当年实现的利润或发生的净亏损转入“利润分配——未分配利润”科目外，“利润分配”科目除“未分配利润”外的二级明细科目均需转入“利润分配——未分配利润”科目中。

三、判断题

1. 答案 ×	本题考点 管理会计应用原则和应用主体	难易程度 易

解析 管理会计的应用应权衡实施成本和预期效益，合理、有效地推进管理会计应用。

2. 答案 ×	本题考点 增值税税控系统专用设备和技术维护费用抵减增值税额的账务处理	难易程度 易

解析

企业初次购入增值税税控系统专用设备，按规定抵减的增值税应纳税额，冲减“管理费用”等科目。

考点提炼

按现行增值税制度规定，企业初次购买增值税税控系统专用设备支付的费用以及缴纳的技术维护费允许在增值税应纳税额中全额抵减。

项目	初次购买	缴纳技术维护费
发生时	借：固定资产 贷：银行存款/应付账款等	借：管理费用 贷：银行存款等
按规定抵减增值税应纳税额时	借：应交税费——应交增值税（减免税款）[一般纳税人] 应交税费——应交增值税[小规模纳税人] 贷：管理费用等	

3. 答案 √	本题考点 留存收益概述	难易程度 易

4. 答案 √	本题考点 净资产业务	难易程度 易

5. 答案 ×	本题考点 采用计划成本核算	难易程度 易

解析

企业日常采用计划成本核算的，发出的材料成本应由计划成本调整为实际成本。发出材料应负担的成本差异应当按期（月）分摊，不得在季末或年末一次计算。

6. 答案 √	本题考点 包装物的账务处理	难易程度 难

解析

随同商品出售而单独计价的包装物，一方面应反映其销售收入，计入其他业务收入；另一方面应反映其实际销售成本，计入其他业务成本。

7. 答案 ×	本题考点 应付股利	难易程度 难

解析

首先明确题中给出的是股票股利，不是现金股利，注意二者的区分。股票股利宣告时投资方和被投资方均不做账务处理。

易错易混

现金股利 VS 股票股利【详见 P140 不定项（一）1】。

8. 答案 ×	本题考点 持有交易性金融资产	难易程度 中

解析

应计入公允价值变动损益。分录如下：

借：交易性金融资产——公允价值变动

　贷：公允价值变动损益［或相反分录］

9. 答案 √	本题考点 处置固定资产	难易程度 难

解析

出售说明是主动行为，设备还有剩余使用价值，不是毁损、报废，所以出售的净损益计入资产处置损益，影响营业利润。

易错易混

固定资产处置情况对比

	出售、转让	报废、毁损
本质	有剩余使用价值	无剩余使用价值
差额	资产处置损益	营业外收入/营业外支出
对利润影响	影响营业利润，进而影响利润总额、净利润	不影响营业利润，影响利润总额，进而影响净利润

10. 答案 ×	本题考点 自行研发无形资产	难易程度 易

解析

自行研发无形资产常考核资本化和费用化的问题，多以计算题形式出现，偶尔也有文字表述或分录题目，每年必考，需重点掌握。本题无法可靠区分，该支出既不能划分到研究阶段，也不能划分到开发阶段，为了避免高估资产，所以全部费用化处理，计入管理费用。

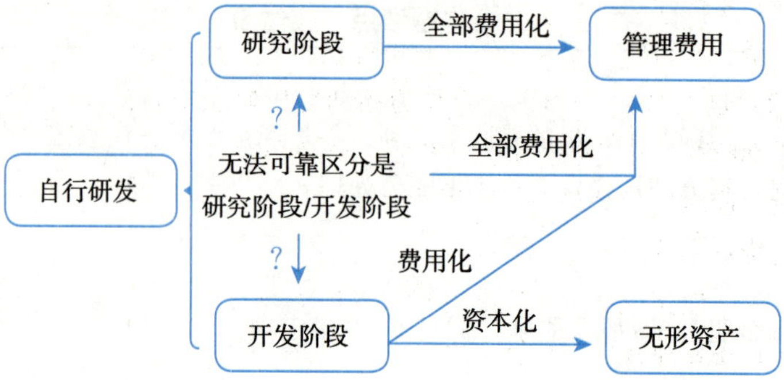

考点提炼 自行研发无形资产各阶段的会计处理【详见P146不定项（二）2】。

四、不定项选择题

（一）

1. 答案 BCD	本题考点 货币性职工薪酬、非货币性职工薪酬	难易程度 中

解析 给部门经理级别以上人员提供免费的汽车使用，属于非货币性福利，即受益人员是管理人员，职工福利计入管理费用。

（1）选项ACD：将企业拥有的汽车无偿提供给职工使用时：

借：管理费用　　20000

　贷：应付职工薪酬——非货币性福利　　20000

同时：

借：应付职工薪酬——非货币性福利　　20000

　贷：累计折旧　　20000

（2）选项B：以银行存款发放上月工资时：

借：应付职工薪酬——工资　　400000

　贷：银行存款　　400000

2. 答案 BC	本题考点 非货币性职工薪酬	难易程度 难

解析 非货币性福利是每年必考的知识点，各种题型均有涉及。以自产产品作为福利发放，相当于将产品卖给职工，但是不收钱，属于视同销售，要确认收入和增值税销项税额，并结转成本。从职工福利受益人来说，是发放给直接从事生产的职工，所以该职工福利计入生产成本。

（1）选项AB：以自产产品作为福利发放给直接从事生产的人员，计入生产成本的金额＝50000×（1+13%）＝56500（元）。确认非货币性职工薪酬分录如下：

借：生产成本　56500
　贷：应付职工薪酬——非货币性福利　56500

（2）选项CD：以自产产品作为福利发放给职工时，视同销售，实际发放时确认收入50000元，结转成本30000元，分录如下：

借：应付职工薪酬——非货币性福利　56500
　贷：主营业务收入　50000
　　　应交税费——应交增值税（销项税额）　6500
借：主营业务成本　30000
　贷：库存商品　30000

易错易混

以自产产品VS外购商品作为职工福利发放的会计处理【详见P235不定项（一）3】。

3. 答案 BCD	本题考点　货币性职工薪酬	难易程度　易

解析

分配职工工资时，产品生产人员工资计入生产成本，车间管理人员工资计入制造费用，行政管理人员工资计入管理费用，专设销售机构人员工资计入销售费用，分录如下：

借：生产成本——基本生产成本　300000
　　制造费用　100000
　　管理费用　20000
　　销售费用　10000
　贷：应付职工薪酬　430000

相关链接

财务部门人员工资计入管理费用。

4. 答案 ABCD	本题考点　货币性职工薪酬	难易程度　中

解析

计提的工会经费和职工教育经费以职工工资为基数，分别按照2%和8%的比例计算。

职工类别	应计提的工会经费和职工教育经费金额
产品生产人员	工会经费：300000×2%＝6000（元） 职工教育经费：300000×8%＝24000（元） 合计：300000×（2%+8%）＝30000（元），计入生产成本

续表

职工类别	应计提的工会经费和职工教育经费金额
车间管理人员	工会经费：100000×2%＝2000（元） 职工教育经费：100000×8%＝8000（元） 合计：100000×（2%+8%）＝10000（元），计入制造费用
行政管理人员	工会经费：20000×2%＝400（元） 职工教育经费：20000×8%＝1600（元） 合计：20000×（2%+8%）＝2000（元），计入管理费用
专设销售机构人员	工会经费：10000×2%＝200（元） 职工教育经费：10000×8%＝800（元） 合计：10000×（2%+8%）＝1000（元），计入销售费用

借：生产成本——基本生产成本　30000
　　制造费用　10000
　　管理费用　2000
　　销售费用　1000
　贷：应付职工薪酬——工会经费　8600
　　　　　　　　——职工教育经费　34400

5. 答案 D	本题考点　“应付职工薪酬”项目的填列	难易程度　中

解析

“应付职工薪酬”项目期末余额＝400000（12 月初贷方余额）+20000（资料 1）-20000（资料 1）-400000（资料 2）+56500（资料 3）-56500（资料 3）+430000（资料 4）+8600（资料 4 计提的工会经费）+34400（资料 4 计提的职工教育经费）＝473000（元）。

考点提炼

“应付职工薪酬”项目应根据“应付职工薪酬”科目所属各明细科目的期末贷方余额分析填列。如涉及外商投资企业按规定从净利润中提取的职工奖励及福利基金，也在本项目列示。

（二）

1. 答案 AD	本题考点　外购固定资产	难易程度　中

解析

（1）选项 ABD：购入需要安装的设备，先通过“在建工程”科目核算，达到预定可使用状态后再转入“固定资产”科目。

①购入时：

借：在建工程　　3000
　　应交税费——应交增值税（进项税额）　　390
　贷：银行存款　　3390

②安装时：

借：在建工程　　100
　　应交税费——应交增值税（进项税额）　　9
　贷：应付账款　　109

（2）选项 C：设备安装完毕交付使用时：

借：固定资产　　3100
　贷：在建工程　　3100

考点提炼 外购固定资产常见的考查情形：①数据计算【详见 P40 不定项（三）1】；②会计分录和计算相结合【详见本题】。

2. 答案 B	本题考点　年限平均法	难易程度　易

解析 采用年限平均法计提折旧需要考虑预计净残值。生产设备 2019 年计提折旧额 =（3100−3100×4%）/10/12×7 = 173.6（万元）。

3. 答案 ABC	本题考点　处置固定资产	难易程度　中

解析 选项 D：保险公司赔款通过“其他应收款”科目核算，分录如下：

借：其他应收款　　3
　贷：固定资产清理　　3

4. 答案 ABCD	本题考点　接受非现金资产投资	难易程度　中

解析 乙公司投入设备相当于“卖出去”，再将“收到的款项”［400+52 = 452（万元）］投资到甲公司，所以计入资本公积的金额 = 452 − 300 = 152（万元）。甲公司分录如下：

借：固定资产　　400
　　应交税费——应交增值税（进项税额）　　52
　贷：实收资本　　300
　　　资本公积——资本溢价　　152

5. 答案 C	本题考点 “固定资产”项目的填列	难易程度 中

解析

报表项目按账面价值填列，所以“固定资产”项目期末填列金额=“固定资产”科目期末余额-累计折旧-固定资产减值准备+“固定资产清理”科目期末余额=期初资料［固定资产借方余额2525-累计折旧200］+资料（1）［购入设备3000+安装费100-折旧173.6］-资料（2）［库房原值25-折旧10］+资料（3）［设备价值400］-资料（4）［其他固定资产折旧230.6］=5405.8（万元）。

（三）

1. 答案 D	本题考点 约当产量比例法	难易程度 易

解析

计算在产品约当产量时，月末在产品约当产量=在产品数量×在产品的完工程度=100×50%=50（件）。

2. 答案 C	本题考点 约当产量比例法	难易程度 中

解析

原材料在生产开始时一次全部投入，不管是在产品还是完工产品，单位产品材料耗用量相等，所以期末计算直接材料成本时，在产品的完工程度也是按照100%计算。直接材料分配率=（200000+750000）/（900+100）=950，在产品直接材料成本=950×100=95000（元），完工产品直接材料成本=950×900=855000（元）。

易错易混

在产品约当产量的计算——直接材料【详见P263不定项（二）3】。

3. 答案 BD	本题考点 约当产量比例法	难易程度 中

解析

已知加工费用均衡发生，说明在产品完工程度为50%，所以计算在产品约当产量时用在产品数量100×完工程度50%计算，直接人工分配率=（24000+118500）/（900+100×50%）=150。

（1）选项AB：完工产品应负担的直接人工成本=150×900=135000（元）。

（2）选项CD：在产品应负担的直接人工成本=150×100×50%=7500（元）。

4. 答案 ABCD	本题考点 制造费用的归集和分配	难易程度 中

解析

注意是本月发生的制造费用，不用考虑期初18000元的制造费用，所以本月发生的制造费用=6000（资料2）+47500（资料3）+23500（资料3）=77000（元）。

5. 答案 A	本题考点　产品成本核算	难易程度　中

解析

完工产品总成本有两种计算方法，第 1 种是完工产品成本＝期初产品成本+本月投入产品成本−月末在产品，第 2 种是完工产品成本＝完工产品材料成本+完工产品人工成本+完工产品制造费用，具体采用哪种方法计算，还要看题中给了哪些条件。本题适用第 2 种计算方法。

（1）制造费用分配率＝（18000+6000+47500+23500）/（900+100×50%）＝100。

（2）在产品应分配的制造费用＝100×100×50%＝5000（元）。

（3）完工产品应分配的制造费用＝100×900＝90000（元）。

综上所述，月末完工产品的总成本＝855000（第 2 小问：完工产品应负担的直接材料成本）+135000（第 3 小问：完工产品应负担的直接人工成本）+90000（完工产品应分配的制造费用）＝1080000（元）。

2018 年会计专业技术资格考试《初级会计实务》试题（1）

参考答案及解析

扫码看答案

使用“微信”或“会计云课堂”App 扫描右侧二维码，即可查阅电子版答案及解析，“手机看答案更轻松”。

一、单项选择题

1. 答案 D	本题考点　自建固定资产	难易程度　易

解析

工程物资是为建造厂房而购入及准备的。

（1）选项 B：为了自行建造厂房购入工程物资一批，不是为了生产产品并出售，应借记“工程物资”科目，而不是“原材料”科目。

（2）选项 CD：一般纳税人，购入时取得的增值税专用发票上注明的价款为 100 万元，增值税税额为 13 万元，应按价款 100 万元，借记“工程物资”科目，增值税税额 13 万元不计入工程物资成本，应确认进项税额。

（3）选项 A：销售业务才涉及销项税额，本题为采购业务，应确认进项税额，即借记“应交税费——应交增值税（进项税额）”13 万元。

会计分录如下：

借：工程物资　100

　　应交税费——应交增值税（进项税额）　13

　贷：银行存款等　113

相关链接

（1）本题考核的是购入工程物资的会计处理，当领用工程物资时：

借：在建工程

　贷：工程物资

（2）工程物资、及工程物资减值准备，期末应填列在“在建工程”项目。

2. 答案 D	本题考点　所有者权益总额的增减变动	难易程度　难

解析

对企业所有者权益总额的影响，判断思路如下：

①借、贷方均涉及所有者权益类科目，总额不变（左口袋钱放在右口袋，钱数总额不变）。

②借方或贷方涉及所有者权益类科目，对应科目涉及资产或负债类科目等，总额变动，或增加或减少。

③借、贷方均不涉及所有者权益类科目，总额不变。

④损益类科目的增减变动，均导致所有者权益总额变动。

(1) 所有者权益类科目（备抵科目“库存股”刚好相反），借方表示减少，贷方表示增加。

(2) 结合本题分录来看，强调总额“增加”：应确定相关事项借方科目不涉及所有者权益类科目，贷方科目涉及所有者权益类科目。

选项 A	选项 B
借：盈余公积 　贷：应付股利	借：盈余公积 　贷：利润分配——盈余公积补亏
选项 C	**选项 D**
借：资本公积 　贷：实收资本/股本	借：“损益类”科目 　贷：本年利润［或相反方向］ 借：本年利润 　贷：利润分配——未分配利润

综上所述：

①选项 A：“盈余公积”科目在借方，导致所有者权益总额减少。

②选项 BC：所有者权益总额不变。

③选项 D：损益类科目进行结转，结计出“本年利润”科目”存在贷方余额（表示当年实现的净利润），导致所有者权益总额增加。

考点提炼

常见的所有者权益类科目【详见 P118 单选 1】。

易错易混

常见事项对所有者权益总额和留存收益总额的影响【详见 P125 单选 16】。

3. 答案 B	本题考点 存货成本的确定	难易程度 中

解析

外购存货入账价值（成本），包含价款、运杂费等必要的支出，关键在于“增值税”的处理。

（1）小规模纳税人，购入一批原材料，取得增值税专用发票上注明的价款为150万元，增值税税额为19.5万元，“专用发票”为“坑”，小规模纳税人无论是否取得专用发票，均不应确认进项税额，价款150万元和增值税税额19.5万元均应计入原材料入账成本。

（2）另付运费1万元，增值税税额为0.09万元，也应全部计入原材料入账成本。

综上所述，该批原材料的入账成本=150+19.5+1+0.09=170.59（万元）。

考点提炼

存货的采购成本【详见P199多选7】。

4. 答案 C	本题考点 政府财务报告和决算报告	难易程度 易

解析

政府会计报告包括政府决算报告和政府综合财务报告，政府决算报告不属于政府综合财务报告的重要组成内容，与其是并列关系。

易错易混

政府决算报告VS政府综合财务报告【详见P219单选7】。

5. 答案 A	本题考点 会计账簿	难易程度 易

解析

库存现金日记账，强调“逐日（序时）”“逐笔”登记。

（1）选项B：不能按现金收、付款凭证金额相抵的差额登记。

（2）选项C：不可以将现金收款凭证汇总后再登记，与“逐日（序时）”“逐笔”矛盾。

（3）选项D：不可以将现金付款凭证汇总后再登记，与“逐日（序时）”“逐笔”矛盾。

考点提炼

库存现金日记账，由出纳人员根据库存现金收款凭证、库存现金付款凭证和银行存款付款凭证，按照库存现金收、付款业务和银行存款付款业务发生时间的先后顺序逐日（序时）逐笔登记。

相关链接

银行存款日记账，由出纳人员根据与银行存款收付业务有关的记账凭证，按时间先后顺序逐日逐笔进行登记。

6. 答案 D	本题考点 无形资产的账务处理	难易程度 中

解析

出售无形资产对利润总额的影响金额，即确定“资产处置损益”科目的金额。

（1）按照取得价款 100 万元和应结转的无形资产账面价值（成本 200 万元 - 累计摊销 150 万元）的差额来确定。

（2）出售时开具增值税专用发票，增值税额 6 万元属于价外税，不影响净损益的计算，但出售时的账务处理应确认销项税额。

综上所述，转让该项专利权应确认的处置净损益 = 100-200+150 = 50（万元）。

会计分录如下：

借：银行存款	106
累计摊销	150
贷：无形资产	200
应交税费——应交增值税（销项税额）	6
资产处置损益	50

7. 答案 B	本题考点 非货币性职工薪酬	难易程度 中

解析

企业以其生产的服装作为福利发放给本企业职工，属于非货币性福利，应视同销售，确认收入和结转成本，同时还应通过“应付职工薪酬”科目中转。

（1）选项 CD：视同销售情形下，按照每套服装不含增值税的售价 350 元，确认主营业务收入 35000 元和相关增值税销项税额 4550（35000×13%）元，增值税额不确认进项税额，也不计入主营业务收入。

（2）选项 A：自产服装发放给生产车间管理人员 100 名，应将主营业务收入 35000 元和相关增值税销项税额 4550 元的合计金额 39550 元，记入“制造费用”科目。如果发放对象是行政管理人员，则计入管理费用。

（3）选项 B，因为是给予职工的非货币性福利，应通过“应付职工薪酬”科目体现，应将主营业务收入 35000 元和相关增值税销项税额 4550 元的合计金额 39550 元，记入“应付职工薪酬”科目。

会计分录如下：

借：制造费用	39550	
贷：应付职工薪酬		39550
借：应付职工薪酬	39550	
贷：主营业务收入		35000
应交税费——应交增值税（销项税额）		4550

借：主营业务成本　28000

　贷：库存商品　28000

易错易混

自产产品作为职工福利 VS 外购商品作为职工福利【详见 P235 不定项（一）3】。

相关链接

自有房屋供职工无偿使用 VS 租赁房屋供职工无偿使用【详见 P285 不定项（一）1】。

8. 答案 C	本题考点 “固定资产”项目的填列	难易程度 易

解析

“固定资产”项目期末余额，从“固定资产”“累计折旧”“固定资产减值准备”及“固定资产清理”科目入手考虑，借方余额应加、贷方余额应减。

“固定资产”科目借方余额为3000万元、“累计折旧”科目贷方余额为1400万元、“固定资产减值准备”科目贷方余额为200万元。

该企业资产负债表中“固定资产”项目期末余额应列示的金额=3000-1400-200=1400（万元）。

考点提炼

“固定资产”项目的填列【详见 P215 不定项（三）5】。

9. 答案 D	本题考点 财务费用	难易程度 中

解析

财务费用主要核算与筹资相关的费用。

（1）选项ABC：属于“财务费用”科目核算内容。

（2）选项D：属于“管理费用”科目核算内容。

考点提炼

财务费用和管理费用的主要核算内容【详见 P168 多选 8】。

10. 答案 C	本题考点 分批法	难易程度 易

解析

分批法主要适用于单件、小批生产企业的产品成本计算。

易错易混

品种法 VS 分批法 VS 分步法【详见 P296 单选 16】。

11. 答案 D	本题考点　年数总和法	难易程度　中

解析

固定资产折旧额的计算，应考虑计提折旧的起始点，以及原值、预计使用年限、预计净残值、折旧方法，同时还要考虑会计年度和折旧年度是否一致。

(1) 2015 年 12 月购入并交付使用，应从 2016 年 1 月开始计提折旧。

(2) 固定资产原值 400 万元，预计使用年限 5 年，预计净残值 4 万元，要求按年数总和法计提折旧，2016 年 1 月至 2016 年 12 月为第一个折旧年度，年折旧率 = 5/(5+4+3+2+1) ×100%。2017 年为第二个折旧年度，年折旧率 = 4/（5+4+3+2+1）×100%。原值 400 万元扣除预计净残值 4 万元后，乘以年折旧率即可计算出应计提的折旧额。

(3) 本题会计年度与折旧年度一致，无需考虑分段合并计算。注意本题要求是计算 2017 年而不是 2016 年折旧额。

综上所述，2017 年该设备应计提的折旧额 =（400−4）×（4÷15×100%）= 105.6（万元）。

相关链接

固定资产折旧方法【详见 P162 单选 20】。

12. 答案 D	本题考点　废品损失	难易程度　中

解析

可修复废品净损失的计算，应考虑返修过程中发生的返修费用扣除入库的残料价值、应收赔款，不应考虑其本身成本。

(1) 可修复废品生产成本 20 万元，无需考虑。如果是不可修复废品计算净损失，应在此基础上计算。

(2) 返修过程中发生直接材料 2 万元、直接人工 3 万元、制造费用 4 万元，即返修费用合计 9 万元，废品残料作价 1 万元已回收入库（残料价值）。

综上所述，该企业可修复废品的净损失 = 2+3+4−1 = 8（万元）。

会计分录如下：

发生可修复废品成本：

借：废品损失	9
贷：原材料	2
应付职工薪酬	3
制造费用	4

残料入库：

借：原材料　1

　贷：废品损失　1

结转废品净损失：

借：生产成本　8

　贷：废品损失　8

易错易混

可修复废品 VS 不可修复废品【详见 P264 不定项（二）4】。

13. 答案 A	本题考点　应收款项减值	难易程度　难

解析

应收账款计提坏账准备，应结合题干给出的事项，确定“坏账准备”本年发生额及借、贷方向，结合期初、期末余额，计算出应计提金额。

（1）计提坏账准备前，坏账准备余额＝年初余额+本年增加额-本年减少额。年初“坏账准备”科目的贷方余额为 20 万元。

（2）本年收回上年已确认为坏账的应收账款 5 万元，应贷记“坏账准备”科目 5 万元，即本期增加 5 万元。

（3）至此，“坏账准备”科目贷方余额＝年初余额+本年增加额＝20+5＝25（万元）。

（4）因年末“坏账准备”科目贷方余额应为 30 万元，即年末应有余额为 30 万元，年末应计提坏账准备金额，是在年末应有余额的基础上，结合年初余额、本年发生额（借方减少，贷方增加），也就是计提坏账准备前“坏账准备”科目贷方余额 25 万元，倒挤得出。

综上所述，该企业年末应计提的坏账准备＝30-25＝5（万元）。

计算应计提坏账准备金额的题目，可以结合“T”型账户，简单、快捷得出结论，参照如下：

坏账准备

	20　（年初余额）
	5　（本年增加额）
	？＝5　（年末应计提）
	30　（年末余额）

易错易混

坏账准备增加 VS 坏账准备减少【详见 P194 单选 18】。

14. 答案 A	本题考点　会计要素及其确认条件	难易程度　中

解析

期末负债总额=期初负债余额+本期负债增加额-本期负债减少额。

（1）8 月 31 日，即 9 月初负债总额为 500 万元。

（2）收回应收账款 60 万元，借记“银行存款”科目 60 万元，贷记“应收账款”科目 60 万元，不影响负债总额。

（3）以银行存款归还短期借款 40 万元，借记“短期借款”科目 40 万元，贷记“银行存款”科目 40 万元，导致本月负债减少 40 万元。

（4）预收客户货款 20 万元，借记“银行存款”科目 20 万元，贷记“合同负债”科目 20 万元，导致本月负债增加 20 万元。

综上所述，2017 年 9 月 30 日该企业负债总额=500−40+20=480（万元）。

易错易混

合同负债 VS 预收账款【详见 P164 多选 2】。

15. 答案 C	本题考点　财政拨款结转结余的核算	难易程度　易

解析

结合选项，应从预算会计处理角度考虑。

（1）选项 A：对财政拨款结余资金改变用途，应从“结余”（借记）结转至“结转”（贷记）。

（2）选项 BD：因发生会计差错等事项调整以前年度财政拨款结余资金时，借记或者贷记“财政拨款结余——年初余额调整”科目，贷记或者借记“资金结存”科目。

（3）选项 C：年末单位完成财政拨款收支结转后，应将符合财政拨款结余性质的项目余额由“财政拨款结转——累计结转”科目（借记）结转至“财政拨款结余——结转转入”科目（贷记）。

考点提炼

“财政拨款结转”“财政拨款结余”“资金结存”，均属于政府预算会计下“预算结余”类科目，借方表示减少，贷方表示增加。

相关链接

如果对财政拨款结余资金改变用途，应从“结余”结转至“结转”时：

借：财政拨款结余——单位内部调剂

　贷：财政拨款结转——单位内部调剂

16. 答案 C	本题考点　其他应交税费	难易程度　易

解析

计提（计算应交）各项税费，应从借方考虑，而借方通常涉及的科目：资产成本类科目和“税金及附加”科目。

企业依据税法规定计算应交的车船税，应借记“税金及附加”科目，贷记“应交税费——应交车船税”科目。

17. 答案 C	本题考点　资产负债表项目的填列方法	难易程度　易

解析

（1）选项A：应根据明细账科目余额计算填列。

（2）选项B：应根据总账科目余额填列。

（3）选项C：应根据“无形资产”科目的期末余额，减去“累计摊销”“无形资产减值准备”科目余额后的净额填列。

（4）选项D：应根据总账科目余额和明细账科目余额分析计算填列。

易错易混

资产负债表项目“期末余额”栏的填列方法【详见P231判断1】。

18. 答案 A	本题考点　营业成本	难易程度　中

解析

其他业务成本核算除了主营业务活动以外的其他日常经营活动的支出；营业外支出主要核算非日常经营活动损失。

（1）选项A：出租方应计提固定资产折旧，折旧额计入其他业务成本。

（2）选项B：自然灾害原因导致的存货盘亏净损失计入营业外支出；管理不善导致的存货盘亏净损失计入管理费用。

（3）选项C：非常损失，即自然灾害原因导致财产毁损净损失，计入营业外支出。

（4）选项D：计入营业外支出。

易错易混

主营业务成本VS其他业务成本VS营业外支出VS资产处置损益（损失）【详见P162多选1】。

19. 答案 D	本题考点　其他应收款	难易程度　中

解析

选项ABC，属于“应收账款”科目核算内容。

易错易混

应收账款 VS 其他应收款

	常见的考查事项
应收账款	①应收销售商品价款 ②应收提供服务（劳务）价款 ③代购货方垫付的包装费、运杂费等 ④增值税销项税额
其他应收款	①应收赔款、罚款 ②应收出租包装物租金 ③应向职工收取的垫付款（如水电费、医药费、房租等） ④存出保证金（支付的押金）等

相关链接

"其他应收款"项目，根据"应收利息"、"应收股利"和"其他应收款"科目的期末余额合计数，减去"坏账准备"科目中相关坏账准备期末余额后的净额填列。

20. 答案 C　　本题考点　委托加工物资　　难易程度　中

解析

委托加工物资成本的确定，关键在于消费税和增值税的处理。

（1）发出原材料的成本为 50000 元，加工费为 10000 元，均计入委托加工物资成本。

（2）一般纳税人，取得的增值税专用发票上注明的增值税税额为 1300 元，应确认进项税额，不计入委托加工物资的成本。

（3）由受托方代收代缴的消费税 4000 元，因为是收回后直接用于销售，应计入委托加工物资成本。

综上所述，甲企业收回委托加工 W 材料的成本 = 50000+10000+4000 = 64000（元）。

会计分录如下：

借：委托加工物资——W 材料	64000
应交税费——应交增值税（进项税额）	1300
贷：原材料	50000
银行存款等	15300

易错易混

委托加工物资中增值税及消费税【详见 P159 单选 16】。

21. 答案 A	本题考点　月末一次加权平均法	难易程度　中

解析

发出存货的计价方法，应结合核算方法，计算发出以及结存的存货成本。

(1) 6月1日材料200件、单位成本35元，6月10日材料400件、单位成本40元，6月20日材料400件、单位成本45元，采用月末一次加权平均法核算，在全月范围内计算材料的单位成本，单位成本=（200×35+400×40+400×45）÷（200+400+400）=41（元）。

(2) 当月发出乙材料600件，倒挤出结存数量=200+400+400-600=400（件），结合单位成本，据此计算出发出以及结存材料的成本。

综上所述，该企业6月份发出乙材料的成本=41×600=24600（元）。

相关链接

发出存货计价方法

	计算思路及公式
个别计价法	逐一辨认、分别按购入或生产时确定的单位成本计算发出存货和月末结存存货的成本
先进先出法	先购入的存货应先发出（销售或耗用），据此确定发出存货和月末结存存货的成本
月末一次加权平均法	存货单位成本=本月全部进货成本/本月全部进货数量=（月初成本+本月购入成本）/（月初数量+本月购入数量） 本月发出存货成本=存货单位成本×发出数量 月末结存存货成本=存货单位成本×结存数量
移动加权平均法	存货单位成本=（原有结存存货成本+本次进货的成本）÷（原有结存存货数量+本次进货数量） 本次发出存货的成本=本次发出存货的数量×本次发货前存货的单位成本 本月月末结存存货成本=月末结存存货的数量×本月月末存货单位成本

22. 答案 B	本题考点　错账更正的方法	难易程度　难

解析

错账更正方法共计三种，分别为补充登记法、划线更正法、红字更正法。没有更正账页法、蓝字更正法。

(1) 选项B：结账前发现账簿记录中金额有错误，而记账凭证没有错误，应采用划线更正法。

(2) 选项AD：因为账簿记录中误记金额“3475”大于“3457”，有些学员可能会感觉也符合“红字更正法”，但应注意，红字更正法强调“记账凭证的所记金额大于应记金额，同时账簿记录的所记金额大于应记金额”，即“记账凭证与账簿记录均有错误”，因而不应采用红字更正法，当然也不能采用补充登记法。

(3) 选项C：更正账页法，纯属杜撰。

易错易混

划线更正法VS红字更正法VS补充登记法【详见P248单选13】。

23. 答案 C	本题考点 资本公积的账务处理	难易程度 中

解析

发行股票方式筹集资金，关键在于“资本公积——股本溢价”的金额包含两部分：溢价收入（增加）、发行费用（冲减）。

（1）股本应按面值1元确认，发行价格16元与面值1元的差额（溢价收入），计入资本公积——股本溢价。

（2）手续费、佣金等发行费用从“发行收入”中扣除，发行收入指的是按照发行价格16元计算的总价款，不扣除股本总额；发行费用应冲减资本公积——股本溢价，不足的部分依次冲减盈余公积、未分配利润。

（3）如果一般纳税人取得增值税专用发票，发行费用涉及的增值税额应确认为进项税额。

（4）筹集的资金计入银行存款，银行存款的金额也包括两部分：发行收入-发行费用。

综上所述，该公司发行股票应计入资本公积的金额=400000×16×（1-2%）-400000×1=5872000（元）。

会计分录如下：

借：银行存款	6272000
贷：股本	400000
资本公积——股本溢价	5872000

24. 答案 A	本题考点 —	难易程度 —

解析

2017年1月1日该项目预期4年总收益的现值=200000×（P/A，6%，4）=200000×3.4651=693020（元）。

二、多项选择题

1. 答案 CD	本题考点 处置固定资产	难易程度 中

解析

（1）选项A：盘亏时账面价值应结转至“待处理财产损溢”科目。

（2）选项B：更新改造支出，通过“在建工程”科目核算。

（3）选项CD：出售、毁损、报废等的固定资产，处置过程中结转固定资产的账面价值，计算清理收入、清理费用及残料价值等，均应通过“固定资产清理”科目进行核算。

易错易混

固定资产的处置、清查、更新改造和日常维修【详见P213不定项（三）4】。

2. 答案 ABCD	本题考点 财产清查的方法与处理	难易程度 易

解析

企业应进行全面清查的情况通常包括：

（1）年终决算前。

（2）在合并、撤销或改变隶属关系前（选项C）。

（3）中外合资、国内合资前。

（4）股份制改造前（选项B）。

（5）开展全面的资产评估、清产核资前（选项A）。

（6）单位主要领导调离工作前等（选项D）。

相关链接

局部清查的范围和对象，企业根据业务需要和相关具体情况而定：

（1）原材料、产成品等流动性较大的财产物资，根据需要随时轮流盘点或重点抽查。

（2）贵重财产物资，每月都要进行清查盘点。

（3）库存现金，每日终了，应由出纳人员进行清点核对。

（4）银行存款，至少每月同银行核对一次。

（5）债权、债务，每年至少同债权人、债务人核对一至两次。

3. 答案 ABC	本题考点 "营业成本"项目的填列	难易程度 中

解析

"营业成本"包括主营业务成本和其他业务成本。

（1）选项A：单独计价的包装物成本，计入其他业务成本。

（2）选项B：销售材料的成本，计入其他业务成本。

（3）选项C：销售外购商品的成本，计入主营业务成本。

（4）选项D：不单独计价的包装物成本，应按成本计入销售费用。

考点提炼

（1）"营业成本"项目，应根据"主营业务成本"和"其他业务成本"科目的发生额分析填列。

（2）销售商品和原材料：

	销售商品	销售原材料
确认收入	借：应收账款、合同负债等 贷：主营业务收入 应交税费——应交增值税（销项税额）	借：银行存款等 贷：其他业务收入 应交税费——应交增值税（销项税额）

续表

	销售商品	销售原材料
结转成本	借：主营业务成本 贷：库存商品	借：其他业务成本 贷：原材料

易错易混

“单独计价”包装物 VS“不单独计价”包装物、出租包装物 VS 出借包装物【详见 P240 不定项（三）3】。

4. 答案 ACD	本题考点 无形资产的摊销	难易程度 中

解析

（1）选项 A：使用寿命有限的无形资产应当进行摊销，自可供使用当月起开始摊销。

（2）选项 B：无形资产期末应进行减值测试，可收回金额低于账面价值，应计提减值准备，一经计提在以后会计期间不得转回。

（3）选项 C：无形资产摊销额的核算，应根据不同情形计入不同会计科目，出租的无形资产摊销额应计入其他业务成本。

（4）选项 D：使用寿命不确定的无形资产不应进行摊销。

考点提炼

无形资产摊销的账务处理：

借：生产成本、制造费用［用于产品生产］

　　管理费用［管理用］

　　其他业务成本［出租］等

　贷：累计摊销

易错易混

固定资产折旧时间 VS 无形资产摊销时间【详见 P153 单选 4】。

相关链接

资产减值准备是否可以转回【详见 P128 单选 17】。

5. 答案 ABCD	本题考点 管理会计要素及具体内容	难易程度 易

解析

单位应用管理会计，应包括应用环境（选项 B）、管理会计活动（选项 C）、工具方法（选项 A）、信息与报告（选项 D）四项管理会计要素。

相关链接

管理会计报告是管理会计活动成果的重要表现形式，旨在为报告使用者提供满足管理需要的信息，是管理会计活动开展情况和效果的具体呈现。

6. 答案 ABCD	本题考点 产品成本项目	难易程度 易

解析

制造业企业一般可设置“直接材料”（选项 C）、“燃料及动力”“直接人工”（选项 D）、“制造费用”（选项 A）等项目，可以根据具体的情况增加设置“废品损失”（选项 B）、“停工损失”等项目。

7. 答案 AB	本题考点 现金的清查	难易程度 中

解析

“现金溢余”是现金清查下对“盘盈”的别称。

（1）选项 AC：与存货不同，因为现金业务的特殊性，无需冲减管理费用，无法查明原因的部分，应计入营业外收入。

（2）选项 BD：现金清查导致的应付赔款、应收赔款应通过“其他应付款”“其他应收款”科目核算。

易错易混

库存现金、存货和固定资产的盘盈与盘亏【详见 P136 多选 10】。

8. 答案 BCD	本题考点 原始凭证	难易程度 易

解析

原始凭证应当具备以下基本内容（也称为原始凭证要素）：

（1）凭证的名称。

（2）填制凭证的日期（选项 D）。

（3）填制凭证单位名称和填制人姓名。

（4）经办人员的签名或者盖章（选项 C）。

（5）接受凭证单位名称。

（6）经济业务内容（选项 B）。

（7）数量、单价和金额。

记账符号，即“借”“贷”，在记账凭证中运用（但不属于记账凭证基本内容），原始凭证不涉及（选项 A）。

相关链接

记账凭证必须具备的基本内容包括：

（1）填制凭证的日期。

（2）凭证编号。

（3）经济业务摘要。

（4）应借应贷会计科目。

（5）金额。

（6）所附原始凭证张数。

（7）填制凭证人员、稽核人员、记账人员、会计机构负责人、会计主管人员签名或者盖章。收款和付款记账凭证还应当由出纳人员签名或者盖章。

9. 答案 AB	本题考点 “存货”项目的填列	难易程度 难

解析

“存货”项目，借、贷方均涉及应填入该项目的会计科目时，期末余额不变，否则期末余额变动。

（1）资产类科目（“存货”项目涉及的），借方表示增加，贷方表示减少。备抵科目“存货跌价准备”刚好相反。

（2）结合本题分录来看，强调总额“变动”：应确定相关事项借方科目和贷方科目不同时涉及应填入“存货”项目的会计科目。

选项 A	选项 B
借：资产减值损失 　贷：存货跌价准备	借：原材料等 　贷：银行存款
选项 C	**选项 D**
借：发出商品 　贷：库存商品	借：受托代销商品 　贷：受托代销商品款

综上所述：

①选项 A：存货跌价准备属于备抵科目，其增加，导致“存货”项目期末余额减少。

②选项 B：修理用备件不属于固定资产，属于原材料，原材料增加，导致“存货”项目期末余额增加。

③选项 C：借、贷方均涉及应填入“存货”项目的会计科目，“存货”项目期末余额不变。

④选项 D：受托代销商品，虽不属于受托方存货，但特殊规定，期末填入“存货”项目，结合分录来看，与“受托代销商品款”直接抵销，“存货”项目期末余额不变。

考点提炼

“存货”项目的填列【详见 P150 不定项（三）5】。

10. 答案 BCD	本题考点 实收资本（或股本）的减少	难易程度 难

解析

回购时，涉及“库存股”科目，库存股属于所有者权益备抵科目，增加记借方，减少记贷方。注销时，应区分回购价高于面值和回购价低于面值两种情况，高于时，应冲减资本公积下的“股本溢价”，不能冲减“其他资本公积”。

（1）选项 B：回购时，应按照回购价格 7 元和回购股数 200 万股，借记“库存股”科目 1400 万元。

（2）选项 A：注销时，因回购价格 7 元高于面值 1 元，贷记“库存股”1400 万元，同时冲减，即借记“股本”200 万元。

（3）选项 CD：库存股 1400 万元和股本 200 万元的差额，还应继续冲减 1200 万元，结合题干信息，先冲减“资本公积——股本溢价”800 万元，全额冲减后还剩余 400 万元，继续冲减盈余公积 400 万元。

会计分录如下：

借：库存股 1400
　贷：银行存款 1400
借：股本 200
　　资本公积——股本溢价 800
　　盈余公积 400
　贷：库存股 1400

易错易混

回购股票 VS 注销股票（低于 VS 高于）【详见 P224 单选 16】。

11. 答案 BC	本题考点 “应交税费”项目的填列	难易程度 中

解析

是否通过“应交税费”科目核算，关键在于区分是否需要计提（预计应交数的税金），考虑贷方核算科目。

（1）选项 AD：印花税和耕地占用税，不需要预计应交数的税金，不通过“应交税费”科目核算。

（2）选项 BC：增值税和个人所得税需要预计应交数的税金，通过“应交税费”科目核算。

易错易混

各项税费的借、贷方会计核算【详见 P178 不定项（二）5】。

相关链接

不通过“应交税费”科目核算（无需计提），如印花税、契税、车辆购置税、耕地占用税，实际发生时：

借：税金及附加［印花税］

　　固定资产等［契税、车辆购置税］

　　无形资产等［耕地占用税］

　贷：银行存款

12. 答案 ACD	本题考点 —	难易程度 —

解析

事业单位的“其他支出”科目核算单位除行政支出、事业支出、经营支出、上缴上级支出、对附属单位补助支出（选项B）、投资支出、债务还本支出以外的各项现金流出，包括利息支出、对外捐赠现金支出（选项D）、现金盘亏损失（选项A）、接受捐赠（调入）和对外捐赠（调出）非现金资产发生的税费支出、资产置换过程中发生的相关税费支出、罚没支出（选项C）等。

三、判断题

1. 答案 ×	本题考点 应付账款	难易程度 易

解析

应付账款附有现金折扣条件的，应按照扣除现金折扣前的应付账款总额入账，现金折扣不影响应付账款的入账金额。

易错易混

现金折扣“前”VS 现金折扣“后”

	发生前	发生后	
销售方	不影响收入、应收账款金额（扣除前）	影响实际收款金额	借：银行存款 　　财务费用 　贷：应收账款
采购方	不影响购入存货成本、应付账款金额（扣除前）	影响实际付款金额	借：应付账款 　贷：银行存款 　　　财务费用

2. 答案 ×	本题考点 短期带薪缺勤	难易程度 易

解析

企业应当在职工实际发生缺勤的会计期间，即休假时，确认与非累积带薪缺勤相关的职工薪酬。

易错易混

累积带薪缺勤 VS 非累积带薪缺勤【详见 P235 不定项（一）4】。

3. 答案 ×	本题考点 财产清查的方法与处理	难易程度 易

解析

银行存款余额调节表只是为了核对账目，不能作为调整企业银行存款账面记录的记账依据，调整账面记录应依据原始凭证（收、付款单据等）。

4. 答案 √	本题考点 辅助生产费用的归集和分配	难易程度 易

易错易混

直接分配法 VS 交互分配法

	直接分配法	交互分配法
各辅助生产车间之间（对内）	×	√（先）
辅助生产车间以外（对外）	√	√（后）
总结	计算一次分配率、分配一次	计算两次分配率、分配两次

相关链接

辅助生产费用的分配方法包括：直接分配法、交互分配法、计划成本分配法、顺序分配法和代数分配法。

5. 答案 √	本题考点 “一年内到期的非流动负债” 项目的填列	难易程度 易

相关链接

（1）资产类需扣除“一年内（含一年）到期”部分的项目包括：债权投资、其他债权投资、其他非流动资产。

（2）负债类需扣除“一年内（含一年）到期”部分的项目包括：长期借款、应付债券、租赁负债、其他非流动负债。

6. 答案 √	本题考点 管理会计体系	难易程度 易

考点提炼

管理会计指引体系包括三部分：基本指引（统领作用、后续基础）、应用指引（主体地位、具体指导）和案例库（总结提炼、实例示范）。

7. 答案 √	本题考点 会计要素计量属性及其应用原则	难易程度 易

易错易混

会计要素计量属性特点及运用【详见 P165 多选 4】。

8. 答案 ×	本题考点 资本公积的账务处理	难易程度 易

解析

企业收到的投资者超过其在注册资本中所占份额的投资，应计入资本公积——资本溢价/股本溢价（所有者权益类科目，不属于损益类科目）。

9. 答案 √	本题考点 自行研发无形资产	难易程度 易

考点提炼

无法可靠区分研究阶段和开发阶段的支出，基于谨慎性原则（不得高估资产或收益、低估负债或费用），应当将其所发生的研发支出全部费用化，计入当期损益（管理费用）。

相关链接

自行研发无形资产的账务处理【详见 P168 多选 7】。

10. 答案 √	本题考点 自行研发无形资产	难易程度 易

四、不定项选择题

（一）

1. 答案 B	本题考点 —	难易程度 —

解析

存货的采购成本的确定，包括价款等必要支出，关键在于税的处理。

（1）购入一批 M 材料 5000 千克已验收入库，取得的增值税专用发票上注明价款为 100000 元，增值税税额为 13000 元，应按价款 100000 元计入 M 材料的入账价值，增值税税额 13000 元，确认进项税额。

（2）材料采购过程中发生保险费 6000 元、装卸费 4000 元（均不考虑增值税），均应计入 M 材料的入账价值。

综上所述，该企业采购 M 材料的入账价值 = 100000+6000+4000 = 110000（元）。

会计分录如下：

借：原材料	110000
应交税费——应交增值税（进项税额）	13000
贷：银行存款	123000

考点提炼

存货的采购成本【详见 P199 多选 7】。

2. 答案 ACD	本题考点 采用实际成本核算	难易程度 易

解析

发出原材料，即企业领用原材料，应按照领用材料的部门及用途分别核算。

（1）选项C：对行政办公楼进行日常维修领用M材料500千克，应计入管理费用。

（2）选项AB：车间设备日常维修领用M材料100千克，应计入管理费用。

（3）选项D：生产甲产品领用M材料2500千克，应计入生产成本。

考点提炼

制造费用的主要核算内容【详见P174不定项（一）4】。

相关链接

管理费用的主要核算内容【详见P168多选8】。

3. 答案 B	本题考点 职工薪酬的归集和分配	难易程度 中

解析

职工薪酬的分配，应按照受益对象分别核算。

（1）生产工人工资200000元，应计入生产成本。

（2）车间管理人员工资30000元，应计入制造费用。

（3）行政管理人员工资70000元，应计入管理费用。

（4）计提车间设备折旧费20000元，应计入制造费用。

综上所述，结合题干来看考查“分配职工薪酬”，因而“计提车间设备折旧费20000元应计入制造费用”的金额不应出现在本题分录中。

考点提炼

分配职工薪酬的账务处理【详见P173不定项（一）2】。

相关链接

固定资产计提折旧费用的账务处理【详见P174不定项（一）3】。

4. 答案 BD	本题考点 约当产量比例法	难易程度 难

解析

月末采用约当产量比例法在完工产品和在产品之间分配生产费用，应确定在产品的约当产量，并将直接材料成本、直接人工成本、制造费用在完工产品和在产品之间进行分配。

（1）题干点明“生产甲产品所耗用的材料随生产进度陆续投入”，该条件限定“直接材料成本”的分配应采用约当产量，而非实际数量，而“在产品平均完工程度为60%”，未提及工序，所以直接认定为总完工程度，月末在产品 50 件，在产品约当产量 = 50×60% = 30（件）。

（2）8 月初“生产成本”科目余额为 31000 元。

（3）本月发生成本：

①结合期初资料和资料（2）来看，因为采用先进先出法计价，期初 M 材料 500 千克，成本为 10000 元，1 日购入 M 材料 5000 千克，成本为 110000 元（第 1 小题），先发出行政办公楼进行日常维修领用的 500 千克，也就是期初的 500 千克，车间设备日常维修领用的 100 千克和生产甲产品领用的 2500 千克，均从 1 日购入的 5000 千克中发出，故直接材料成本 = 110000/5000×2500 = 55000（元）。

②结合资料（3），生产工人工资 200000 元，故直接人工成本为 200000 元。

③结合资料（3），车间管理人员工资 30000 元、车间设备折旧费 20000 元，故制造费用为 50000 元。

综上所述，本月总成本 = 31000（月初）+55000（直接材料成本）+200000（直接人工成本）+50000（制造费用）= 336000（元）。

（4）本月甲产品完工 250 件，在产品约当产量 30 件，单位成本 = 336000÷（250+30）= 1200（元）。

（5）选项 BC：本月完工产品成本 = 1200×250 = 300000（元）。

（6）选项 AD：本月在产品成本 = 1200×30 = 36000（元）；也可以用总成本减去完工产品成本确定，即本月在产品成本 = 336000-300000 = 36000（元）。

考点提炼

月末在产品约当产量 = 月末在产品数量×完工程度

单位成本（分配率）=（月初在产品成本+本月发生生产成本）/（完工产品产量+月末在产品约当产量）

完工产品成本 = 分配率×完工产品产量

月末在产品成本 = 分配率×月末在产品约当产量 = 总成本-完工产品成本

易错易混

原材料一次投入 VS 原材料陆续投入【详见 P263 不定项（二）3】。

5. 答案 BD	本题考点　一般销售商品业务收入的账务处理	难易程度　易

解析

销售业务，应确认收入、销项税额以及结转成本。

（1）选项 AB：入库后发现的 2 件瑕疵产品，每件由不含税售价 2000 元降价为 1500 元出售，因而销售单价为 1500 元，符合收入确认条件，应确认主营业务收入 3000（1500×2）元和销项税额 390（3000×13%）元。

(2) 选项CD：结转主营业务成本，成本的结转结合第4小题来看，计算出单位成本为1200元，故应结转2400（1200×2）元。

会计分录如下：

借：应收账款等 3390

贷：主营业务收入 3000

应交税费——应交增值税（销项税额） 390

借：主营业务成本 2400

贷：库存商品 2400

相关链接

(1) 销售原材料，比照销售商品进行账务处理，只不过核算科目为“其他业务收入”和“其他业务成本”。

(2) 经质量检验部门鉴定不需要返修、可以降价出售的不合格品，不包括在废品损失内。

（二）

1. 答案 D	本题考点 取得交易性金融资产	难易程度 易

解析

取得交易性金融资产涉及诸多支出，应逐一区分计入不同会计科目进行核算。

(1) 股票的公允价值900000元，即为支付的价款，计入交易性金融资产初始入账金额。

(2) 另支付相关交易费用3000元，取得的增值税专用发票注明的增值税税额180元，交易费用应借记“投资收益”科目，对应的增值税税额应确认进项税额，不计入交易费用，也不计入交易性金融资产初始入账价值。

(3) 总支出903180元应计入其他货币资金。

综上所述，甲企业购入该交易性金融资产的初始入账金额为900000元。

会计分录如下：

借：交易性金融资产——成本 900000

投资收益 3000

应交税费——应交增值税（进项税额） 180

贷：其他货币资金——存出投资款 903180

相关链接

取得交易性金融资产，价款中涉及的垫付款性质的现金股利或债券利息，即已宣告但尚未发放的现金股利或已到付息期但尚未领取的债券利息，不计入交易性金融资产初始入账价值，也不确认投资收益，应单独确认：

借：应收股利［已宣告但尚未发放的现金股利］

应收利息［已到付息期但尚未领取的债券利息］

贷：其他货币资金——存出投资款等

2. 答案 B	本题考点　持有交易性金融资产	难易程度　易

解析

持有交易性金融资产期间，在资产负债表日应确定公允价值的变动损益。

6月30日持有股票的市价为920000元，应和第1小题确认的“交易性金融资产——成本”900000元进行比较确定公允价值变动，因为是高于且差额为20000元。

甲企业6月30日应计入公允价值变动损益的金额为20000元。

会计分录如下：

借：交易性金融资产——公允价值变动　　20000

　贷：公允价值变动损益　　20000

3. 答案 A	本题考点　持有交易性金融资产	难易程度　易

解析

被宣告和收到现金股利，涉及两笔账务处理：

（1）选项AC：乙企业宣告以每股0.2元发放上年度的现金股利，应结合持有的股数20000股，计算确认投资收益4000元，而不是确认为公允价值变动损益。

（2）选项BD：收到乙企业向其发放的现金股利，应冲减应收股利4000元，而不是确认投资收益，也不是冲减交易性金融资产——成本。

会计分录如下：

宣告发放现金股利：

借：应收股利　　4000

　贷：投资收益　　4000

收到现金股利：

借：其他货币资金　　4000

　贷：应收股利　　4000

易错易混

现金股利VS股票股利【详见P140不定项（一）1】。

4. 答案 CD	本题考点　出售交易性金融资产	难易程度　难

解析

出售交易性金融资产，关键在于“投资收益”金额的确定，以及“公允价值变动损益”与“投资收益”不互相结转（选项AB）。“公允价值变动”二级明细科目应结转。

（1）选项C：全部出售取得价款1006000元，应借记“其他货币资金——存出投资款”1006000元。

（2）选项C：出售时，应将“交易性金融资产”下面的明细科目全部冲减，二级明细科目“成本”初始入账时借记900000元，此时贷记“交易性金融资产——成本”900000元；二级明细科目“公允价值变动”6月30日借记20000元，此时贷记“交易性金融资产——公允价值变动”20000元。

(3) 选项D：因出售确认转让该金融商品应交增值税为6000元，应借记（冲减）“投资收益”6000元。

(4) 投资收益包含两部分：出售时售价1006000元与结转的账面价值（900000元+20000元）的差额86000元，以及应交增值税6000元，只不过差额对应的投资收益在贷方，应交增值税对应的投资收益在借方，两者合计，投资净收益增加80000元。

会计分录如下：

借：其他货币资金	1006000
贷：交易性金融资产——成本	900000
——公允价值变动	20000
投资收益	86000
借：投资收益	6000
贷：应交税费——转让金融商品应交增值税	6000

5. 答案 D	本题考点　营业利润	难易程度　难

解析

确定“营业利润”项目增加的金额，即考虑涉及的损益类科目：公允价值变动损益和投资收益。借方“-”、贷方“+”，将其合计即可。

(1) 结合第1小题，投资收益借方3000元。

(2) 结合第2小题，公允价值变动损益贷方20000元。

(3) 结合第3小题，投资收益贷方4000元。

(4) 结合第4小题，投资收益贷方86000元、借方6000元。

综上所述，该交易性金融资产业务引起甲企业2017年营业利润增加的金额=-3000+20000+4000+86000-6000=101000（元）。

考点提炼

投资收益和公允价值变动损益，均属于损益类科目，借方表示减少，贷方表示增加。两者均影响当期损益（营业利润）。

（三）

1. 答案 B	本题考点　商业折扣、现金折扣和销售退回的账务处理	难易程度　中

解析

销售活动中涉及商业折扣，应按照扣除商业折扣后的金额确认收入；涉及现金折扣，应按照扣除现金折扣前的金额确认销售商品收入。

(1) 11月5日向乙公司销售产品4000件、不含税单价为500元，满足3000件以上给予10%的商业折扣条件，应在打九折的基础上确认收入180（4000×500×90%÷10000）万元、以及计算增值税销项税额23.4（180×13%）万元。

（2）单位成本为 300 元，据此结转主营业务成本 120（4000×300÷10000）万元。
（3）涉及的现金折扣，不影响收入确认和成本结转，影响实际收款额，11 月 16 日收到乙公司的付款，适用 1%的折扣比例，同时约定“计算现金折扣不考虑增值税”，因而在实际收款时，按照主营业务收入 180 万元和 1%折扣比例计算现金折扣金额 1.8 万元，并计入财务费用。
综上所述，甲公司 11 月 5 日销售产品应确认的主营业务收入 = 4000×500×（1−10%）= 1800000（元）= 180（万元）。
会计分录如下：
11 月 5 日：

借：应收账款	203.4	
贷：主营业务收入		180
应交税费——应交增值税（销项税额）		23.4
借：主营业务成本	120	
贷：库存商品		120

11 月 16 日：

借：银行存款	201.6	
财务费用	1.8	
贷：应收账款		203.4

易错易混

商业折扣 VS 现金折扣 VS 销售退回【详见 P239 不定项（三）2】。

2. 答案 BC	本题考点 —	难易程度 —

解析

采用支付手续费方式委托代销商品时，受托方应在代销商品销售后，按合同或协议约定的方法计算确定代销手续费，确认收入。
会计分录如下：
（1）选项 A：收到代销商品时：

借：受托代销商品	180（1.2×150）	
贷：受托代销商品款		180

（2）选项 C：对外销售代销商品时：

借：银行存款	135.6	
贷：受托代销商品		120
应交税费——应交增值税（销项税额）		15.6

（3）选项 D：收到丙公司开具的增值税发票时：

借：应交税费——应交增值税（进项税额）	15.6	
贷：应付账款		15.6

同时：

借：受托代销商品款　120

　贷：应付账款　120

（4）选项B：支付货款并计算代销手续费时：

借：应付账款　135.6

　贷：银行存款　129.24

　　其他业务收入　6

　　应交税费——应交增值税（销项税额）　0.36

3. 答案 ABCD | 本题考点 商业折扣、现金折扣和销售退回的账务处理 | 难易程度 中

解析

销售退回，既涉及收入的减少、增值税税额的调整，也涉及成本、存货的调整。

（1）选项CD：11月20日收到10月份已确认销售收入的被退回商品，不属于资产负债表日后事项，同意退货、办妥了手续并开具增值税专用发票（红字），应按照不含税单价500元和退回数量500件，冲减11月的主营业务收入25万元和相关销项税额3.25（25×13%）万元。

（2）选项AB：单位成本为300元，据此冲减主营业务成本15万元，导致库存商品增加15万元。

（3）如果销售时购买方享受了现金折扣，还应调整“财务费用”科目的金额。

会计分录如下：

借：主营业务收入　25

　　应交税费——应交增值税（销项税额）　3.25

　贷：应收账款/银行存款等　28.25

借：库存商品　15

　贷：主营业务成本　15

易错易混

商业折扣VS现金折扣VS销售退回【详见P239不定项（三）2】。

4. 答案 CD | 本题考点 销售材料等存货的账务处理 | 难易程度 易

解析

销售原材料，比照销售商品进行处理，只不过“主营业务收入”“主营业务成本”科目替换为“其他业务收入”“其他业务成本”科目。

（1）选项BC：销售材料一批，开具的增值税专用发票上注明的价款为18万元，增值税税额为2.34万元，应确认其他业务收入18万元和增值税销项税额2.34万元。

（2）选项AD：确认其他业务收入的同时，还需按照该批材料的成本为15万元，结转其他业务成本15万元。

会计分录如下：

借：银行存款	20.34
贷：其他业务收入	18
应交税费——应交增值税（销项税额）	2.34
借：其他业务成本	15
贷：原材料	15

5. 答案 B	本题考点 “营业收入” 项目的填列	难易程度 中

解析

“营业收入”项目本期金额，应考虑“主营业务收入”和“其他业务收入”科目发生额。借方“-”、贷方“+”，将其合计即可。

（1）结合第 1 小题，主营业务收入贷方 180 万元。

（2）结合第 2 小题，其他业务收入贷方 6 万元［此处计入其他业务收入，因教材已删除，分录及原理无需关注］。

（3）结合第 3 小题，主营业务收入借方 25 万元。

（4）结合第 4 小题，其他业务收入贷方 18 万元。

综上所述，甲公司列入 11 月份利润表中“营业收入”项目本期金额＝180+6-25+18＝179（万元）。

考点提炼

“营业收入”项目，根据“主营业务收入”和“其他业务收入”科目的发生额分析填列。

易错易混

主营业务收入 VS 其他业务收入 VS 营业外收入 VS 资产处置损益（收益）【详见 P193 单选 16】。

2018年会计专业技术资格考试《初级会计实务》试题（2）

参考答案及解析

扫码看答案

使用“微信”或“会计云课堂”App扫描右侧二维码，即可查阅电子版答案及解析，“手机看答案更轻松”。

一、单项选择题

1. 答案 D	本题考点 现金的清查	难易程度 中

解析

钱少了，说明企业管理不善，不能计入财务费用（选项B）或营业外支出（选项C）；报经批准后如果可以找到责任人，由责任人赔偿的部分借记“其他应收款”科目（选项A），无法查明原因的部分借记“管理费用”科目（选项D）。

考点提炼

现金溢余VS现金短缺

	现金溢余	现金短缺
报经批准前	借：库存现金 贷：待处理财产损溢	借：待处理财产损溢 贷：库存现金
报经批准后	借：待处理财产损溢 贷：其他应付款 营业外收入［无法查明原因］	借：其他应收款 管理费用［无法查明原因］ 贷：待处理财产损溢

2. 答案 B	本题考点 “营业收入”项目的填列	难易程度 中

解析

（1）选项AC：企业不会每天出售无形资产，也不会每天接受他人捐赠，不属于收入。

（2）选项B：出租固定资产属于日常经营活动，取得的租金计入其他业务收入，填列在利润表“营业收入”项目。

（3）选项D：初级会计中如无特殊要求，默认为工业企业，债券利息收入计入投资收益；如为金融企业，债券投资利息收入属于收入。

考点提炼

“营业收入”项目，反映企业经营主要业务和其他业务所确认的收入总额。本项目应根据“主营业务收入”和“其他业务收入”科目的发生额分析填列。

3. 答案 C	本题考点 应收账款的入账价值	难易程度 中

解析

代购货方垫付的费用以后会收回，增加应收账款的确认金额，所以企业应确认的应收账款金额=500+65+2+3=570（万元）。

相关链接

增值税是价外税，不影响收入的确认，但是影响应收账款的确认，应收账款的入账价值包括价款、增值税、代垫的各种费用等。

易错易混

应收账款 VS 其他应收款【详见 P321 单选 19】。

4. 答案 C	本题考点 库存商品——毛利率法	难易程度 中

解析

本题可以采用倒推法，要想计算月末库存成本总额，就要计算出本月销售成本、销售毛利，具体思路如下：

（1）本期销售毛利=销售净额×毛利率=250×20%=50（万元）。

（2）本期销售商品成本=销售净额-销售毛利=250-50=200（万元）。

（3）月末库存成本总额=月初库存成本总额+本期购进商品成本-本期销售商品成本=125+180-200=105（万元）。

相关链接

如本题涉及销售退回，销售净额=销售收入-销售退回。

5. 答案 B	本题考点 政府会计核算模式	难易程度 易

解析

“双报告”指的是决算报告和财务报告。

相关链接

（1）“双功能”是“预算会计”和“财务会计”双重功能。

（2）“双基础”是“权责发生制”和“收付实现制”。

6. 答案 A	本题考点　在某一时段内履行履约义务确认收入	难易程度　难

解析

本题中履约进度按照已发生的成本占估计总成本的比例确定，履约进度＝6000÷（6000+34000）×100%＝15%，2020 年 12 月 31 日应确认的收入＝60000×15%＝9000（元）。

相关链接

如以前期间已确认过收入，则本期收入＝截至目前应确认的收入－以前期间确认的收入。

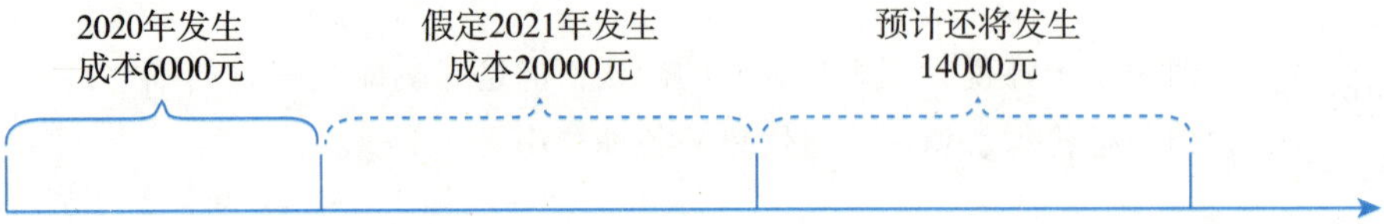

（1）预计总成本＝6000+20000+14000＝40000（元）。

（2）2021 年履约进度＝（6000+20000）/40000×100%＝65%。

（3）2021 年应确认的收入＝60000×65%－9000（2020 年已确认的收入）＝30000（元）。

（4）2021 年应确认的成本为 2021 年实际发生的成本 20000 元。

7. 答案 C	本题考点　会计基础	难易程度　中

解析

（1）预付的是第三季度办公用房的租金，按照权责发生制，应在 7、8、9 月份各确认租金 15000 元（45000/3），不影响6 月份期间费用的金额。

（2）4-5 月累计计提的利息 4000 元无需考虑在 6 月份内，需要从第二季度的短期借款利息中减去。

综上所述，该企业 6 月份应确认的期间费用＝10000（管理费用）+（6000－4000）（财务费用）＝12000（元）。

相关链接

（1）根据权责发生制，凡是当期已经实现的收入和已经发生或者应当负担的费用，无论款项是否收付，都应当作为当期的收入和费用，计入利润表；凡是不属于当期的收入和费用，即使款项已在当期收付，也不应作为当期的收入和费用。

（2）期间费用是指企业日常活动发生的不能计入特定核算对象的成本，而应计入发生当期损益的费用，包括销售费用、管理费用和财务费用。

8. 答案 D	本题考点　短期借款	难易程度　难

解析

（1）选项 A：“短期借款”是负债类科目，贷方记增加，借入时应贷记“短期借款”科目 350 万元。

（2）选项 BC：到期一次还本付息说明利息按月计提、到期支付，计提利息时借记“财务费用”科目，贷记“应付利息”科目，每月计提的利息金额 = 350×6%÷12 = 1.75（万元）。

（3）选项 D：短期借款到期时，利息和本金一并支付，需要注意的是如果是月末还本付息，最后一个月利息无须计提，直接计入财务费用，分录如下：

借：短期借款　350
　　财务费用　1.75
　　应付利息　3.5
　贷：银行存款　355.25

考点提炼

短期借款的会计处理

借入短期借款	借：银行存款 　贷：短期借款
计提短期借款利息	借：财务费用 　贷：应付利息
实际支付利息	借：应付利息 　贷：银行存款等 如利息数额不大的，可以不采用预提方式，发生时直接计入财务费用
到期归还	借：短期借款 　　应付利息[已计提的利息] 　　财务费用[最后一个月的利息] 　贷：银行存款

9. 答案 A　**本题考点**　收入核算应设置的会计科目　**难易程度**　易

解析

营业外收入属于企业的利得，不属于收入，甲公司 12 月份应确认的营业收入金额 = 60+10 = 70（万元）。

考点提炼

营业收入包括主营业务收入和其他业务收入，二者均属于企业日常活动形成的。

相关链接

营业外收入是企业非日常活动形成的。

10. 答案 B	本题考点 “无形资产”项目的填列	难易程度 中

解析

“无形资产”项目期末是根据的其账面价值填列的，“累计摊销”和“无形资产减值准备”均为无形资产的备抵科目，会减少无形资产的账面价值，所以“无形资产”项目的填列金额=200-40-20=140（万元）。

考点提炼

“无形资产”项目根据“无形资产”科目的期末余额，减去“累计摊销”和“无形资产减值准备”科目期末余额后的净额填列。

相关链接

使用寿命确定的无形资产，按月计提摊销，账面价值=账面余额-累计摊销-无形资产减值准备；使用寿命不确定的无形资产不计提摊销，无形资产账面价值=账面余额-无形资产减值准备。

11. 答案 B	本题考点 营业外支出	难易程度 中

解析

选项AC计入管理费用；选项D计入其他应收款。

考点提炼

营业外支出是指企业发生的与其日常活动无直接关系的各项损失。常见的营业外支出核算内容：

（1）设备、厂房、仓库等固定资产报废、毁损的净损失。

（2）企业对外进行捐赠发生的支出。

（3）固定资产盘亏报经批准后的净损失。

（4）自然灾害等原因造成的非常损失，扣除保险公司赔偿后的净损失。

（5）企业支付的行政、税务罚款，以及其他违反法律法规、合同协议等而支付的罚款、违约金、赔偿金等支出。

12. 答案 B	本题考点 品种法	难易程度 易

解析

品种法适用于单步骤、大量生产的企业。

考点提炼

（1）品种法适用于单步骤、大量大批生产的企业，如发电、供水、采掘等企业。

（2）分批法适用于单件、小批生产的企业，如造船、重型机器制造、精密仪器制造等。

（3）分步法适用于大量大批、多步骤生产的企业，如冶金、纺织、机械制造等。

易错易混

品种法 VS 分批法 VS 分步法【详见 P296 单选 16】。

相关链接

（1）分类法适用于产品的品种、规格繁多的工业企业。
（2）定额法适用于定额管理工作有一定基础的工业企业。

13. 答案 B	本题考点 所得税费用	难易程度 难

解析

计算所得税费用需要考虑两项内容，当期所得税和递延所得税。顾名思义，当期所得税是当期发生的，递延所得税是由于会计和税法差异导致的，注意做题时不要忽略了递延所得税。递延所得税＝（280-200）-（150-110）＝40（万元），所得税费用＝800×25%+40＝240（万元）。

考点提炼

（1）所得税费用＝当期所得税+递延所得税。
（2）递延所得税＝（递延所得税负债期末余额-递延所得税负债期初余额）-（递延所得税资产期末余额-递延所得税资产期初余额）。

14. 答案 C	本题考点 会计要素计量属性及其应用原则	难易程度 易

解析

盘盈的固定资产，应按重置成本确定其入账价值，借记“固定资产”科目，贷记“以前年度损益调整”科目。

相关链接

会计要素计量属性及其应用原则

计量属性	要点说明
历史成本/实际成本	取得或制造某项财产物资时所实际支付的现金或者现金等价物
重置成本/现行成本	按照当前市场条件，重新取得同样一项资产所需支付的现金或现金等价物金额
可变现净值	在生产经营过程中，以预计售价减去进一步加工成本和销售所必需的预计税金、费用后的净值
现值	对未来现金流量以恰当的折现率进行折现后的价值
公允价值	市场参与者在计量日发生的有序交易中，出售一项资产所能收到或者转移一项负债所需支付的价格

15. 答案 D	本题考点 收入核算应设置的会计科目	难易程度 易

解析 出租无形资产收入计入其他业务收入。

考点提炼 出租等同于转让使用权，收到的钱确认收入。

相关链接 出售等同于转让所有权，收到的价款计入银行存款，最终差额计入资产处置损益。

16. 答案 B	本题考点 管理费用	难易程度 易

解析

（1）选项AC：预计售后出现质量问题及发生的维修费用，均与销售产品相关，计入销售费用。

（2）选项D：现金折扣属于为了提前收回资金给予的优惠，计入财务费用。

考点提炼

常见的管理费用内容如下：

（1）筹建期间内发生的开办费。

（2）董事会和行政管理部门在企业的经营管理中发生的以及应由企业统一负担的公司经费（包括行政管理部门职工薪酬、物料消耗、低值易耗品摊销、办公费和差旅费等）。

（3）行政管理部门负担的工会经费、董事会费（包括董事会成员津贴、会议费和差旅费等）。

（4）聘请中介机构费、咨询费（含顾问费）、诉讼费、业务招待费、技术转让费、研究费用。

（5）企业生产车间（部门）和行政管理部门发生的固定资产修理费用等后续支出。

（6）无法查明原因的现金短缺。

（7）管理不善导致的存货毁损等。

17. 答案 A	本题考点 年数总和法	难易程度 难

解析 采用年数总和法计提折旧时，需要考虑预计净残值，所以2018年该设备应当计提的折旧金额=（400−4）×5/（5+4+3+2+1）=132（万元）。

考点提炼

年折旧率＝尚可使用年限/预计使用寿命的年数总和×100%，注意分母是预计使用年限总和，本题中预计使用年限是 5 年，所以分母是（5+4+3+2+1），如果是 4 年，则是（4+3+2+1），以此类推。

相关链接

以本题为例，不同折旧方法的计算如下：

折旧方法	计算过程
年限平均法/直线法	2018 年应计提折旧额＝（400－4）/5＝79.2
双倍余额递减法	2018 年应计提折旧额＝400×2/5＝160
年数总和法	2018 年应计提折旧额＝（400－4）×5/（5+4+3+2+1）＝132

18. 答案 C	本题考点　所有者权益变动表的结构	难易程度　易

解析

会计估计变更是指由于资产和负债的当前状况及预期经济利益和义务发生了变化，从而对资产或负债的账面价值或者资产的定期消耗金额进行调整，比如固定资产预计净残值、使用年限、折旧方法的变更等，不属于单独列示在所有者权益变动表中的项目。

考点提炼

在所有者权益变动表上，企业至少应当单独列示反映下列信息的项目：

（1）综合收益总额。

（2）会计政策变更和差错更正的累积影响金额。

（3）所有者投入资本和向所有者分配利润等。

（4）提取的盈余公积。

（5）实收资本、其他权益工具、资本公积、其他综合收益、专项储备、盈余公积、未分配利润的期初和期末余额及其调节情况。

在所有者权益变动表中单独列示的项目在历年考题中多次考查，建议前 4 条背记，第 5 条理解记忆。

19. 答案 B	本题考点　采用计划成本核算	难易程度　难

解析

（1）小规模纳税人的增值税计入存货成本。

（2）“另发生”说明是额外支付的，不包含在支付的价款中，计算存货实际成本时还需加上运杂费和保险费。

（3）运输途中的合理损耗计入采购的实际成本，即 117019 元；计算计划成本的时候需要扣除合理损耗的 5 吨，按照实际入库数量 5995 吨核算，即 119900 元。

综上所述，购入材料的实际成本＝102000+13260+1400+359＝117019（元），计划成本＝5995×20＝119900（元），故购进 A 材料的节约差异＝119900－117019＝2881（元）。

考点提炼

原材料采用计划成本核算，其本质还是实际成本，只是将实际成本分为计划成本和材料成本差异两部分。

情形	会计处理	关键点
采购	借：材料采购［实际成本］ 应交税费——应交增值税（进项税额） 贷：银行存款等	①“材料采购”科目核算计划成本下原材料的实际成本 ②采用实际成本核算时，在途未入库材料通过“在途物资”科目核算
入库	借：原材料［计划成本］ 材料成本差异［差额，或贷方］ 贷：材料采购［实际成本］	“材料成本差异”科目 借方：购入超支差和发出节约差 贷方：购入节约差和发出超支差
发出	借：生产成本等 贷：原材料［计划成本］ 材料成本差异［差额，或借方］	

相关链接

小规模纳税人的增值税计入采购成本，如本题为增值税一般纳税人，则取得增值税专用发票后增值税单独核算，不计入采购成本。

20. 答案 C | **本题考点** 收入核算应设置的会计科目 | **难易程度** 中

解析

营业收入包括主营业务收入和其他业务收入。

（1）选项AB：均计入营业外收入，属于利得，不影响营业收入。

（2）选项C：计入其他业务收入，影响营业收入。

（3）选项D：计入其他应收款，不影响营业收入。

21. 答案 C | **本题考点** 无形资产摊销 | **难易程度** 中

解析

企业每月摊销的金额=600000/5/12=10000（元），该无形资产用于出租，计提的摊销额计入其他业务成本，会计分录如下：

借：其他业务成本　　10000

　贷：累计摊销　　10000

22. 答案 D | **本题考点** 个人所得税 | **难易程度** 易

解析

企业从职工工资中代为扣除职工个人所得税分录如下：

借：应付职工薪酬

　贷：应交税费——应交个人所得税

考点提炼

职工的个人所得税通常由单位从职工工资中代为扣除和缴纳（即代扣代缴），分录如下：

代扣	借：应付职工薪酬 　贷：应交税费——应交个人所得税
代缴	借：应交税费——应交个人所得税 　贷：银行存款等

23. 答案 A	本题考点 —	难易程度 —

解析

已预收培训款 15 万元，该部分金额可以得到补偿，而发生了服务成本 18 万元，故企业发生的劳务成本仅得到部分补偿，所以需要按照能够得到补偿的这 15 万元确认劳务收入。

24. 答案 D	本题考点 —	难易程度 —

解析

偿债基金系数和普通年金终值系数互为倒数。

二、多项选择题

1. 答案 ABCD	本题考点 应收款项减值	难易程度 难

解析

应收账款账面价值需要考虑其备抵科目坏账准备。

（1）选项 AD：坏账准备增加，减少应收账款的账面价值。

（2）选项 B：将应收票据的账面余额转入应收账款，增加应收账款的账面余额，进而增加其账面价值。

（3）选项 C：收回应收账款，减少应收账款的账面余额，进而减少其账面价值。

考点提炼

“应收账款”是资产类科目，借方记增加，贷方记减少；“坏账准备”是应收账款的备抵科目（即抵减项），借方记减少，贷方记增加。坏账准备金额增加，应收账款账面价值就会相应的减少，但是应收账款账面余额不变，应收账款账面价值 = 应收账款账面余额 - 相应的坏账准备。

交易事项	会计分录	对应收账款账面价值的影响
计提坏账准备	借：信用减值损失 　贷：坏账准备	坏账准备增加，减少应收账款的账面价值

续表

交易事项	会计分录	对应收账款账面价值的影响
冲回多计提的坏账准备	借：坏账准备 　贷：信用减值损失	坏账准备减少，增加应收账款的账面价值
确认坏账损失	借：坏账准备 　贷：应收账款	坏账准备减少，应收账款账面余额减少，二者等额减少，不影响应收账款的账面价值
收回已确认坏账准备并转销的应收账款	借：应收账款 　贷：坏账准备 借：银行存款 　贷：应收账款	第一笔分录，应收账款账面余额增加，坏账准备增加，二者等额增加，不影响应收账款的账面价值 第二笔分录，应收账款账面余额减少，减少应收账款的账面价值 综上所述，该笔业务减少应收账款的账面价值

相关链接

资产的账面余额无需考虑备抵科目，但是账面价值需要考虑，常用资产类科目的备抵科目如下：

（1）应收账款、应收票据、应收股利、应收利息、其他应收款、预付账款的备抵科目是坏账准备。

（2）固定资产的备抵科目是固定资产减值准备和累计折旧。

（3）无形资产的备抵科目是无形资产减值准备和累计摊销。

（4）原材料、库存商品、委托加工物资等存货的备抵科目是存货跌价准备。

2. 答案 ABD	本题考点　留存收益总额的增减变动	难易程度　难

解析

留存收益包括盈余公积和未分配利润，根据题目要求，留存收益总额增加或减少都可以，只要总额不是维持原值不变就属于发生增减变动。

（1）选项 A：减少未分配利润，进而减少留存收益。

（2）选项 B：增加未分配利润，进而增加留存收益。

（3）选项 C：盈余公积增加，未分配利润减少，二者一增一减，属于留存收益内部的增减变动，不影响留存收益总额。

（4）选项 D：减少盈余公积，进而减少留存收益。

3. 答案 ABCD	本题考点　会计职能	难易程度　易

解析

（1）选项 AB：会计核算是会计监督的基础，会计监督是会计核算质量的保障。

（2）选项 C：会计拓展职能包括预测经济前景、参与经济决策和评价经营业绩。

（3）选项 D：会计的基本职能包括会计核算职能和会计监督职能。

考点提炼

会计职能的分类

- 会计职能
  - 基本职能
    - 核算职能
    - （基础 ↓ ↑ 保障）
    - 监督职能
  - 拓展职能
    - 预测经济前景
    - 参与经济决策
    - 评价经营业绩

4. 答案 ABCD	本题考点 净资产业务	难易程度 易

解析 单位财务会计净资产的来源主要包括累计实现的盈余和无偿调拨的净资产。在日常核算中，单位应当在财务会计中设置“累计盈余”（选项 A）“专用基金”（选项 B）“无偿调拨净资产”（选项 C）“权益法调整”和“本期盈余”“本年盈余分配”“以前年度盈余调整”（选项 D）等科目。

5. 答案 AB	本题考点 无形资产摊销	难易程度 中

解析 （1）选项 AD：增值税一般纳税人购入无形资产，且取得增值税专用发票，增值税不计入成本，所以无形资产按照取得时的成本 880 万元进行初始计量，该项无形资产的预计残值为零，所以应计摊销额即为无形资产入账成本。

（2）选项 BC：对于使用寿命有限的无形资产应当自可供使用当月（2017 年 1 月）起开始摊销，所以 2017 年的摊销额 = 880÷5 = 176（万元）。

考点提炼 无形资产自达到预定用途当月开始进行摊销，处置当月不再摊销。

相关链接 固定资产自达到预定可使用状态的次月开始计提折旧，处置当月照提折旧。

6. 答案 BC	本题考点 商业折扣、现金折扣和销售退回的账务处理	难易程度 易

解析 （1）选项 AB：企业收回销货款发生的现金折扣，应当计入当期财务费用。

（2）选项 CD：企业销售商品涉及现金折扣的，应当按照扣除现金折扣前的金额确定销售商品收入金额和应收账款金额。

易错易混 商业折扣VS现金折扣VS销售退回【详见P239不定项（三）2】。

7. 答案 AD	本题考点 “营业利润”项目的填列、“税金及附加”项目的填列	难易程度 易

解析

（1）选项B：本年利润不仅包含营业利润，还包含营业外收支等，因此“营业利润”项目不是以“本年利润”的本期发生额分析填列的。

（2）选项C：“税金及附加”项目应根据“税金及附加”科目的发生额分析填列，不是根据“应交税费”科目本期发生额分析填列。

8. 答案 BC	本题考点 其他应付款	难易程度 易

解析 选项A通过“应付股利”科目核算；选项D通过“应付账款”科目核算。

考点提炼

常见的“其他应付款”科目的核算内容：

（1）应付短期租赁固定资产租金。

（2）租入包装物租金。

（3）存入保证金。

（4）报经批准后应付的现金溢余等。

相关链接

（1）应付股利是指企业根据股东大会或类似机构审议批准的利润分配方案确定分配给投资者的现金股利或利润。

（2）应付账款是指企业因购买材料、商品或接受劳务供应等经营活动而应付给供应单位的款项，主要包括企业因购买材料、商品或接受劳务等应向有关债权人支付的价款及销货单位代购货单位垫付的包装费、运杂费等。

9. 答案 ABCD	本题考点 应付职工薪酬的内容	难易程度 易

解析

（1）选项A：属于应付职工薪酬中短期薪酬的津贴。

（2）选项BC：属于应付职工薪酬中短期薪酬的工资，临时工也属于职工的范畴，其工资属于应付职工薪酬。

（3）选项D：属于应付职工薪酬中短期薪酬的住房公积金。

考点提炼

职工薪酬的内容：

（1）职工薪酬包括短期薪酬（职工工资、奖金、津贴和补贴；职工福利费；医疗保险费、工伤保险费；住房公积金；工会经费和职工教育经费；短期带薪缺勤；短期利润分享计划等）、离职后福利（设定提存计划、设定受益计划）、辞退福利和其他长期职工福利（长期带薪缺勤、长期残疾福利、长期利润分享计划等）。

（2）职工薪酬包含企业提供给职工配偶、子女、受赡养人、已故员工遗属及其他受益人等的福利。

（3）“职工薪酬”的“职工”主要包括三类人员：一是与企业订立劳动合同的所有人员，含全职、兼职和临时职工；二是未与企业订立劳动合同，但由企业正式任命的企业治理层和管理层人员，如董事会成员、监事会成员等；三是在企业的计划和控制下，虽未与企业订立劳动合同或未由其正式任命，但向企业所提供服务与职工所提供服务类似的人员，也属于职工的范畴，包括通过企业与劳务中介公司签订用工合同而向企业提供服务的人员。前述人员的薪酬均属于职工薪酬。

10. 答案 BD	本题考点 双倍余额递减法	难易程度 中

解析

采用双倍余额递减法计提折旧，说明除最后两年外，计算折旧额时不需要考虑预计净残值。

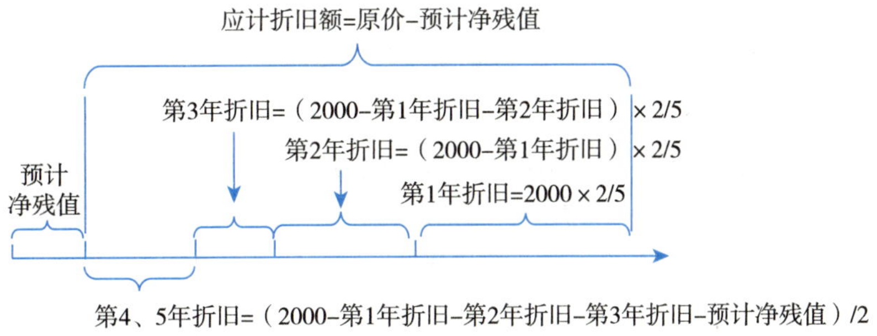

注：最后两年内折旧额计算方式同“年限平均法”

（1）选项 AD：2017 年应计提的折旧额 = 2000×2/5×100% = 800（万元）。

（2）选项 B：应计折旧总额 = 2000−5 = 1995（万元）。

（3）选项 C：前三年的年折旧率 = 2/预计使用年限×100% = 2/5×100% = 40%。

11. 答案 CD	本题考点 接受现金资产投资	难易程度 中

解析

丙企业以现金出资 100 万元享有公司 20%的注册资本，说明丙企业投入的资本会以实收资本和资本公积的形式体现，所有者权益结构如下：

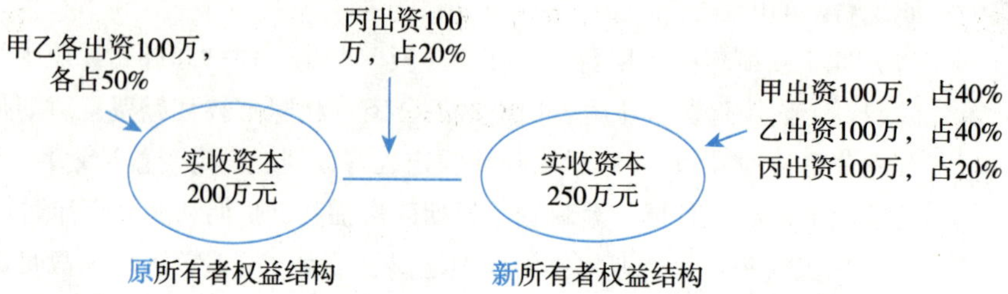

会计分录如下：

借：银行存款　　100

　贷：实收资本　　50［250×20%］

　　　资本公积　　50

12. 答案 ABCD	本题考点　管理会计要素及具体内容	难易程度　易

解析 单位应用管理会计，应包括应用环境（选项C）、管理会计活动（选项A）、工具方法（选项D）、信息与报告（选项B）四项管理会计要素。

三、判断题

1. 答案 ×	本题考点　预付账款	难易程度　中

解析 预付账款情况不多的企业，可以不设置“预付账款”账户，而将预付的款项通过“应付账款”账户核算，但在期末编制资产负债表时仍要将“应付账款”所属明细科目借方的余额填列在“预付款项”项目中。

相关链接

会计科目	期末借方明细含义	期末贷方明细含义
应收账款	应收账款	预收账款
预收账款	应收账款	预收账款
应付账款	预付账款	应付账款
预付账款	预付账款	应付账款

2. 答案 √	本题考点　附注的主要内容	难易程度　易

易错易混

财务报告 VS 财务报表

财务报告	财务报表（“四表一注”）	资产负债表
		利润表
		现金流量表
		所有者/股东权益变动表
		附注
	其他应当在财务报告中披露的相关信息和资料	

3. 答案 √	本题考点　现金的账务处理	难易程度　易

4. 答案 ×	本题考点　政府财务会计要素	难易程度　易

解析

政府收入是指报告期内导致政府会计主体净资产增加的、含有服务潜力或者经济利益的经济资源的流入。

5. 答案 √	本题考点　小规模纳税人的账务处理	难易程度　易

6. 答案 ×	本题考点　结转本年利润的方法	难易程度　易

解析

表结法下，各损益类科目每月月末只需结计出本月发生额和月末累计余额，不结转到“本年利润”科目。而账结法下，每月月末均需编制转账凭证，将在账上结计出的各损益类科目的余额结转入“本年利润”科目。

考点提炼

结转本年利润的两种方法

(1) 表结法下，各损益类科目每月月末只需结计出本月发生额和月末累计余额，不结转到“本年利润”科目，只有在年末时才将全年累计余额转入“本年利润”科目。年中损益类科目无须结转入“本年利润”科目，从而减少了转账环节和工作量，同时并不影响利润表的编制及有关损益指标的利用。

(2) 账结法下，每月月末都需要编制转账凭证，将账上结计出的各损益类科目的余额结转入“本年利润”科目。账结法在各月均可通过“本年利润”科目提供当月及本年累计的利润（或亏损）额，但增加了转账环节和工作量。

综上所述，表结法只需要在年末的时候才需要结转，而账结法每月月末都需要进行结转。

7. 答案 √	本题考点　借贷记账法下的试算平衡	难易程度　易

解析

试算平衡表可能无法查出错误的几种情形：①漏记或重记；②借贷方向等额多记或少记；③记错账户；④颠倒记账方向；⑤偶发的多记和少记金额相互抵销。试算平衡只是通过借贷金额是否平衡来检查账户记录是否正确的一种方法。如果借贷双方发生额或余额相等，表明账户记录基本正确，但有些错误并不影响借贷双方的平衡（如某项经济业务记错有关账户，借贷仍然平衡），因此，试算不平衡，表示记账一定有错误，但试算平衡时，不能表明记账一定正确。

8. 答案 √	本题考点　管理会计要素及具体内容	难易程度　易

9. 答案 √	本题考点　应付职工薪酬的内容	难易程度　易

解析

辞退福利不分受益对象，全部计入管理费用，会计分录如下：

借：管理费用

　贷：应付职工薪酬——辞退福利

10. 答案 √	本题考点　接受非现金资产投资	难易程度　易

相关链接

接受投资的两种情形（假定以下均为股份有限公司，非股份有限公司中将“股本”改为“实收资本”，“股本溢价”改为“资本溢价”即可）。

	接受现金投资	接受非现金投资
举例	如银行存款等	如材料、设备、房屋、土地使用权等
会计处理	借：银行存款等 　贷：股本 　　资本公积——股本溢价［超出在股本中所占份额部分］	借：原材料/固定资产/无形资产等 　应交税费——应交增值税（进项税额） 　贷：股本 　　资本公积——股本溢价［超出在股本中所占份额部分］

四、不定项选择题

（一）

1. 答案 BD	本题考点　应付票据	难易程度　中

解析

（1）选项A：增值税一般纳税人的增值税单独核算，不计入采购材料成本，所以计入原材料的金额为80万元。

（2）选项BD：额外支付的银行承兑汇票手续费计入财务费用。会计分录如下：

①开出银行承兑汇票购入材料：

借：原材料	80
应交税费——应交增值税（进项税额）	10.4
贷：应付票据	90.4

②支付银行承兑汇票手续费：

借：财务费用	0.05
贷：银行存款	0.05

（3）选项C：以银行承兑汇票采购材料，说明通过“应付票据”科目核算，不是其他货币资金。

2. 答案 D	本题考点　材料、燃料、动力费用的归集和分配	难易程度　中

解析

材料费用分配率＝材料消耗总额/各产品定额消耗量之和＝60/（6000＋4000）＝0.006。

3. 答案 CD	本题考点　材料、燃料、动力费用的归集和分配	难易程度　中

解析

（1）M产品分配的材料成本＝6000×0.006＝36（万元）。

（2）N产品分配的材料成本＝4000×0.006＝24（万元）。

（3）产品共同耗用的材料成本计入生产成本，车间一般耗用的材料成本计入制造费用，出售积压材料的成本计入其他业务成本。会计分录如下：

借：生产成本——M产品	36	
——N产品	24	
制造费用	12	
贷：原材料		72
借：其他业务成本	13	
贷：原材料		13

4. 答案 A	本题考点　材料、燃料、动力费用的归集和分配	难易程度　难

解析

在产品约当产量＝在产品数量×在产品完工程度，本题中材料均在生产开始时一次投入，说明计算在产品直接材料成本时按100%的完工程度核算。

（1）选项A：M完工产品直接材料成本＝（月初在产品直接材料成本165+资料2本期投入直接材料成本36）/（800+400）×800＝134（万元）。

（2）选项B：M在产品直接材料成本＝（165+36）－134＝67（万元）。

（3）选项C：根据资料3，N产品全部未完工，N完工产品直接材料成本为0。

（4）选项D：N在产品直接材料成本＝24（万元）。

5. 答案 B	本题考点 材料、燃料、动力费用的归集和分配	难易程度 中

解析

M产品“生产成本——直接材料”科目余额为M在产品直接材料的成本67万元。

（二）

1. 答案 C	本题考点 取得交易性金融资产	难易程度 易

解析

（1）企业取得交易性金融资产所支付价款中包含已宣告但尚未发放的现金股利，应单独确认为应收股利。

（2）额外支付的交易费用应当在发生时计入投资收益，不计入交易性金融资产的初始入账金额。

（3）购买时支付的增值税记入“应交税费——应交增值税（进项税额）”科目中，是支付的交易费用的增值税，不是交易性金融资产的增值税，交易性金融资产在出售时采用差额（卖出价-买入价）征税方式计算增值税。

综上所述，交易性金融资产的入账金额=505-5=500（万元）。

考点提炼

取得交易性金融资产的会计处理：

借：交易性金融资产——成本

　　应收股利/应收利息

　　投资收益

　　应交税费——应交增值税（进项税额）［该增值税是交易费用的增值税（交易费用×6%）］

　贷：银行存款/其他货币资金——存出投资款

2. 答案 D	本题考点 持有交易性金融资产	难易程度 易

解析

因为实际收到的现金股利不是持有期间宣告发放的，所以不涉及投资收益，收到购买价款中包含的现金股利时：

借：其他货币资金——存出投资款　　5

　贷：应收股利　　5

3. 答案 AC	本题考点 持有交易性金融资产	难易程度 易

解析

2020年3月31日的公允价值为480万元，与初始入账金额500万元相比较，差额20万元计入公允价值变动损益。确认股票的公允价值变动损益时：

借：公允价值变动损益　　20

　贷：交易性金融资产——公允价值变动　　20

4. 答案 BCD	本题考点 出售交易性金融资产	难易程度 难

解析

（1）交易性金融资产出售时增值税是通过“应交税费——转让金融商品应交增值税”科目核算的，不是“应交税费——应交增值税（销项税额）”科目，这是两个不同的会计科目。

（2）计算出售时点的投资收益时，除了要考虑出售时倒挤的投资收益金额，还要考虑转让金融商品应交增值税计入投资收益的金额（注意这里减去的是计入投资收益的5.38万元，不是计入应交税费——转让金融商品应交增值税的5.38万元），但是无须考虑购入时计入投资收益的交易费用。会计分录如下：

借：其他货币资金——存出投资款　600
　　交易性金融资产——公允价值变动　20
　贷：交易性金融资产——成本　500
　　　投资收益　120
借：投资收益　5.38
　贷：应交税费——转让金融商品应交增值税　5.38

5. 答案 A	本题考点 营业利润	难易程度 中

解析

购买价款中包含的股利在购入时计入应收股利，实际收到时冲减应收股利，不属于购买方的投资收益，不影响营业利润，所以该股票投资对甲公司2020年度营业利润的影响额 = -1.25-20+120-5.38 = 93.37（万元）。

（三）

1. 答案 B	本题考点 一般销售商品业务收入的账务处理	难易程度 中

解析

采用预收款方式销售，发出商品时如没有特殊说明，可默认满足收入确认条件。

（1）选项AD，5月2日的会计处理如下：

借：银行存款　70000
　贷：合同负债　70000

（2）选项BC，5月20日的会计处理如下：

借：合同负债　70000
　　银行存款　43000
　贷：主营业务收入　100000
　　　应交税费——应交税费（销项税额）　13000
借：主营业务成本　80000
　贷：库存商品　80000

2. 答案 CD	本题考点 一般销售商品业务收入的账务处理	难易程度 难

解析

(1) 选项BD：7月6日销售商品时，甲公司得知丙公司发生财务困难，对价很可能无法收回，不满足收入确认条件，但是仍发出商品并开具了增值税专用发票，满足增值税纳税义务。

(2) 选项AC：9月25日得知丙公司财务状况已好转并决定于近期支付货款，说明原不满足收入确认条件的情况现在已符合收入确认条件，要确认收入、结转成本。

考点提炼

确认收入和确认增值税可以不同步，纳税义务不受收入确认条件的影响，满足纳税义务就可以确认增值税。所以本题针对同一笔业务，7月确认增值税，9月确认收入是符合逻辑的。

3. 答案 A	本题考点 已经发出商品但不能确认收入的账务处理	难易程度 中

解析

采用委托代销方式销售商品，发出商品按成本价确认，不是售价，12月15日分录如下：

借：发出商品　120000［600×200］

　贷：库存商品　120000

4. 答案 CD	本题考点 已经发出商品但不能确认收入的账务处理	难易程度 难

解析

采用委托代销方式销售商品，收到代销清单时可以确认收入。手续费是为了销售产品发生的，通过“销售费用”科目核算；因未收到受托方卖出商品的价款，所以支付对方的手续费直接从“应收账款”中扣除即可，无须通过“应付账款”科目核算。12月31日分录如下：

借：应收账款　90400

　贷：主营业务收入　80000［800×100］

　　应交税费——应交增值税（销项税额）　10400［800×100×13%］

借：主营业务成本　60000

　贷：发出商品　60000

借：销售费用　8000

　应交税费——应交增值税（进项税额）　480

　贷：应收账款　8480

5. 答案 BD	本题考点 收入核算应设置的会计科目、营业成本	难易程度 中

解析

营业收入=100000（资料1）+80000（资料2）+80000（资料3）=260000（元）；

营业成本=80000（资料1）+60000（资料2）+60000（资料3）=200000（元）。

2018 年会计专业技术资格考试《初级会计实务》试题（3）

参考答案及解析

扫码看答案

使用“微信”或“会计云课堂”App 扫描右侧二维码，即可查阅电子版答案及解析，“手机看答案更轻松”。

一、单项选择题

1. 答案 D	本题考点 其他应收款	难易程度 易

解析

出租固定资产，未收到的租金应记入“其他应收款”科目的借方。

考点提炼

出租固定资产，确认收入时：

借：其他应收款［未收］/银行存款［已收］

　贷：其他业务收入

　　　应交税费——应交增值税（销项税额）

结转成本：

借：其他业务成本

　贷：累计折旧

易错易混

应收账款 VS 其他应收款【详见 P321 单选 19】。

2. 答案 D	本题考点 “应付账款”项目的填列	难易程度 中

解析

“应付账款”项目，属于负债性质，找贷方余额即可。

（1）“应付账款——甲企业”明细科目贷方余额 40000 元，“应付账款——乙企业”明细科目借方余额 10000 元，贷方余额填列在“应付账款”项目，借方余额填列在“预付款项”项目。

（2）“预付账款——丙企业”明细科目借方余额 30000 元，“预付账款——丁企业”

明细科目贷方余额6000元，贷方余额填列“应付账款”项目，借方余额填列“预付款项”项目。

综上所述，该企业2017年12月31日资产负债表“应付账款”项目期末余额=40000+6000=46000（元）。

易错易混

“应付账款”项目VS“预付款项”项目VS“应收账款”项目VS“预收款项”项目【详见P189单选10】。

3. 答案 A	本题考点 “存货”项目的填列	难易程度 难

解析

“存货”项目，借、贷方均涉及应填入该项目的会计科目时，期末余额不变，否则期末余额变动。

（1）资产类科目（“存货”项目涉及的），借方表示增加，贷方表示减少。备抵科目“存货跌价准备”刚好相反。

（2）结合本题分录来看：强调总额“不变”，应确定相关事项借方科目和贷方科目同时涉及应填入存货项目的会计科目。

选项A	选项B
借：发出商品 　贷：库存商品	借：在途物资等 　贷：银行存款
选项C	**选项D**
借：主营业务成本 　贷：库存商品	借：原材料 　贷：应付账款——暂估应付账款

综上所述：

①选项A：借、贷方均涉及应填入“存货”项目的会计科目，期末存货账面价值不变。

②选项B：在途物资增加，期末存货账面价值增加。

③选项C：已确认销售收入，不论是否发出，均应结转成本，因而库存商品减少，期末存货账面价值减少。

④选项D：原材料增加，期末存货账面价值增加。

考点提炼

（1）“存货”项目的填列【详见P150不定项（三）5】。

（2）货到单未到，月末需暂估入账，下月初红字冲销，实际收到单据正常入账。

4. 答案 D	本题考点 采用计划成本核算	难易程度 难

解析

销售材料应确认的损益，即“其他业务收入”科目金额-“其他业务成本”科目金额。

(1) 增值税税率为 13%，价税合计为 5876 元，应换算为不含税售价［含税售价/(1+税率)］，即应确认的收入 = 5876÷（1+13%）= 5200（元）。

(2) 因为涉及计划成本核算，结转“其他业务成本”时应将“材料成本差异”考虑在内，即最终“其他业务成本”体现的是实际成本。

(3) 材料计划成本为 4200 元，材料成本差异为 2%，据此计算发出材料的实际成本。

(4) 发出（销售）材料应负担的超支成本差异 = 发出（销售）材料的计划成本×材料成本差异率 = 4200×2% = 84（元）。

(5) 实际成本 = 计划成本+发出（销售）材料的应负担的超支成本差异 = 4200+84 = 4284（元），或者，实际成本 = 计划成本×（1+材料成本差异率）= 4200×（1+2%）= 4284（元）。

综上所述，“其他业务收入”科目金额为 5200 元，“其他业务成本”科目金额为 4284 元，销售材料应确认的损益 = 5200−4284 = 916（元）。

会计分录如下：

借：银行存款等 5876
　贷：其他业务收入 5200
　　　应交税费——应交增值税（销项税额） 676

借：其他业务成本 4200
　贷：原材料 4200

借：其他业务成本 84
　贷：材料成本差异 84

或者将两笔分录合并为一笔：

借：其他业务成本 4284
　贷：原材料 4200
　　　材料成本差异 84

考点提炼

计划成本核算原材料：

	账务处理
购买材料	借：材料采购［实际成本］ 　应交税费——应交增值税（进项税额） 　贷：银行存款、应付账款等
验收入库	借：原材料［计划成本］ 　贷：材料采购［实际成本］ 　　　材料成本差异［差额，或借方］

续表

		账务处理
发出材料	计算	发出材料时，应将计划成本调整为实际成本： ①本期材料成本差异率 =（期初结存材料成本差异+本期验收入库材料成本差异）/（期初结存材料计划成本+本期验收入库材料计划成本）×100% ②材料成本差异=计划成本×本期材料成本差异率 ③实际成本=计划成本+材料成本差异 =计划成本+计划成本×本期材料成本差异率 =计划成本×（1+本期材料成本差异率）
发出材料	发出	借：生产成本［生产车间生产产品领用］ 制造费用［车间管理部门一般耗用］ 销售费用［销售部门耗用］ 管理费用［行政管理部门耗用］ 在建工程［工程领用］ 研发支出［研发领用］ 其他业务成本［销售材料结转成本］ 委托加工物资［发出委托外单位加工材料］等 材料成本差异［差额，或贷方］ 贷：原材料［计划成本］

相关链接

实际成本核算原材料

	账务处理
购买材料	借：在途物资 应交税费——应交增值税（进项税额） 贷：银行存款、应付账款等
验收入库	借：原材料 贷：在途物资
发出材料	借：生产成本［生产车间生产产品领用］ 制造费用［车间管理部门一般耗用］ 销售费用［销售部门耗用］ 管理费用［行政管理部门耗用］ 在建工程［工程领用］ 研发支出［研发领用］ 其他业务成本［销售材料结转成本］ 委托加工物资［发出委托外单位加工材料］等 贷：原材料

5. 答案 C	本题考点　持有交易性金融资产	难易程度　易

解析

资产负债表日，交易性金融资产的公允价值低于账面余额的差额，借记“公允价值变动损益”科目，贷记“交易性金融资产——公允价值变动”科目。

相关链接

资产负债表日，交易性金融资产的公允价值高于账面余额的差额，借记“交易性金融资产——公允价值变动”科目，贷记“公允价值变动损益”科目。

6. 答案 B	本题考点　会计科目和账户	难易程度　易

解析

期末负债余额=期初负债余额+本期负债增加额-本期负债减少额。

（1）月初负债贷方余额为 60 万元。

（2）向银行借入 6 个月的借款 20 万元，借记“银行存款”科目，贷记“短期借款”科目，导致本月负债贷方增加 20 万元。

（3）归还以前的短期借款 30 万元，借记“短期借款”科目 30 万元，贷记“银行存款”科目 30 万元，导致本月负债借方减少 30 万元。

综上所述，本月末短期借款账户的余额=60+20-30=50（万元），余额在贷方。

7. 答案 B	本题考点　取得交易性金融资产	难易程度　中

解析

取得交易性金融资产涉及诸多支出，应逐一区分计入不同会计科目进行核算。

（1）支付价款 110 万元，包含已到付息期但尚未领取的债券利息 10 万元，因而扣除债券利息的部分 100 万元计入交易性金融资产初始投资成本，已到付息期但尚未领取的债券利息 10 万元单独核算。

（2）债券类型的题目，如果题干直接给出“已到付息期但尚未领取的债券利息 10 万元”，直接用就可以；而如果未直接给定，结合题干中其他的信息“面值 100 万元、票面利率 10%”，可计算出相应债券利息的金额为 10 万元。

（3）另支付相关交易费用 3 万元，取得的增值税专用发票注明的增值税税额 0.18 万元，交易费用应借记“投资收益”科目，对应的增值税税额应确认进项税额，不计入交易费用，也不计入交易性金融资产初始投资成本。

（4）总支出 113.18 万元应计入其他货币资金等。

综上所述，A 公司取得该交易性金融资产的初始入账价值为 100 万元。

会计分录如下：

借：交易性金融资产——成本	100
应收利息	10
投资收益	3
应交税费——应交增值税（进项税额）	0.18
贷：其他货币资金等	113.18

考点提炼

交易性金融资产取得时的账务处理【详见P122单选10】。

8. 答案 C	本题考点 已经发出商品但不能确认收入的账务处理	难易程度 易

解析

（1）选项A："在途物资"科目，采购业务实际成本核算下涉及，销售业务不涉及。

（2）选项BC：已经发出但不符合收入确认条件的商品，借记"发出商品"科目，贷记"库存商品"科目。

（3）选项D：符合收入确认条件时，应对应结转成本，即借记"主营业务成本"科目。

9. 答案 D	本题考点 会计要素计量属性及其应用原则	难易程度 易

解析

按照当前市场条件重新取得同样一项资产所需支付的金额进行计量的会计计量属性是重置成本。

易错易混

会计要素计量属性特点及运用【详见P165多选4】。

10. 答案 C	本题考点 资产负债表的结构	难易程度 易

解析

（1）选项A：不属于报表项目，属于资产类会计科目，对应资产负债表项目为"应付账款"或"预付款项"项目。

（2）选项BD：属于利润表项目。

（3）选项C：属于资产负债表项目中的"非流动负债"类项目。

相关链接

（1）预收账款，不属于报表项目，属于负债类会计科目，对应资产负债表项目为"应收账款"或"预收款项"项目。

（2）其他综合收益，属于资产负债表项目中的"所有者权益"类项目。

（3）投资收益、每股收益，属于利润表项目。

（4）公允价值变动损益，不属于报表项目，属于损益类会计科目，对应利润表项目为"公允价值变动收益"项目。

（5）资产处置损益，不属于报表项目，属于损益类会计科目，对应利润表项目为"资产处置收益"项目。

11. 答案 D	本题考点　材料、燃料、动力费用的归集和分配	难易程度　中

解析

材料费用的分配，应根据题干给定的分配方法、及分配标准，确定分配率，进而结合分配标准，计算不同产品应负担的直接材料成本。

(1) 采用材料定额消耗量比例分配，M 产品 1300 件、N 产品 2400 件，两种产品共同耗用 M 材料 600 吨，每吨 400 元，M、N 产品材料消耗定额分别为 0.2 吨/件和 0.1 吨/件。

(2) M、N 产品材料消耗量分配率＝（400×600）÷（0.2×1300+0.1×2400）＝480。

综上所述，M 产品分配的材料费用＝0.2×480×1300＝124800（元）。

考点提炼

材料费用的通用分配公式【详见 P208 不定项（二）2】。

12. 答案 B	本题考点　盈余公积	难易程度　中

解析

提取盈余公积，在净利润的基础上进行，同时还应考虑年初未分配利润是否存在未弥补亏损。

(1) 年初未分配利润借方余额为 20 万元，表明存在未弥补亏损，应先用本年实现的净利润 200 万元进行弥补。

(2) 用弥补亏损之后的净利润，按照 10%的提取比例，计提盈余公积。

综上所述，按净利润的 10%提取的盈余公积金额＝（200−20）×10%＝18（万元）。

考点提炼

(1) 年初未分配利润存在“借方余额”表明存在未弥补亏损，应先用“净利润”弥补亏损，再计提盈余公积。

(2) 年初未分配利润存在“贷方余额”表明存在未分配利润，无需考虑，直接按本期实现的净利润计提盈余公积。

相关链接

计提盈余公积的账务处理：

借：利润分配——提取法定/任意盈余公积

　贷：盈余公积——法定/任意盈余公积

期末：

借：利润分配——未分配利润

　贷：利润分配——提取法定/任意盈余公积

13. 答案 A	本题考点 存货成本的确定	难易程度 中

解析

存货的采购成本的确定，包括价款等必要支出，关键在于税的处理。

（1）一般纳税人，购进材料相关的增值税额，应确认进项税额，不计入材料的入账价值。

（2）购买的材料 800 公斤，入库时发现短缺了 220 公斤，这其中 20 公斤为合理损耗，那么非合理损耗为 200 公斤，合理损耗 20 公斤计入存货采购成本（本身包含在 800 公斤中，不用再减去），非合理损耗不计入，应扣除（减去），因而计入材料成本的数量=800-200=600（公斤）。

（3）材料单位售价（不含税）为 10 元/公斤。

综上所述，该企业购入材料的入账价值=600×10=6000（元）。

考点提炼

存货的采购成本【详见 P199 多选 7】。

14. 答案 C	本题考点 在某一时段内履行履约义务确认收入	难易程度 易

解析

在某一时段内履行履约义务确认收入，涉及的预收款应计入合同负债，并在该时段内按照履约进度确认收入。

向客户收取了一笔服务费后承诺在后续两年内为其提供相应的技术咨询服务，即先收钱，后提供为期 2 年的服务，预收款项时，应借记“银行存款”科目，贷记“合同负债”科目。

考点提炼

在某一时段内履行履约义务的账务处理【详见 P164 多选 2】。

15. 答案 B	本题考点 会计科目和账户	难易程度 易

解析

选项 ACD，属于损益类账户。

考点提炼

成本类科目（账户）主要包括：“生产成本”“制造费用”“研发支出”等。

相关链接

常见会计账户（科目）

	账户（科目）
资产类	库存现金、银行存款、其他货币资金、交易性金融资产、应收票据、应收账款、预付账款等
负债类	短期借款、应付票据、应付账款、预收账款、合同负债等
共同类	初级不涉及、无需关注
所有者权益类	实收资本（股本）、资本公积、盈余公积、本年利润等
损益类	主营业务收入、其他业务收入、主营业务成本、其他业务成本、税金及附加、销售费用、管理费用、财务费用等

16. 答案 A | **本题考点** 应付账款 | **难易程度** 易

解析

确认应付账款时，不考虑现金折扣，现金折扣在实际付款时冲减财务费用。

（1）取得增值税专用发票，注明的价款为 10 万元，增值税税额为 1.3 万元，应按照价款 10 万元确认原材料，增值税额 1.3 万元确认进项税额。

（2）享受的现金折扣为 2/10，1/20，n/30，计算现金折扣不考虑增值税，应在实际付款时，确定享受的比例及金额，贷记“财务费用”科目。

综上所述，该企业购进原材料确认的应付账款金额＝10+1.3＝11.3（万元）。

会计分录如下：

借：原材料　10

　　应交税费——应交增值税（进项税额）　1.3

　贷：应付账款　11.3

易错易混

商业折扣 VS 现金折扣 VS 销售退回【详见 P239 不定项（三）2】。

17. 答案 B | **本题考点** 长期待摊费用 | **难易程度** 中

解析

（1）选项 A：计入管理费用，注意不是制造费用。

（2）选项 B：计入长期待摊费用。

（3）选项 C：报批前通过“以前年度损益调整”科目核算，报批后计入盈余公积和未分配利润。

（4）选项 D：计入在建工程。

考点提炼

长期待摊费用，是指企业已经发生但应由本期和以后各期负担的分摊期限在一年以上的各项费用，如因生产经营需要，以租赁方式租入的使用权资产发生的改良支出等。

18. 答案 A | **本题考点 会计基础** | **难易程度 难**

解析

期间费用包括管理费用、销售费用和财务费用，不包括制造费用、研发费用。

（1）6 月份，支付办公用品费用 10000 元，计入 6 月“管理费用”科目 10000 元。

（2）6 月份，预付第三季度房租 9000 元，不论是行政办公大楼的（管理费用）、特定销售机构大楼的（销售费用）、还是生产车间大楼的房租（制造费用），按照权责发生制，均不应在 6 月确认，需在第三季度（7、8、9 月）逐月确认。因而计入 6 月“管理费用”“销售费用”科目的金额为 0。

（3）6 月份，支付第二季度利息 6000 元，其中 4、5 月预提利息 4000 元。支付的利息，如果涉及预提，通过“应付利息”科目中转，借方记入“财务费用”科目，如果不涉及预提，支付时直接记入“财务费用”科目。6 月支付第二季度利息，而 4、5 月利息共计 4000 元（已预提），则按照权责发生制，6 月应确认的利息支出 = 6000−4000 = 2000（元）（不预提），即计入 6 月“财务费用”科目 2000 元。

综上所述，该企业 6 月份应确认的期间费用 = 10000+（6000−4000）= 12000（元）。

考点提炼

（1）管理费用、销售费用和财务费用的主要核算内容【详见 P168 多选 8】。

（2）短期借款利息：

预提（计提）利息时：

借：财务费用

　贷：应付利息

支付时：

借：应付利息［已预提］/财务费用［不预提］

　贷：银行存款

易错易混

权责发生制 VS 收付实现制

	理解	要点
权责发生制（认理）	凡是当期已经实现的收入和已经发生或者应当负担的费用，无论款项是否收付，都应作为当期的收入和费用 凡是不属于当期的收入和费用，即使款项已在当期收付，也不应作为当期的收入和费用	考虑取得款项的权利或支付款项的义务是否发生
收付实现制（认钱）	以现金的实际收付为标志来确定本期收入和支出的会计核算基础	考虑现金的实际收支是否发生

19. 答案 B	本题考点　营业利润	难易程度　中

解析

影响营业利润的项目，不包括影响利润总额的营业外收支和影响净利润的所得税费用。影响营业利润的项目，肯定影响利润总额和净利润，但是影响利润总额和净利润的项目，不一定影响营业利润。

（1）选项 A：固定资产毁损净损失，计入营业外支出，不影响营业利润，影响利润总额和净利润。

（2）选项 B：出租固定资产的折旧额，计入其他业务成本，影响营业利润，以及利润总额和净利润。

（3）选项 C：捐赠支出，计入营业外支出，不影响营业利润，影响利润总额和净利润。

（4）选项 D：自然灾害导致存货毁损净损失，计入营业外支出，不影响营业利润，影响利润总额和净利润。

考点提炼

营业利润、利润总额和净利润的影响项目【详见 P217 单选 3】。

相关链接

（1）固定资产的处置：

①因自然灾害发生毁损而报废清理产生的净损失，计入营业外支出。

②经营期间报废清理产生的损失或利得，计入营业外收支。

③因出售、转让等原因产生的固定资产处置利得或损失，计入资产处置损益（影响营业利润）。

（2）存货的盘亏：

①因自然灾害导致的存货净损失，计入营业外支出。

②因经营管理不善、收发计量差错导致的存货盘亏净损失，计入管理费用（影响营业利润）。

20. 答案 B	本题考点　管理费用	难易程度　易

解析

支付生产车间机器设备日常修理费，借记“管理费用”科目，贷记“银行存款”等科目。

相关链接

（1）行政管理部门的固定资产日常修理费，记入“管理费用”科目。

（2）销售部门的固定资产日常修理费，记入“销售费用”科目。

21. 答案 B	本题考点　其他应付款	难易程度　中

解析

（1）选项 AD：教育费附加和个人所得税，需要预计应交数的税金，因而应计入应交税费。

（2）选项 B：应支付的合同违约金，应计入其他应付款。

（3）选项 C：应付由企业负担的职工社会保险费，计入应付职工薪酬。如果是个人负担部分，由企业代扣代缴，应计入其他应付款。

易错易混

应付账款 VS 其他应付款【详见 P196 单选 19】。

22. 答案 B	本题考点　其他应收款	难易程度　中

解析

选项 ACD，属于“应收账款”科目核算内容。

易错易混

应收账款 VS 其他应收款【详见 P321 单选 19】。

23. 答案 D	本题考点　应付票据	难易程度　易

解析

银行承兑汇票到期无力偿还款项转销时，借记“应付票据”科目，贷记“短期借款”科目。

易错易混

转销应付票据 VS 转销应付账款【详见 P191 单选 13】。

24. 答案 A	本题考点　—	难易程度　—

解析

5 年后该项基金本利和 = 100000×（F/A，10%，5）×（1+10%）= 100000×6.1051×1.1 = 671561（元）。

二、多项选择题

1. 答案 ACD	本题考点　生产费用在完工产品和在产品之间的分配	难易程度　易

解析

选项 B，属于辅助生产费用的分配方法。

易错易混

要素费用的分配方法【详见 P130 多选 2】。

2. 答案 BCD	本题考点　财务费用	难易程度　中

解析

财务费用主要核算筹资相关费用。

（1）选项 A：应冲减资本公积——股本溢价，不足冲减的部分，依次冲减盈余公积和未分配利润。

（2）选项 B：银行结算手续费，计入财务费用。

（3）选项 C：短期借款利息费，不论是否预提，均计入财务费用。

（4）选项 D：银行承兑汇票手续费，计入财务费用；商业承兑汇票，通常不涉及手续费。

考点提炼

财务费用的主要核算内容【详见 P168 多选 8】。

3. 答案 ACD	本题考点　制造费用的归集和分配	难易程度　中

解析

制造费用主要核算与产品生产相关的间接费用。

（1）选项 ACD：车间管理用耗电费、车间管理用具摊销额、车间管理用房屋折旧费，均属于间接费用，应通过“制造费用”科目核算。

（2）选项 B：生产工人工资，属于直接人工成本，通过“生产成本”科目进行核算。

考点提炼

制造费用的主要核算内容【详见 P174 不定项（一）4】。

相关链接

车间固定资产日常修理费，计入管理费用。

4. 答案 ACD	本题考点 留存收益总额的增减变动	难易程度 难

解析

对企业留存收益总额的影响，判断思路如下：

①借、贷方均涉及“盈余公积”“利润分配”科目，总额不变（左口袋钱放在右口袋，钱数总额不变）。

②借方或贷方涉及“盈余公积”“利润分配”科目，对应科目涉及资产或负债类科目，总额变动，或增加或减少。

③借、贷方均不涉及“盈余公积”“利润分配”科目，总额不变。

④损益类科目的增减变动，均导致留存收益总额变动。

（1）留存收益包含的科目：盈余公积和未分配利润，借方表示减少，贷方表示增加。

（2）结合本题分录来看，强调总额“变动”：借方涉及盈余公积或利润分配，或者贷方涉及盈余公积或利润分配。

选项 A	选项 B
借：盈余公积 　贷：应付股利——应付现金股利或利润	借：盈余公积 　贷：利润分配——盈余公积补亏 期末： 借：利润分配——盈余公积补亏 　贷：利润分配——未分配利润
选项 C	**选项 D**
借：盈余公积 　贷：实收资本/股本	借：利润分配——应付现金股利或利润 　贷：应付股利 期末： 借：利润分配——未分配利润 　贷：利润分配——应付现金股利或利润

综上所述：

①选项 A：“盈余公积”科目在借方，导致留存收益总额减少。

②选项 B：留存收益总额不变。

③选项 C：“盈余公积”科目在借方，导致留存收益总额减少。

④选项 D：“利润分配——未分配利润”科目在借方，导致留存收益总额减少。

考点提炼

（1）留存收益包括：盈余公积、未分配利润（通过“利润分配”科目来体现）。
（2）“盈余公积”“利润分配”科目，均属于所有者权益类科目，借方表示减少，贷方表示增加。

易错易混

常见事项对所有者权益总额和留存收益总额的影响【详见P125单选16】。

5. 答案 ABCD	本题考点 管理会计应用原则和应用主体	难易程度 易

解析

单位应用管理会计，应当遵循以下原则：战略导向原则（选项A）、融合性原则（选项B）、适应性原则（选项C）、成本效益原则（选项D）。

6. 答案 CD	本题考点 交易或事项对会计等式的影响	难易程度 难

解析

（1）资产类科目，借方表示增加，贷方表示减少。
（2）负债类科目，借方表示减少，贷方表示增加。
（3）结合本题分录来看，强调“资产和负债”“同时变动”（存在2种情况）：
①借方涉及资产类科目、贷方涉及负债类科目，资产和负债同时增加；
②贷方涉及资产类科目、借方涉及负债类科目，资产和负债同时减少。

选项A	选项B
借：银行存款 　贷：实收资本	借：盈余公积 　贷：股本
选项C	**选项D**
借：银行存款 　贷：短期借款	借：应付账款 　贷：银行存款

综上所述：
①选项A：不涉及“负债”类科目，导致资产和所有者权益同时增加。
②选项B：不涉及“资产”“负债”类科目，所有者权益总额不变。
③选项C：导致资产和负债同时增加。
④选项D：导致资产和负债同时减少。

考点提炼

常见的资产类科目、负债类科目【详见P118单选1、P154单选5】。

7. 答案 ABC	本题考点　营业外收入	难易程度　中

解析

营业外收入主要核算非日常活动相关利得。

（1）选项 A：无法支付的应付账款，通过“营业外收入”科目核算。

（2）选项 B：捐赠利得，通过“营业外收入”科目核算。

（3）选项 C：现金盘盈，无法查明原因的溢余部分，通过“营业外收入”科目核算。

（4）选项 D：出租包装物，租金收入通过“其他业务收入”科目核算。

易错易混

（1）主营业务收入 VS 其他业务收入 VS 营业外收入 VS 资产处置损益（收益）【详见 P193 单选 16】。

（2）库存现金、存货和固定资产的盘盈与盘亏【详见 P136 多选 10】。

8. 答案 ABCD	本题考点　应付职工薪酬的内容	难易程度　易

解析

（1）选项 A：属于短期薪酬，通过“应付职工薪酬——职工福利费”科目核算。

（2）选项 B：属于离职后福利，通过“应付职工薪酬——设定提存计划”科目核算。

（3）选项 C：属于短期薪酬，通过“应付职工薪酬——职工教育经费”科目核算。

（4）选项 D：属于非货币性职工薪酬，通过“应付职工薪酬——非货币性福利”科目核算。

考点提炼

“应付职工薪酬”科目的核算内容【详见 P134 多选 8】。

9. 答案 ABD	本题考点　固定资产折旧概述	难易程度　中

解析

（1）选项 A：使用自有的机器设备建造厂房，机器设备的折旧额应计入在建工程。

（2）选项 B：基本生产车间的固定资产，通常不论是生产产品的、还是一般管理用的，折旧额均应计入制造费用。

（3）选项 C：经营租出的固定资产，折旧额应计入其他业务成本。

（4）选项 D：销售部门的固定资产，折旧额应计入销售费用。

考点提炼

固定资产折旧的账务处理【详见 P174 不定项（一）3】。

10. 答案 BC	本题考点 财产清查的方法与处理	难易程度 易

解析

发函询证的方法适用于往来款项的清查。

（1）选项 A：银行存款，适合采用与开户银行核对账目的方法。

（2）选项 BC：应收账款和预付账款，属于往来款项，适合采用发函询证的方法。

（3）选项 D：存货，适合采用实地盘点法或技术推算法。

易错易混

财产清查类别及方法【详见 P166 多选 5】。

11. 答案 ABC	本题考点 营业外支出	难易程度 中

解析

营业外支出主要核算非日常活动相关损失。

（1）选项 A：不论是行政还是税务等罚款支出，均应计入营业外支出。

（2）选项 B：固定资产盘亏损失，不区分原因，直接应计入营业外支出。

（3）选项 C：捐赠支出，应计入营业外支出。

（4）选项 D：审计费等聘请中介机构的费用，应计入管理费用。

易错易混

主营业务成本 VS 其他业务成本 VS 营业外支出 VS 资产处置损益（损失）【详见 P162 多选 1】。

相关链接

管理费用的主要核算内容【详见 P168 多选 8】。

12. 答案 BC	本题考点 营业成本	难易程度 中

解析

其他业务成本核算除了主营业务活动以外的其他日常经营活动的成本。

（1）选项 A：行政管理部门使用，租金应通过“管理费用”科目核算。

（2）选项 B：经营性出租，出租方应计提折旧，折旧额计入其他业务成本。

（3）选项 C：单独计价包装物，应确认其他业务收入和结转其他业务成本。

（4）选项 D：行政管理部门固定资产日常维修费，应通过“管理费用”科目核算。

三、判断题

1. 答案 ×	本题考点 委托加工物资	难易程度 易

解析 委托加工物资收回后用于继续加工的，由受托方代收代缴的消费税应记入“应交税费——应交消费税”科目借方。

易错易混 委托加工物资中增值税及消费税【详见 P159 单选 16】。

2. 答案 √	本题考点 国库集中支付业务	难易程度 易

相关链接 非同级财政拨款收入，核算单位从非同级政府财政部门取得的经费拨款，是单位从同级政府其他部门取得的横向转拨财政款和从上级或下级政府财政部门取得的经费拨款等。

3. 答案 √	本题考点 资本公积概述	难易程度 易

考点提炼 其他综合收益，属于所有者权益类科目，不影响利润。但是特定情形下可以转入“损益类”科目，导致影响利润。

4. 答案 √	本题考点 政府财务会计要素	难易程度 易

易错易混 会计要素计量属性特点及运用【详见 P165 多选 4】。

相关链接 （1）政府负债历史成本，按照因承担现时义务而实际收到的款项或者资产的金额，或者承担现时义务的合同金额，或者按照为偿还负债预期需要支付的现金计量。
（2）政府负债现值，按照预计期限内需要偿还的未来净现金流出量的折现金额计量。

5. 答案 √	本题考点 会计要素及其确认条件	难易程度 易

考点提炼 （1）“收入”是广义的概念，不仅包括营业收入、还包括比如投资收益等。
（2）“费用”是广义的概念，不仅包括期间费用，还包括比如营业成本、税金及附加等。

（3）直接计入当期利润的利得和损失指营业外收入和营业外支出等。

相关链接

营业利润、利润总额和净利润的计算公式【详见P217单选3】。

6. 答案 √	本题考点　存货成本的确定	难易程度　易

相关链接

（1）商品流通企业采购商品的进货费用金额较小的，可以在发生时直接计入销售费用。

（2）商品流通企业，可以采用毛利率法和售价金额核算法，核算发出及结存商品的成本。

7. 答案 ×	本题考点　废品损失	难易程度　易

解析

完工以后发现的废品，单位废品负担的各项生产费用与单位合格产品完全相同，可以按合格品产量和废品的数量比例分配各项生产费用，计算废品的实际成本。

相关链接

在完工以前发现的，单位废品负担的各项生产费用通常不等于单位合格产品生产费用，需要重新计算单位废品的实际成本。

8. 答案 ×	本题考点　财产清查的方法与处理	难易程度　易

解析

“企业已收、银行未收”的款项，导致银行对账单余额小于企业银行存款日记账余额，银行对账单应加上“企业已收、银行未收”的款项。

易错易混

日记账余额大于对账单余额 VS 日记账余额小于对账单余额【详见P152单选2】。

考点提炼

（1）基本原则“谁收谁多，谁付谁少”。

（2）企业银行存款日记账余额+银行已收、企业未收款-银行已付、企业未付款=银行对账单余额+企业已收、银行未收款-企业已付、银行未付款。

相关链接

“银行存款余额调节表”只是一种对账工具，并不能作为调整企业银行存款账面记录的记账依据。

9. 答案 ×	本题考点 收入的确认和计量	难易程度 易

解析

商品控制权已发生转移，所有权属于购买方，对销售方而言属于代存商品，不应仍作为本企业库存商品核算。

相关链接

已经发出但不符合收入确认条件时，商品控制权未发生转移，所有权仍属于销售方，仍作为本企业商品核算，只不过应转入“发出商品”科目。

10. 答案 ×	本题考点 实收资本（或股本）的减少	难易程度 易

解析

回购股票时，应将回购价格计入库存股；注销股票时，应将回购价格与股票面值总额的差额，计入资本公积(或借或贷）等。

易错易混

回购股票 VS 注销股票（低于 VS 高于）【详见 P224 单选 16】。

四、不定项选择题

（一）

1. 答案 ABC	本题考点 交易或事项对会计等式的影响	难易程度 中

解析

宣告发放现金股利，宣告时和期末均涉及处理。

（1）选项 A：宣告发放 2016 年度现金股利 1500 万元，宣告时，应贷记“应付股利”1500 万元，导致“负债合计”项目增加 1500 万元。

（2）选项 B：期末，应将“利润分配——应付现金股利或利润”贷方 1500 万元，结转至“利润分配——未分配利润”借方，导致“未分配利润”项目减少 1500 万元。

（3）选项 C：因为“未分配利润”项目减少 1500 万元，确定“股东权益合计”项目减少 1500 万元。

（4）选项 D：宣告现金股利的账务处理，不涉及“盈余公积”项目，不影响其变动。

会计分录如下：

借：利润分配——应付现金股利或利润　　1500

　贷：应付股利　　1500

期末：

借：利润分配——未分配利润　　1500

　贷：利润分配——应付现金股利或利润　　1500

易错易混

现金股利 VS 股票股利【详见 P140 不定项（一）1】。

2. 答案 BD	本题考点 资本公积的账务处理	难易程度 易

解析

资本公积转增股本，不涉及期末处理。

(1) 选项 D：将资本公积 4000 万元转增股本，应借记“资本公积”科目 4000 万元，导致资本公积减少 4000 万元；应贷记“股本”科目 4000 万元，导致股本增加 4000 万元。

(2) 选项 AB：“资本公积”和“股本”均属于所有者权益类科目，属于所有者权益内部的此增彼减，不影响所有者权益总额。

(3) 选项 C：资本公积转增股本的账务处理，不涉及“盈余公积”科目和“利润分配——未分配利润”科目，不影响留存收益总额的变动。

会计分录如下：

借：资本公积 4000

　贷：股本 4000

3. 答案 C	本题考点 资本公积的账务处理	难易程度 中

解析

发行股票方式筹集资金，关键在于“资本公积——股本溢价”的金额包含两部分：溢价收入（增加）、发行费用（冲减）。

(1) 股本应按面值 1 元确认，发行价格 6 元与面值 1 元的差额（溢价收入），计入资本公积——股本溢价。

(2) 手续费、佣金等发行费用从“发行收入”中扣除，发行收入指的是按照发行价格 6 元计算的总价款，不扣除股本总额；发行费用应冲减资本公积——股本溢价，不足的部分依次冲减盈余公积、未分配利润。

(3) 如果一般纳税人取得增值税专用发票，发行费用涉及的增值税额应确认为进项税额。

(4) 筹集的资金计入银行存款，银行存款的金额也包括两部分：发行收入-发行费用。

综上所述，该公司增发股票计入资本公积的金额 = 400×（6-1）-400×6×3% = 1928（万元）。

会计分录如下：

借：银行存款 2328

　贷：股本 400

　　　资本公积——股本溢价 1928

4. 答案 AD	本题考点　盈余公积	难易程度　中

解析

提取盈余公积，在净利润的基础上进行，同时还应考虑年初未分配利润。

（1）年初未分配利润 2000 万元，未点明是“借方余额”，按照存在“贷方余额”考虑，直接按本期实现的净利润计提盈余公积。如果点明存在“借方余额”，应先用“净利润”弥补亏损，再计提盈余公积。

（2）选项 AC：按照法定盈余公积和任意盈余公积的提取比例分别为 10% 和 5%，在当年实现净利润 3000 万元基础上提取，导致本年盈余公积增加的金额 = 3000×（10%+5%）= 450（万元）。

（3）选项 BD：年初盈余公积余额 400 万元，结合本期提取的 450 万元，期末盈余公积余额 = 400+450 = 850（万元）。

会计分录如下：

结转实现的净利润：

借：本年利润　3000
　贷：利润分配——未分配利润　3000

提取盈余公积：

借：利润分配——提取法定盈余公积　300
　　　　　　——提取任意盈余公积　150
　贷：盈余公积——法定盈余公积　300
　　　　　　　——任意盈余公积　150

期末：

借：利润分配——未分配利润　450
　贷：利润分配——提取法定盈余公积　300
　　　　　　　——提取任意盈余公积　150

考点提炼

期末盈余公积余额 = 期初盈余公积余额 + 本期贷方发生额（提取）- 本期借方发生额（盈余公积补亏、转增资本、发放现金股利或利润等）

5. 答案 AD	本题考点　所有者权益项目的填列说明	难易程度　难

解析

资产负债表“所有者权益”项目的填列，可以考查单独项目金额的计算，也可以考查所有者权益总额的计算。

所有者权益总额的计算，涉及两种思路：

①在期初总额基础上，结合题干中出现的事项，逐一判断事项“是否导致所有者权益总额增减变动”，如未变动，不用考虑，导致增加，应加上，导致减少，应减去，最终合计确定期末余额。

②在期初总额基础上（如期初资料直接按科目给定余额，更合适），结合资料事项，

逐一判断事项“涉及的所有者权益科目”，先按科目来归集，最终将所涉及的科目余额合计，确定期末余额。

（1）选项 A：期初资料：年初“股本”项目余额 3000 万元；资料（2）资本公积 4000 万元转增股本，导致“股本”项目增加 4000 万元（结合第 2 小题）；资料（3）发行普通股，导致“股本”项目增加 400 万元（结合第 3 小题），因而“股本”项目期末余额 = 3000+4000+400 = 7400（万元）。

（2）选项 C：期初资料：年初“资本公积”项目余额 4000 万元；资料（2）资本公积 4000 万元转增股本，导致“资本公积”项目减少 4000 万元（结合第 2 小题）；资料（3）发行普通股，导致“资本公积”项目增加 1928 万元（结合第 3 小题），因而“资本公积”项目期末余额 = 4000−4000+1928 = 1928（万元）。

（3）选项 D：期初资料：年初“未分配利润”项目余额 2000 万元；资料（1）宣告发放现金股利 1500 万元，导致“未分配利润”项目减少 1500 万元（结合第 1 小题）；资料（4）实现净利润，导致“未分配利润”项目增加 3000 万元（结合第 4 小题）；资料（4）提取盈余公积，导致“未分配利润”项目减少 450 万元（结合第 4 小题），因而“未分配利润”项目期末余额 = 2000 − 1500 + 3000 − 450 = 3050（万元）。

（4）期初资料：年初“盈余公积”项目余额 400 万元；资料（4）提取盈余公积，导致“盈余公积”项目增加 450 万元（结合第 4 小题），因而“盈余公积”项目期末余额 = 400+450 = 850（万元）。留存收益期末余额 = “盈余公积”项目+“未分配利润”项目 = 850+3050 = 3900（万元）。

（5）选项 B：因为其他选项的铺垫，采用②的思路来计算。“股东权益合计”项目 = “股本”项目+“资本公积”项目+“盈余公积”项目+“未分配利润”项目 = 7400+1928+3050+850 = 13228（万元）。

考点提炼

常见的所有者权益类科目【详见 P118 单选 1】。

易错易混

常见事项对所有者权益总额和留存收益总额的影响【详见 P125 单选 16】。

（二）

1. 答案 ACD	本题考点 约当产量比例法	难易程度 中

解析

（1）选项 AC：结合期初资料，M 产品期初的在产品数量为 2000 件，其成本包括直接材料 150 万元、直接人工 100 万元、制造费用 50 万元。

M 在产品期初成本总额 = 150（直接材料成本）+100（直接人工成本）+50（制造费用）= 300（万元）。

M 在产品期初单位成本 = 300/2000 = 0.15（万元）。

（2）选项 BD：结合资料（1），月末 M 在产品 800 件，其平均完工程度为 50%。

M 在产品的约当产量 = 800×50% = 400（件）。

2. 答案 A	本题考点 约当产量比例法	难易程度 难

解析

月末采用约当产量比例法在完工产品和在产品之间分配生产费用，应确定在产品的约当产量，并将直接材料成本、直接人工成本、制造费用在完工产品和在产品之间进行分配。

（1）题干点明“生产产品所耗用的材料随生产进度陆续投入”，该条件限定在产品负担的“直接材料成本”应采用约当产量分配，而非实际数量，而“平均完工程度为 50%”，未提及工序，所以直接认定为总完工程度，结合第 1 小题，M 在产品的约当产量 400 件。

（2）结合第 1 小题，10 月初，M 在产品成本总额 300 万元。

（3）结合资料（1）来看，本月生产 M 产品发生直接材料费用 30 万元、直接人工费用 20 万元、制造费用 10 万元。本月发生的成本 = 30+20+10 = 60（万元）。

（4）本月总成本 = 300（月初）+60（本月发生）= 360（万元）。

（5）月末 M 产品完工入库 1200 件，在产品约当产量 400 件，M 产品单位成本 = 360/（1200+400）= 0.225（万元）。

（6）因期末分配，在产品按照约当产量（即相当于折算成的完工产品）考虑，因而计算中确定的 M 产品单位成本，就是 M 完工产品的单位成本，而 M 在产品单位成本则还应先确定分配到在产品的总成本，除以期末实际数量，而非约当数量来计算。

（7）M 完工产品成本 = 0.225×1200 = 270（万元）。M 在产品成本 = 0.225×400 = 360−270 = 90（万元），M 在产品单位成本 = 90/800 = 0.1125（万元）。

考点提炼

约当产量比例法的计算公式【详见 P333 不定项（一）4】。

易错易混

原材料一次投入 VS 原材料陆续投入【详见 P263 不定项（二）3】。

3. 答案 D	本题考点 应收票据	难易程度 中

解析

销售商品，应确认主营业务收入及销项税额、结转主营业务成本。

（1）开出的增值税专用发票上注明的价款为 300 万元，增值税税额为 39 万元，应按照价款贷记“主营业务收入”300 万元，按照增值税税额，贷记“应交税费——应交增值税（销项税额）” 39 万元。

（2）选项 AB：以银行存款为客户代垫运杂费 5 万元（不考虑增值税），为购买方垫付运杂费，因是垫付款之后会收回，应借记“应收票据” 5 万元。非销售活动的相关支出，不计入销售费用，本身是支出，因而也不确认收入。应贷记“银行存款” 5 万元。

（3）选项 CD：客户以商业汇票结算全部款项，企业已收到票据，应借记“应收票据” 344（300+39+5）万元。

（4）还应结转成本，结合第 2 小题，M 完工产品单位成本为 0.225 万元，销售数量为 1000 件，可确定应结转的成本为 225 万元，会计分录如下：

借：主营业务成本	225
贷：库存商品	225

易错易混

（1）应收（付）票据 VS 其他货币资金【详见 P272 单选 13】。

（2）商业承兑汇票 VS 银行承兑汇票【详见 P149 不定项（三）2】。

4. 答案 ABCD　　本题考点　非货币性职工薪酬　　难易程度　难

解析

企业以其生产的产品作为福利发放给本企业职工，属于非货币性福利，应视同销售，确认收入和结转成本，同时还应通过“应付职工薪酬”科目中转。

（1）选项 AB：视同销售情形下，按照每件 M 产品不含增值税的售价 0.3 万元，确认主营业务收入 3（0.3×10）万元和相关增值税销项税额 0.39（3×13%）万元。

（2）选项 C：还应结转成本，结合第 2 小题，M 完工产品单位成本为 0.225 万元，确定应结转的成本为 2.25（0.225×10）万元。

（3）选项 D：M 产品发放给本企业销售人员 10 名，应将主营业务收入 3 万元和相关增值税销项税额 0.39 万元的合计金额 3.39 万元，记入“销售费用”科目。

（4）因为是给予职工的非货币性福利，应通过“应付职工薪酬”科目体现，应将主营业务收入 3 万元和相关增值税销项税额 0.39 万元的合计金额 3.39 万元，记入“应付职工薪酬”科目。

会计分录如下：

借：销售费用	3.39	
贷：应付职工薪酬——非货币性福利		3.39
借：应付职工薪酬——非货币性福利	3.39	
贷：主营业务收入		3
应交税费——应交增值税（销项税额）		0.39
借：主营业务成本	2.25	
贷：库存商品		2.25

易错易混

自产产品作为职工福利 VS 外购商品作为职工福利【详见 P235 不定项（一）3】。

相关链接

自有房屋供职工无偿使用 VS 租赁房屋供职工无偿使用【详见 P285 不定项（一）1】。

5. 答案 BC	本题考点　存货清查	难易程度　中

解析

自然灾害导致存货毁损，涉及的外购存货的增值税进项税额无需转出，本题属于自产，且未给定外购原材料的增值税额，即使给定也不用考虑。净损失的计算，应从实际成本中扣除残料价值、应收赔款。

（1）应按照 M 产品的实际成本进行处理，结合第 2 小题，M 完工产品单位成本为 0.225 万元，毁损数量为 20 件，确定应结转的成本为 4.5 万元。

（2）残料估价 0.5 万元已作为原材料验收入库，应借记“原材料”科目 0.5 万元。

（3）选项 AB：应收保险公司赔偿 2 万元，应借记“其他应收款”科目 2 万元。

（4）选项 CD：确定毁损净损失 = 4.5 − 0.5 − 2 = 2（万元），应借记“营业外支出”科目。如果是管理不善导致存货毁损，净损失应记入“管理费用”科目。

会计分录如下：

借：待处理财产损溢	4.5	
贷：库存商品		4.5
借：营业外支出	2	
其他应收款	2	
原材料	0.5	
贷：待处理财产损溢		4.5

易错易混

自然灾害等导致存货毁损 VS 管理不善等导致存货毁损【详见 P160 单选 18】。

（三）

1. 答案 C	本题考点　外购固定资产	难易程度　中

解析

固定资产入账价值，包含价款、保险费等必要的支出。

（1）购入一台不需要安装的生产用 M 设备，说明无需通过“在建工程”科目核算，购入月份即固定资产增加的时点。

（2）取得的增值税专用发票上注明的价款为 120 万元，增值税税额为 15.6 万元，价款 120 万元应记入“固定资产”科目，增值税税额 15.6 万元应记入“应交税费——应交增值税（进项税额）”科目。

（3）购进设备发生保险费 2 万元，增值税税额为 0.12 万元，已取得增值税专用发票，保险费 2 万元应记入“固定资产”科目，增值税税额 0.12 万元应记入“应交税费——应交增值税（进项税额）”科目。

综上所述，该企业购入 M 设备的入账价值 = 120+2 = 122（万元）。

会计分录如下：

借：固定资产	122	
应交税费——应交增值税（进项税额）	15.72	
贷：银行存款		137.72

考点提炼

外购固定资产的成本【详见 P210 不定项（三）1】。

2. 答案 ABCD	本题考点　固定资产折旧概述	难易程度　难

解析

固定资产折旧额的计算，应考虑计提折旧的起始点，以及原值、预计使用年限，预计净残值、折旧方法，同时还要考虑会计年度和折旧年度是否一致。

（1）选项 D：2019 年 12 月购入不需要安装的生产用 M 设备，应从 2020 年 1 月开始计提折旧。

（2）选项 B：结合第 1 小题，固定资产原值 122 万元，预计使用年限 10 年，预计净残值 2 万元，要求按年限平均法计提折旧，不存在会计年度和折旧年度的不一致。每月计提折旧额 =（122－2）/10/12 = 1（万元），2020 年 M 设备计提折旧额 = 1×12 = 12（万元）。

（3）选项 C：预计净残值率 = 预计净残值/固定资产原值×100%，年折旧率 =（1－预计净残值率）/预计使用寿命×100%。年折旧率的计算，可先计算预计净残值率再确定，预计净残值率 = 2/122×100% = 1.64%，年折旧率 =（1－1.64%）/10×100% = 9.84%。也可以直接用年折旧额除以入账价值确定，即 12/122×100% = 9.84%。

（4）选项 A：因为是生产用设备，计提的折旧费应记入“制造费用”科目。

会计分录如下：

借：制造费用	12	
贷：累计折旧		12

考点提炼

固定资产当月增加，从下月开始计提折旧，当月减少，当月照提折旧。

相关链接

（1）固定资产折旧的计算公式【详见P162单选20】。
（2）固定资产折旧的账务处理【详见P174不定项（一）3】。

3. 答案 ABD	本题考点 自建固定资产	难易程度 中

解析

以自营方式建造固定资产，相关支出等均先通过“在建工程”科目核算，最终转入固定资产。不论是动产、还是不动产，处理均是一致的。

（1）选项BC：购入工程物资取得增值税专用发票上注明的价款为200万元，增值税税额为26万元，款项以银行存款支付。应按价款200万元借记“工程物资”科目，按增值税税额26万元借记“应交税费——应交增值税（进项税额）”科目。

（2）该批物资于当日全部用于工程建筑，应借记“在建工程”科目200万元。

（3）选项D：领用本企业生产的钢材一批，市场售价为60万元，实际成本为30万元，应按实际成本30万元记入“在建工程”科目，不涉及视同销售，不确认销项税额。

（4）选项A：确认3月至6月累计支付的工程人员薪酬40万元，应记入“在建工程”科目。

（5）结合资料（3），自建库房工程完工达到预定可使用状态，将“在建工程”科目借、贷方余额合计270万元从相反方向，转入“固定资产”科目。

相关会计分录为：

借：固定资产　　270
　贷：在建工程　　270

相关链接

（1）领用本企业外购的材料时：
借：在建工程
　贷：原材料［成本价］
（2）支付工程费用时：
借：在建工程
　贷：银行存款等

4. 答案 ABD	本题考点 处置固定资产	难易程度 难

解析

自然灾害导致固定资产毁损，涉及的增值税进项税额无需转出，本题未给定，即使给定也不用考虑。通过“固定资产清理”结转固定资产的账面价值、计算清理费用、应收赔款、残料价值等。

（1）选项A：12月25日毁损，当月仍计提折旧，处置固定资产涉及“累计折旧”的结转，结合第2小题，2020年1月开始计提折旧，至年末，共计一年，折旧费为12万元，按账面价值110万元（原值122-累计折旧额12）借记“固定资产清理”科目。

（2）选项 B：以银行存款支付不含税清理费用 1 万元，借记“固定资产清理”科目，如果给出增值税税额且取得专用发票，应借记“应交税费——应交增值税（进项税额）”科目。

（3）选项 D：应收保险公司赔款 50 万元，贷记“固定资产清理”科目，对应借记“其他应收款”科目。

（4）选项 C：结转固定资产净损失，这是最后一步，将之前涉及的“固定资产清理”科目的借、贷方余额合计 61 万元从相反方向结转，借记（增加）“营业外支出”科目。

会计分录如下：

按账面价值转入：

借：固定资产清理	110	
累计折旧	12	
贷：固定资产		122

支付清理费用：

借：固定资产清理	1	
贷：银行存款		1

应收赔款：

借：其他应收款	50	
贷：固定资产清理		50

结转净损失：

借：营业外支出	61	
贷：固定资产清理		61

易错易混

（1）固定资产的处置、清查、更新改造和日常维修【详见 P213 不定项（三）4】。

（2）出售固定资产 VS 毁损固定资产【详见 P237 不定项（二）2】。

5. 答案 D	本题考点　会计科目和账户	难易程度　难

解析

“固定资产”科目期末余额，应结合期初“固定资产”科目余额，以及根据本期业务编写的会计分录的“固定资产”科目，借、贷方合计即可。不应考虑累计折旧、固定资产减值准备金额。

（1）期初资料，固定资产账面余额 3500 万元，即“固定资产”科目借方余额 3500 万元。但“累计折旧 1200 万元”，为本题的“坑”，不应考虑在内。

（2）资料（1）和（4），针对生产用 M 设备，结合第 1、4 小题，“固定资产”科目借方 122 万元，“固定资产”科目贷方 122 万元。

（3）资料（2）和（3）针对库房，结合第 3 小题，库房入账价值 270 万元，“固定资产”科目借方 270 万元；此处未给定折旧方法，即使给定，计提的折旧，也不应考虑在内。

综上所述，2020 年 12 月 31 日该企业“固定资产”科目余额 = 3500 + 122 − 122 + 270 = 3770（万元）。

相关链接

“固定资产”项目的填列【详见 P215 不定项（三）5】。

❖保定市中画美凯印刷有限公司